Buch

Engel haben viel mit dem Glück in unserem Leben zu tun. Wer zu ihnen »einen guten Draht« hat, wird sich immer einen sicheren Zugang zu Frohsinn und göttlichem Humor bewahren. Zu diesem Zwecke werden in diesem Buch mehr als 60 Techniken beschrieben, die uns lehren:
– mit Engeln durch Vertrauen und in Gedanken zu kommunizieren
– uns von der leichten Energie der Engel tragen zu lassen
– das innere Engelkind zu befreien
– uns selbst zu verzeihen und frei zu sein
– die Dynamik und Lebenskraft der Engel in uns zu finden und zu
  Engelkriegern zu werden.

Autorin

Terry Lynn Taylor hat seit über 30 Jahren Engel beobachtet und den Kontakt zu ihnen gepflegt. Sie hält in ganz Nordamerika Seminare und Vorträge über ihre Erfahrungen mit Schutzgeistern und gilt weithin als Engelspezialistin.

Im Goldmann Verlag liegt außerdem von ihr vor:
Warum Engel fliegen können (12117)

Terry L. Taylor

Lichtvolle Wege zu deinem Engel

Übungen zur Kontaktaufnahme und
Kommunikation mit Schutzgeistern

Aus dem Amerikanischen übertragen
von Adelheid Zöfel

GOLDMANN VERLAG

Originaltitel: Guardians of Hope
Originalverlag: H. J. Kramer Inc., Tiburon/California

Umwelthinweis:
Alle bedruckten Materialien dieses Taschenbuches
sind chlorfrei und umweltfreundlich.
Das Papier enthält Recycling-Anteile.

Der Goldmann Verlag
ist ein Unternehmen der Verlagsgruppe Bertelsmann

© 1992 by Terry Taylor
© der deutschsprachigen Rechte 1993
by Wilhelm Goldmann Verlag, München
Umschlaggestaltung: Design Team München
Umschlagmotiv: Archiv für Kunst und Geschichte, Berlin
Redaktion: Angelika Hellriegel
Satz: Uhl+Massopust, Aalen
Druck: Elsnerdruck, Berlin
Verlagsnummer: 12201
Ba · Herstellung: Stefan Hansen/sc
Made in Germany
ISBN 3-442-12201-5

10 9 8 7 6 5 4 3 2

Inhalt

Vorwort

Immer wenn ich an meine Freundin Terry Lynn Taylor denke, sehe ich sie umgeben von einer Aura des Friedens, der Freude und des Mysteriums. Der Frieden teilt sich mit durch das Gefühl von Wohlbefinden, das man im Zusammensein mit ihr spürt. Freude ergreift einen, weil ihr bloßes Sein Heiterkeit und Geheimnisse verströmt, und weil dieses Gefühl anderer Welten um sie ist. Meine erste Begegnung mit ihr hatte ich anläßlich einer großen Buchmesse. Ihr Verleger stellte uns einander vor, und in diesem Augenblick erkannte ich: »Hier ist ein verwandter Geist in seiner Wanderschaft durch das Universum.«

Seit diesem Moment haben Terry und ich eine wunderbare Kommunikation aufrechterhalten. Obwohl wir im Reich der Physis nur begrenzte Zeitspannen miteinander verbrachten, sind wir durch Gedanken, Träume oder durch den normaleren Kanal des Telefons miteinander in Verbindung geblieben.

Als wir uns trafen, gab Terry mir das Manuskript ihres ersten Buches über Engel, *Botschafter des Lichts*. Ich bin ein begieriger Leser und lese normalerweise zwanzig Bücher bis ich eines finde, das mir gefällt. Nachdem ich *Botschafter des Lichts* beendet hatte, fand ich es so gut, daß ich es in meine spezielle Bibliothek zu solchen Klassikern wie Richard Bachs *Illusionen* und Dan Millmans *Der Weg des friedlichen Kriegers* stellte.

Terrys Werk war so einfach und wunderbar, daß ich hoffte, sie würde noch ein weiteres Buch über Engel verfassen.

Und nun, hier ist ihr neues Buch, *Lichtvolle Wege zu deinem Engel*. Ihre Leser werden den pragmatischen Aspekt ihrer Arbeit schätzen. Terry verbindet esoterisches Wissen mit Erfahrungen ihres eigenen Lebens, um uns ganz und gar praktische Einsichten in die Welt der Engel zu vermitteln. Beim Lesen werden Sie sich zeitweise in das Reich der Philosophie gehoben fühlen. Dann wird es wieder andere Momente geben, in denen Sie jeden Satz eines Kapitels unterstreichen wollen. Das Endergebnis ist ein erhöhtes Bewußtsein bezüglich des unendlichen Potentials der menschlichen Seele.

Für diejenigen, denen das Leben düster und öde erscheint, wird dieses Buch zusammen mit Terrys erster Veröffentlichung Hoffnung und Tröstung bringen. Sie werden begreifen, daß Sie nicht allein im weiten Universum sind, sondern umgeben von Lichtwesen, die nicht nur willig, sondern begierig sind, Ihnen beizustehen. Alles, was Sie brauchen, ist die Bereitschaft zu fragen und dann empfänglich zu sein für die Antwort.

Ich bin Terry dankbar, daß sie so ein nützliches Buch vorgelegt hat. Noch dankbarer bin ich ihr, daß sie meine Freundin ist, und daß sie ihre Erkenntnis selbstlos mit allen teilt. Ich hoffe, daß sie weiterhin schreiben wird, und ich freue mich auf ihre künftigen Bücher. Danke, Terry, und danke den *Hütern der Hoffnung*.

John Harricharan

Danksagung

Dank läßt sich nicht immer einfach zu Papier bringen; da fehlt etwas, vielleicht ein Kuß oder ein warmes Lächeln. Wie auch immer, ich möchte meinen Dank und den Segen der Engel folgenden Menschen aussprechen.

Allen voran, möchte ich Nancy Grimley Carleton, Berkeley, California, der Herausgeberin dieses Buches, danken. Sie ist eine großartige »Büchertherapeutin« zusätzlich zu ihren professionellen Fähigkeiten als Psychotherapeutin. Ich wußte die ganze Zeit, daß sie die Herausgeberin dieses Buches sein würde, und das zu wissen, machte mich frei, einfach drauflos-zuschreiben.

Hal und Linda Kramer kennen die Natur des Menschen und der Kreativität wahrhaftig. Ich danke ihnen, mir eine weitere Gelegenheit geboten zu haben, um die Engel mit der Welt zu teilen, und ich danke ihnen für ihre Flexibilität und ihre Weisheit. Linda Kramer verbrachte viele Stunden mit dem Lesen einer früheren Version dieses Manuskripts und geleitete mich durch einige weniger kreative Zeiten, und sie hinterließ bei mir immer ein positives Gefühl der Inspiration.

Ich danke Lindas Freundin, Nancy Gardner, die mir ein wertvolles Feedback zu einem frühen Entwurf gab. Mein Dank ist auch an Hal und Lindas Assistentin gerichtet, Uma Ergil, die mir immer bedingungslos zur Seite stand.

Ich danke Jan Shelly für die Zeit, die sie mit dem Lesen des früheren Manuskripts zubrachte. Viele Teile des Buchs wären ohne Jans Einsichten und Teilnahme nicht ausgereift.

Ich danke den Engeln für meine besondere Freundschaft zu

John Harricharan. Er war eine solch positive Kraft in meinem Leben, und ich fühle mich zutiefst geehrt, daß er sich die Zeit nahm, ein Vorwort zu meinem Buch zu verfassen.

Ich danke meinen Nichten Elizabeth Ann Godfrey und Jessica Marie Godfrey für ihre Beiträge zum Buch und für ihre Inspiration und den Humor, den sie direkt von den Engeln übernommen haben.

Ich möchte auch Ken Cousens für die Erlaubnis, eines seiner wunderbaren Gedichte zu zitieren, danken.

Dieses Buch wurde ebenso von meinen engsten Freunden beeinflußt; sie waren wie die Engel immer für mich da und gaben mir Feedback bezüglich des Buchs. Ich danke den folgenden Freunden aus tiefstem Herzen: Shannon Boomer, Linda Hayden, Jai Italiander und Mary Beth Crain.

Ich danke auch jedem Mitglied meiner Familie; sie lehrten mich durch ihr Handeln und ihr Vorbild in einem frühen Alter den mit Geld nicht aufzuwiegenden Wert bedingungsloser Liebe. Besonders danke ich meinen Eltern, Nancy und Gordon, die mir über die weniger fruchtbaren Tage im Werdegang dieses Buches hinweggeholfen haben.

Einführende Bemerkungen über Engel

Sie und ich, wir erhielten ein besonderes Geschenk: die Gnade, als Menschen geboren zu sein. Wir können wählen, die Welt so zu sehen, wie wir sie sehen wollen. Wir haben die Fähigkeit, unsere Wahl zu treffen. Wir sind frei, die Welt zu sehen, wie immer wir sie sehen wollen, unabhängig von unseren Umständen. Dieses Buch handelt davon, dieses spezielle Geschenk zu unserem äußersten Vorteil zu nutzen, indem wir positive Entscheidungen treffen, die günstige Wirkungen zur Folge haben. Eine konstruktive Wahl zu treffen, ist wegen unserer negativen Muster nicht immer einfach. Dieses Buch wird Sie darin leiten, in Beziehung zu den Engeln zu treten, die Ihnen helfen können, diejenigen Entscheidungen zu treffen, die Ihrem persönlichen und spirituellen Wachstum am meisten dienen.

Eine besondere Quelle der Führung ist unser Schutzengel. Unser Schutzengel ist ebenso wie andere Engel in der Lage, uns zu helfen, positive Entscheidungen zu treffen, die uns innere Freude, unabhängig von äußeren Umständen, bescheren. Unser Schutzengel wird uns helfen, die besonderen Begabungen, mit denen wir geboren wurden, zu entdecken, wie zum Beispiel Intuition, Kreativität und Heiterkeit. Indem wir unsere Fähigkeiten entdecken, werden uns die Engel helfen, unseren Weg zu finden, auf dem wir uns frei ausdrücken können. Seit ich mein erstes Buch *Botschafter des Lichts* über Engel geschrieben habe, habe ich persönlich die Übungen, die Sie in den folgenden Kapiteln finden werden, praktiziert. Diese Übungen haben mich unterstützt, in meinem Leben Heiterkeit zu verströmen.

Zur Einstimmung in das Thema möchte ich zunächst einige

einführende Bemerkungen über Engel machen, um es Ihnen zu ermöglichen, in die Fluten dieses Buchs hineinzuspringen und zu wissen, welchen Weg die Gezeiten nehmen.

Was sind Engel?

Engel sind Botschafter des himmlischen Lichts, der göttlichen Vorsehung. Die englische Sprache übernahm das Wort Engel vom griechischen Wort angelos, Botschafter, welches wiederum eine Übersetzung des hebräischen Wortes für Botschafter, mal'ak, darstellt. Engel übermitteln Botschaften einer höheren spirituellen Macht. Sie sind göttliche Wesen; sie stammen nicht von der menschlichen Welt oder der physischen Erde ab. Wenn Sie Engel in Ihrem Leben anziehen, ziehen Sie das Göttliche an – Sie treten mit dem Reich des Himmels in Verbindung.

Engel stehen immer zur Verfügung, um Ihnen in Ihrem Leben den Himmel auf Erden zu bereiten. Es gibt Engel für jede Gelegenheit, einschließlich persönlicher Engel, wie zum Beispiel Schutzengel, spirituelle Führer, Cheerleader und Seelenengel, die immer bei uns sind. Es stehen auch Engel für bestimmte Angelegenheiten bereit, beispielweise Engel, die als Heiler fungieren, Wunderengel und Rettungsengel. Darüber hinaus existieren Engel, die das menschliche Leben verschönern, sogenannte Sorgenbefreier, Spaßmanager und Wohlstandsmakler. Es gibt Devas, die über die Gedeihenskräfte der Natur wachen und sie mit aufbauen, und viele weitere Spezialisten, die bei nahezu jeder Aufgabe, die Sie ihnen übertragen, helfen können. Das Hauptanliegen der Engel besteht darin, die Lebenseinstellung der Menschen in eine positivere, leichtere Haltung zu verwandeln.

Engel bereichern unser Denken, indem sie uns edle Gedanken und Ideen einflößen. Engel helfen uns, unsere höhere Natur zu verstehen und klären unsere Vorstellungskraft, indem sie uns eine direkte Verbindung zum Himmel ermöglichen. Wenn wir es erlauben, retten uns die Engel vor Gefahr, Hoffnungslosigkeit und Verzweiflung. Sie können unseren Geist erheben und uns lehren, göttlichen Humor in all unseren Erfahrungen zu entdecken. Engel fördern Schönheit, Frieden und Freude auf der Erde und bieten dies jedem an, der bereit ist, es anzunehmen. Gelegentlich treten Engel zu unserem Wohlergehen als Menschen in Erscheinung.

Engel sind keine Außerirdischen, keine erdgebundenen oder körperlosen Geister, die man channeln kann. Sie sind keine Feen oder Gespenster. Engel sind nicht für sich selbst als Selbstzweck da, sie verhalten sich den menschlichen Wesen gegenüber nicht voreingenommen oder verurteilend. Engel kommen unserem freien Willen nie in die Quere, sie schaffen niemals negative Situationen. Engel verletzen uns nie, und sie flößen uns mit ihrer Gegenwart niemals Furcht ein.

An Engel glauben

Um an Engel zu glauben, muß man keiner speziellen Religion angehören. Die meisten der Weltreligionen beinhalten einen Glauben an Engel, aber Sie müssen keiner Glaubensgemeinschaft verbunden sein, um aus den Wohltaten der Engel Nutzen zu ziehen. Wie auch immer, Engel sind von einer höheren Macht angestellt – von Gott. Es ist den Engeln gleichgültig, welchen Namen oder welches Geschlecht Sie Gott verleihen. Der grundlegende, allgemeine Nenner, auf den die Engel Gott bringen, ist Liebe.

Ich möchte mich nicht über die Existenz von Engeln streiten. Wie ich es sehe, glauben Sie entweder an Engel oder Sie glauben nicht an Sie. Wie auch immer, ich respektiere Ihre Meinung. Ich gehe einen Schritt weiter: Ich glaube nicht an Engel, ich weiß, daß es sie gibt. Ich weiß, daß sie in meinem Leben existieren, sie sind ein großer Teil der Realität, die ich mir geschaffen habe, und ich muß sagen, ich bin froh, daß ich das tat. Wenn wir bekennen, daß wir an etwas glauben, kommt allzuoft jemand daher, der uns auffordert, diesen Glauben zu beweisen. Normalerweise wollen solche Personen den Beweis in visueller Form, etwas, das sie sehen und möglichst anfassen können. Es ist sehr schwierig, jemandem die Existenz von Engeln zu beweisen, wenn er sich an die physische Erkennbarkeit klammert. Ich bitte Sie, von dieser Einschränkung Abstand zu nehmen, um dieses Buches willen, vergeuden Sie Ihre Energie nicht mit dem Glauben an Engel. Haben Sie jemals wirklich eine Radiowelle gesehen? Eine Radiowelle kann einen Ton ohne Kabel viele Meilen weit durch die Luft senden, und wenn wir den richtigen Empfänger eingestellt haben, werden wir ihn hören. Das mag einer Person, die nichts über Radios weiß, wie Magie erscheinen. Im Fall der Engel, sind wir die Empfänger, und obwohl wir nicht oft die Gelegenheit haben, sie zu sehen, sind Engel hier, um uns herum, ebenso wie Radio- und Fernsehsignale.

Ich beschreibe das Leben oft, als ob es uns eine Auswahl verschiedener Kinos anbieten würde, in denen unterschiedliche Filme gespielt werden. Es lohnt sich sehr, im richtigen Kino zu sitzen – in demjenigen, in dem die Engel uns den Film zeigen, in dem Gott uns seine bedingungslose Liebe demonstriert, uns allen kostenlos zur Verfügung stellt. Dieses Kino ist immer offen, die Eintrittskarten sind kostenlos und liegen überall bereit, Sie müssen nur eine aufheben und geradewegs hineingehen.

Gibt es böse Engel?

Viele Leute wollen von mir etwas über gefallene Engel oder Dämonen wissen. Ich persönlich glaube, daß es für jeden positiven Aspekt im Leben einen gegensätzlichen, negativen Aspekt gibt. Nachdem den Engeln eine rein positive Natur innewohnt, haben sie ein Gegenüber, das wir Dämonen nennen, welche von Natur aus rein negativ sind. Es ist für uns hilfreich, uns Engel als reines Licht vorzustellen, sie müssen nicht notwendigerweise irgendeine spezifische Form besitzen, wie zum Beispiel Körper mit Flügeln oder ähnliches. Demgegenüber brauchen wir uns Dämonen nicht als kleine Teufelchen oder häßliche Kreaturen vorzustellen, sondern als reine Dunkelheit, als einen »schwarzen Raum«, wenn Sie so wollen. Stellen Sie sich einen absolut dunklen Raum vor, der vollkommen erfüllt ist von schwarzer Atmosphäre. Öffnen Sie in Ihrer Vorstellung die Türe und beginnen Sie, mit einem kleinen Lichtschein, einem Blitzlicht, den Raum zu durchleuchten. Das Licht verwandelt die Dunkelheit, erleuchtet den Raum, so daß Sie sehen können, was darin ist. Angenommen, die Dunkelheit ist voller Dämonen, und sie müssen vor dem Licht davonlaufen und sich verstecken. Nun knipsen Sie ein Licht an und erleuchten den ganzen Raum, wohin gehen die Dämonen dann? Sie können im Licht nicht leben, also müssen sie verschwinden.

Nun lassen Sie die Engel und Dämonen wesenhafte Formen annehmen. Engel werden normalerweise als große Wesen dargestellt und Dämonen als sehr kleine, kriechende, tierähnliche Wesen. Nun stellen Sie sich vor, was passiert, wenn Dämonen uns verfolgen und Engel ihnen gegenübertreten: Die Dämonen werden von den riesigen Lichtstrahlen geblendet und müssen sich verstecken. Natürlich ist das in der Realität alles sehr viel komplizierter, aber ein Element sticht zugunsten jeder Seite hervor. Auf der Seite der Engel ist dieses Element Liebe, das Element, das Dämonen weder verstehen noch besitzen. Auf der Seite der Dämonen wirkt das Element der Furcht, durch welches sie gedeihen, und Furcht ist das Element, das Engel niemals benutzen. Wenn wir uns vor der Dunkelheit fürchten, vor der Welt, vor dem Leben, vermögen die Dämonen Macht über uns zu gewinnen und uns mit ihren Possen noch mehr Angst einzujagen. Um dieses Szenario zu verändern, müssen wir furchtlos und liebevoll werden, und wir dürfen die Engel anrufen, damit sie für uns eine Barriere gegen die Dämonen

15

erschaffen. Das ist das gleiche, als würden wir uns mit weißem Licht umhüllen. Erinnern Sie sich: Das Licht schützt uns nicht nur, es transformiert auch die Dunkelheit.

Es mag wohl gefallene Engel oder Dämonen geben, die das Gute im Menschen angreifen. Aber erinnern Sie sich daran, all dasjenige, dem Sie Ihre Aufmerksamkeit widmen, wird machtvoll in Ihrem Leben. Also warum sollten Sie Ihre Kraft dazu verwenden, an Dämonen und gefallene Engel zu glauben und sich darüber Sorgen zu machen? Werden Sie selbst Teil des Lichts, je mehr Licht wir Menschen entwickeln, um so weniger Platz erobern die Dämonen, um darin Unterschlupf zu finden. Außerdem sollten wir uns daran erinnern, daß Dämonen keinen Sinn für Humor besitzen und normalerweise von humorlosen Menschen angezogen werden. Also bewahren Sie Ihren Sinn für Humor, die Engel werden Ihnen dann nahe sein, und die Dämonen werden sich rar machen.

Wie Engel zeigen, daß sie da sind

Engel verfügen über lustige Methoden, um uns wissen zu lassen, daß sie da sind. Sie arrangieren Zufälle und günstige Begegnungen, um unsere Aufmerksamkeit zu erregen. Sie zeigen uns auch, daß sie bei uns sind, indem sie uns im Laufe ernster Ereignisse mit Humor anstecken, mit Anfällen von Ausgelassenheit und Fröhlichkeit. Oder sie schenken uns in kritischen Zeiten unerklärliche Gefühle des Friedens und Wohlbefindens, umgeben uns mit einer guten Portion Glück oder erfreulichen Umständen. Sie hinterlassen einen exquisiten Duft nach Rosen oder Jasmin in der Luft, der unseren Geist für einen Moment berauscht und uns hilft, Gefühle echter Hoffnung und Optimismus in unseren Herzen aufscheinen zu lassen, und sie schenken uns manchmal Gipfelerlebnisse von Freude und Liebe, die uns durchströmen.

Die Engel sind immer bei uns

Wenn wir beginnen, Engelbewußtsein zu entwickeln, begegnen uns alle möglichen Arten wundervoller Synchronismen und Erfahrungen voller Charme. Wie dem auch sei, wie bei allen Dingen kommt auch hier eine Phase, in der ansteht, in die nächst höhere Stufe einzutreten. Das ist so, wie wenn wir zu oft unser Lieblingslied hören, irgendwann tritt der Moment ein, in dem wir ein neues Lieblingslied finden müssen. Wenn es an der Zeit ist, uns weiter zu entwickeln, könnten wir möglicherweise mit einer unangenehmen Erfahrung konfrontiert werden, die von spirituellen Suchern oft als »die dunkle Nacht der Seele« bezeichnet wird.

Einige Leute begeben sich auf ihre spirituelle Suche, wenn sie zu ahnen beginnen, daß im Leben mehr stecken muß, als nur die materiellen Belohnungen des Reichtums und irdischen Strebens. Die Frage nach etwas anderem keimt auf, wenn ein nagendes Gefühl der Langeweile im Leben einsetzt. Dieses Bedürfnis führt normalerweise zu der Vorstellung, daß eine höhere Macht die Gefühle des Leerseins und der Langeweile, die tief in unserer Seele sitzen, auffüllen kann. Und der Sucher erkennt, daß dies der Wahrheit entspricht. Aber damit ist das Ganze noch nicht zu Ende.

Einige wenige Dinge ereignen sich nach dem ersten Schritt auf dem spirituellen Weg. Erstens, der Wanderer lernt Mut und Ausdauer, weil die alten Landkarten und ausgetretenen Pfade nicht länger brauchbar sind. Einen spirituellen Weg zu beschreiten, beinhaltet, neue Richtungen von Gedankenmustern einzuschlagen und Gewohnheiten zu ändern, die auf dem spirituellen Weg stören. Zweitens, nach den anfänglichen spirituellen »Gipfelerlebnissen« könnte eine Phase wirklichen spirituellen Kampfes eintreten. Rick Fields formulierte das sehr treffend: »Die anfängliche Euphorie, die durch das erste Erwachen zu einer gewissen Bewußtheit einsetzt, wird, mit wenigen Ausnahmefällen, wieder verschwinden ... und ein Gefühl des Verlusts, ein Gefühl in Ungnade gefallen zu sein und ein Gefühl der Verzweiflung hinterlassen. Die dunkle Nacht der Seele des heiligen Johannes vom Kreuz behandelt dieses Stadium.«

Die dunkle Nacht der Seele ist keineswegs eine leichte Zeit, aber sie bedeutet nicht, daß Sie in Ungnade gefallen sind, und sie muß auch nicht langgezogene Phasen der Verzweiflung mit sich bringen. Tatsächlich könnte die dunkle Nacht der Seele ganz einfach eine schwierige Nacht oder Stunde sein, in der Sie spirituell gelitten haben und dann ziemlich schnell dem Licht zurückgegeben worden sind. Also machen Sie es bitte nicht schwieriger, als es sein kann. Viele von uns lieben das Drama, ich habe manchen gesehen, der von seiner eigenen dunklen Seite begeistert war und vehement darin verharrte, als ob die Engel jährlich dafür einen Ausscheidungskampf mit Preisverleihung abhalten würden. Wenn Sie durch eine dunkle Nacht der Seele gehen, erlauben Sie bitte den Engeln, die Dunkelheit für Sie aufzuhellen, tun Sie es, indem Sie sie bitten, Sie sicher in die Morgendämmerung zu führen.

Engel verlassen uns nicht, aber es fühlt sich manchmal so an, wenn wir beginnen, von ihren magischen Methoden abhängig zu werden, und versäumen, unseren eigenen Teil beizutragen, und das Spiel vergessen. Wenn die Dinge nicht nach unseren Wünschen laufen, müssen wir uns meistens selbst zur Rechenschaft ziehen. Deshalb, klagen Sie die Engel nicht an, oder denken Sie nicht, daß sie Ihnen nicht zur Seite stehen würden. Sie sind direkt neben Ihnen und warten darauf, daß Sie sich selbst nicht so ernst nehmen, so daß sie fortfahren können, Sie aufwärts zu führen. Ein Thema dieses Buches beschäftigt sich damit, Wege zu finden, um Hilfe zu nutzen, die nicht auf Erden angeboten wird, sondern im Reich des Himmels für das Leben auf der Erde. Wir tun dies, indem wir die Botschafter des Himmels, die Engel, in unser Leben als spirituelle Geschäftspartner und Freunde integrieren. Die Engel sind immer bei uns.

Mitschöpfer des Lebens

Eine der bedeutendsten spirituellen Erkenntnisse, die mich befreit haben, war das Wissen, daß Gott Mitschöpfer ist. Mitschöpfung beinhaltet Teamarbeit. Wir sind der menschliche Teil des göttlichen Schöpfungsvermögens. Gemeinsam mit Gott und den Engeln erschaffen wir unser Schicksal. Diese Erkenntnis veränderte meine ganze Lebensbetrachtung. Anstatt mir Gott als eine Elternfigur vorzustellen, ein Objekt meiner Wünsche, eine Kraft, die mir das gewähren könnte, was ich wollte, vorausgesetzt, die Bedingungen wären in Ordnung, wurde mir meine Rolle klar, Gottes Partner beim Erschaffen der Dinge, die ich anstrebte, zu sein.

Die Engel halfen mir, diese Erkenntnis zu erlangen. Wenn ich etwas von den Engeln möchte, weiß ich, daß sie mit mir »spielen« werden, damit ich es bekomme. In anderen Worten, ich muß auf die Fingerzeige und Gelegenheiten im Alltagsleben achten, um meine Träume und Wünsche wahr werden zu lassen. Wenn Sie Gott und die Engel bitten, bei der Gestaltung Ihres Schicksals mitzuwirken, leuchtet das Licht der Liebe auf Ihrem Weg, ein unvorstellbares Gefühl der Gnade wird sich in allen Bereichen Ihres Lebens ausbreiten. Negative Gedanken oder die Vorstellung, ein Opfer zu sein, verschwinden mit Hilfe der Engel aus Ihrem Leben, weil Sie Ihre schöpferische Macht entdecken und wiederentwickeln. Sich von der Vorstellung zu lösen, Gott sei eine überdimensionierte Elternfigur im Himmel, hilft uns in der Erkenntnis, daß wir für irgend etwas Kindisches oder Dummes nicht bestraft werden können. Gott ist unser Partner, nicht unser Bestrafer. Der Gedanke, daß Gott und die Engel unsere Partner sind, scheint sehr banal zu sein. So einfach es ist, für mich liegt darin der Schlüssel, nach dem wir suchen und den wir so oft nicht finden. Viele Menschen sprechen oft darüber, daß sie ihr Schicksal selbst mitgestalten, und sie experimentieren mit verschiedenen Methoden, dieses Ziel umzusetzen, aber solange sie den Gedanken abweisen, daß der andere

Aspekt ihres Selbst das Göttliche und die Engel miteinschließt, werden sie nicht über die Befähigung verfügen, die Meisterschaft der Lebensgestaltung zu übernehmen.

Also, lassen Sie Ihre Spiritualität einfach sein. Wenn Sie wollen, daß etwas in Ihrem Leben geschieht, so bitten Sie Gott und die Engel, Ihnen zu helfen.

Im gleichen Zug bitten Sie Ihr eigenes höheres Selbst, Ihnen bei diesem Werdegang beizustehen. Indem wir uns mit allen Aspekten unseres Seins einbeziehen, richten wir uns nach unseren höchsten Zielen aus und ermöglichen den Wandel. Wenn Sie mit Gott und den Engeln in Kontakt treten, bitten Sie einfach in unbefangener Weise. Es gab eine Zeit in meinem Leben, in der ich beim Beten bettelte. Ich sagte: »Bitte, Gott, ich möchte wirklich, daß dies und jenes passiert.« Ich war ständig dabei, zu bitten und zu betteln. Inzwischen führe ich ganz einfach eine Unterredung mit Gott, ich danke ihm für seinen himmlischen Beistand, darauf vertrauend, daß das Allerbeste geschehen wird. Ich versichere Ihnen, daß es tatsächlich Magie im Universum gibt, aber es liegt an uns, sie mitzugestalten. Gott und die Engel existieren im unsichtbaren Reich des Himmels, sie wirken im physischen Reich auf Erden. Gemeinsam mit ihnen, können Sie das Beste von beiden Welten erhalten. Stimmen Sie sich selbst auf die Methoden Ihrer Mitschöpfer ein, und Sie werden wissen, wie man das hinreißende Spiel des Lebens spielt. Erinnern Sie sich an Ihren Sinn für Humor, ein anderer Aspekt, den Sie beim Schöpfungsprozeß mit Gott teilen.

Freude

Möglicherweise lesen Sie dieses Buch, weil Sie an der Freude und Aufregung, die die Engel ins Leben der Menschen bringen, interessiert sind, und vielleicht wollen Sie mehr davon. Sie mögen vielleicht wissen, daß es Engel gibt, weil sie es Ihnen bewiesen haben, indem sie Sie oder einen Ihrer Lieben aus einer Gefahr oder aus Hoffnungslosigkeit gerettet haben. Vielleicht sind Sie auch jemand, der tief in seinem Innern fröhlich sein möchte und der weiß, daß Engel sehr hilfreich sein können, wenn man wirkliche Freude erreichen will, nicht solche, die von außen kommt, sondern die Freude, welche aus unserem eigenen Innern stammt.

Freude ist nicht einfach ein Märchen, und sie ist nicht einigen wenigen Auserwählten vorbehalten. Es gibt wirklich Wege, um auf diesem Planeten fröhlich zu leben. Es gibt durch und durch freudvolle Menschen auf dieser Welt. Es existieren wahrhaft erfreuliche Bedingungen auf diesem Planeten. Das Gegenteil ist auch wahr, unglücklicherweise mag dies in der Tat die Norm sein für die meisten – unnötigerweise. In diesem Buch konzentriere ich mich auf die helle Seite dieses Spektrums, indem ich Praktiken und Anleitungen erforsche, die zu einer Freude führen, die blüht und wächst, und die es Ihnen ermöglicht, in Ihrer Seele und Ihrem Geist ein angenehmes Zuhause für sich zu schaffen.

Persönliche Freude ist ein edler Anspruch. Er ist ein entscheidender Beitrag für die Freude der Welt. Ich spreche hier von grundloser Freude. Diese Art ist tatsächlich ein Zustand des Geistes oder ein Zustand der Gnade. Das hat nichts mit den Bedingungen dieses Lebens zu tun, oder mit dem, was Sie besitzen. Sie entspringt einem tiefen Sinn für Ihren persönlichen Selbstwert und einem Respekt dem Leben gegenüber. Freude ohne Grund schenkt Ihnen ein Wohlgefühl, auf der Welt zu sein und einen Sinn der Zugehörigkeit.

Engel sind unsere Vorbilder in Sachen Freude. Engel sind zugleich Glückstrainer, sie wollen das Allerbeste für jeden von uns. Botschaften von Engeln sind Zusprüche darüber, wie wunderbar und wichtig jeder von uns ist. Engel wollen uns befreien, von uns selbst gefangen zu sein, sie wollen, daß wir realisieren, daß wir eine große menschliche Familie sind. Wenn Sie sich nicht um sich selbst kümmern, werden Sie sich auch nicht um andere Menschen auf diesem Planeten kümmern. Das ist nichts Neues, das ist Grundwissen. Wenn Sie sich mit dem, was Sie sind, und wohin Sie gehen, gut fühlen, machen Sie die Welt automatisch zu einem besseren Ort, um Ihr Recht zu erhalten und richtig handeln zu können. Sie nehmen automatisch Ihre universelle Verantwortung wahr, tiefen Respekt und Sorge für alle zu tragen, unabhängig von Glauben, Rasse, Nationalität oder Geschlecht. Das passiert auf ganz natürliche Weise, wenn sie sich mit den Engeln auf eine positive Reise, die Ihr Selbst verwandelt, begeben.

Zum Aufbau dieses Buches

Jedes Kapitel dieses Buches beginnt mit einem Grundkonzept, dann führt es zwei oder drei »Engelübungen« an, um das persönliche Wachstum in Übereinstimmung mit dem Hauptkonzept zu unterstützen. Eine Übung ist eine Gewohnheitshandlung oder wiederholte Praxis, um unsere Fertigkeiten in jedwedem Bereich zu verbessern. Wenn Athleten oder Musiker eine Tätigkeit immer wieder vollziehen, ist es ihr Ziel, an den Punkt zu gelangen, an dem sie nicht mehr darüber nachdenken müssen, was sie tun. Ihr Geist führt, und ihr Körper folgt. Eine Übung zu wiederholen, ist ein Weg, den Geist zu programmieren. Ich bin sicher, Sie haben schon einmal von der Idee, den menschlichen Geist zu programmieren, gehört. Es ist eine machtvolle Technik. Das positive Programmieren unseres Geistes mittels spiritueller Praktiken wird lohnende Ergebnisse mit sich bringen, zum Beispiel Freude, Erfolg und eine Art und Weise, wirklich Sie selbst zu sein.

Teil eins dieses Buches konzentriert sich darauf, Ihre innere Weisheit zu stärken und besser auf sie zu hören und Ihre höheren Begabungen zu entdecken. Sie werden lernen, mittels Ihrer Gedanken und Ihres Vertrauens mit den Engeln zu kommunizieren.

In Teil zwei dieses Buches werden Sie herausfinden, wie Engel Ihnen helfen können, die Fähigkeit zu entwickeln, die durch positives Denken erreicht wird. Sie werden lernen, Denkprogramme und Gewohnheiten zu verändern und sich positiv umzuprogrammieren. Veränderung ist nicht leicht, weil sie dem alten widerstrebt, der gewohnten Art, Dinge zu tun und den überkommenen Glaubensvorstellungen, die immer und immer wieder in unserem Geist auftauchen. Um auf unserem Weg voranzukommen, müssen wir Veränderungen in unserem Grundcharakter zulassen. Positives Denken effektiv zu praktizieren, bedeutet, negative Glaubensvorstellungen auszulöschen.

Teil drei dieses Buches berührt die Themen Erholung und Erkenntnis. Es beginnt mit einem Kapitel über Engel und das 12-Punkte-Programm, das ursprünglich von den Anonymen Alkoholikern (A. A.) stammt, und welches viele Selbsthilfegruppen, die auf diesen Prinzipien basieren, inspiriert hat. Ich finde die zwölf Schritte wertvoll, einfach weil sie Wege, mit universellen Elementen der spritiuellen Reise zu arbeiten, beschreiben. Hinter diesen Schritten steckt ein Genie. Wenn Sie ihnen folgen, sind Sie auf dem spirituellen Weg. Selbst wenn Sie nie von den zwölf Schritten gehört haben, aber auf dem spirituellen Weg sind, sind Sie den Aspekten, die diese Schritte verkörpern, begegnet. Ich habe dieses Kapitel mit hereingenommen, damit Betroffene anfangen können, den Engeln zu erlauben, ihnen bei den zwölf Punkten zu helfen, falls sie in einem dieser Programme engagiert sind. Die anderen beiden Kapitel von Teil drei beschäftigen sich mit unserer Beziehung zu uns selbst und unserem inneren weisen Engel sowie mit unserer Beziehung zu anderen Menschen.

Teil vier dieses Buches beleuchtet die Wirkungen von Schicksal, Hoffnung, Gnade, Optimismus, Verzeihung und Verständnis. Diese Wachstumsbeschleuniger fördern uns immens, wenn wir ihnen unser Leben öffnen. Selbstverzeihung als ein Beschleuniger öffnet unser Herz für die Engel; dies bildet die Basis für die Bereitschaft, uns selbst zu lieben und uns als die wundervollen Wesen, die wir wirklich sind, zu behandeln. Das macht uns umgekehrt fähig, die wunderbaren Geschenke, die die Engel uns geben können, anzunehmen.

Teil fünf dieses Buchs handelt davon, Nichtanhaftung als eine konstante Praktik in unser Leben zu integrieren und auch darüber, wie wir unser inneres Engelkind befreien können. Sie werden lernen, sich von Ihrem überflüssigen Ballast zu befreien. Er wird Sie verlassen, wenn Sie aufhören, ihn festzuhalten.

Anschließend wird im letzten Teil des Buches erklärt, wie wir über die engen Beschränkungen unseres Körpers und unserer Gefühle hinausgehen und unseren wahren Platz unter den anderen auf der Welt finden können. Unser eigenes Feuer der Liebe der Welt durch Dienen zu geben, ist die höchste Form spirituellen Lebens, die wir praktizieren können. Wenn wir Gott dienen, führen uns die Engel, so daß unser Geben ohne Anstrengung ist. Indem wir uns wahrhaftig kennen und vertrauen, werden wir spirituelle Lehrer für andere.

Hierbei ist es weniger ausschlaggebend, ob wir diese Rolle explizit einnehmen, wichtig ist, daß wir zu Boten des Lichts werden. Durch unser Sein und Wirken senden wir positive Strahlen durch das Universum, die das Negative verwandeln und zur reinen Energie werden lassen.

Teil I

Die Führung des inneren Engels

Wie man mit Engeln spricht

Erkenne die großartige Wahrheit, daß jeder von uns ein Trop-
fen Göttlichkeit ist, ein spirituelles Wesen, das in einem Tempel
wohnt, dem Körper, der es uns ermöglicht, in der schweren
Dichte der physischen Welt zu handeln. Wir sind so durch-
tränkt vom »Zuschauerbewußtsein«, daß wir zu leicht annehm-
men, daß Gott oder unsere Führer von außen her zu uns
sprechen werden. Aber die große Wahrheit ist, daß die Wesen
der höheren Welten zu uns innerhalb unseres eigenen Denkens
sprechen. Alles ist Gedanke; im Denken mischen wir uns mit
höheren Wesen.

Sir George Trevelyan

Viele Menschen wollen wissen, wie man mit Engeln spricht,
und wie man die Engel dazu bewegt, daß sie mit einem sprechen. Engel kommunizieren durch unsere Gedanken mit uns.
Um Engel zu hören und mit ihnen zu reden, müssen wir mit
unseren Gedanken und mit unserem Gemüt vertraut werden.
Wir müssen in uns gehen und mit dem stillen Frieden, der im
Zentrum unseres Wesens herrscht, in Verbindung treten. Es
mag sein, daß das nicht gerade das ist, was manche hören
wollen. Es wäre einfacher, wenn die Engel sich immer materia-
lisierten und zu uns so sprächen, wie es Menschen miteinander
tun, und indem sie uns klare Anweisungen geben, denen wir
folgen, um unsere Träume wahr werden zu lassen. Aber direkte
körperliche Begegnungen dieser Art könnten mit der Aus-
übung unseres freien Willens kollidieren; wir könnten unsere
eigene Rolle als Mitschöpfer aus den Augen verlieren. Also, um

uns mit den Engeln zu verbinden, unseren mitschöpferischen Partnern, müssen wir zuerst ein richtiges Klima des Vertrauens als Basis schaffen, dieses muß in unserem Inneren angelegt werden. Wir können nicht außerhalb unserer selbst gehen, um es zu finden. Klare Kommunikation mit den Engeln ist möglich, wenn wir unseren Geist trainieren und erfahren, wer wir im Innern sind, indem wir lernen, uns mit unserem höheren Selbst zu identifizieren.

Den Geist auf diese Art zu üben, ist ein sehr einfacher Vorgang. Sie brauchen nichts Großartiges zu unternehmen oder sich auf einem besonders »hohen« spirituellen Niveau zu befinden. Alles, was Sie tun müssen, ist, sich selbst zu vertrauen, und die Haltung der Engel zu üben, wie zum Beispiel sich selbst leicht zu nehmen, locker durchs Leben zu gehen, positiv zu denken, Hoffnung zu nähren, Selbstliebe zu üben und über sie zu meditieren, freundlich in Gedanken und Taten zu sein und sich klarzumachen, daß die Engel Sie bedingungslos lieben. Die Engel unterstützen jeden, der darum bittet, und jeden, der nach ihren Idealen strebt. Das einzige, wobei Engel den Menschen nicht helfen, ist, sich selbst, den Planeten oder andere Menschen zu zerstören, sie sind immer eine Kraft all dessen, was positiv, gut und wahr ist.

Auf den folgenden Seiten werden Sie viele Anleitungen finden, um eine Atmosphäre der inneren Stärke und des Friedens zu schaffen. Sie werden lernen, Ihr inneres Selbst zu festigen und zu stärken, so daß innen und außen harmonisch kooperieren. Sie werden lernen, jederzeit in einer tiefen Verbindung mit sich selbst zu stehen sowie den Ort im Innern zu finden, zu dem Sie von jenen Engeln geführt werden, die Sie gerufen haben, und Sie werden diese Verbindung angemessen zu nutzen wissen. Alle Übungen wurden entwickelt, um Ihnen zu helfen, mit dem Licht, das in Ihrer Seele leuchtet, in Berührung zu kommen, und Ihnen zu helfen, dieses Licht heller leuchten zu lassen, so daß Sie zu einem Strahl der Hoffnung für die Welt, die Sie umgibt, werden.

Engelübungen sind Anweisungen, um Ihr inneres Sein zu stärken, ebenso wie körperliche Übungen Ihren Körper kräftigen. Wenn Sie diese Übungen praktizieren, werden Sie die spirituelle Ausdauer erhalten, die in der modernen Welt so wichtig ist. Sie werden lernen, Ihre himmlischen Begleiter, die Engel, auf Ihrem spirituellen Weg mitzunehmen, auf die wenig befahrene Straße, um sie eines Tages in einem Schritt zu durchschreiten.

Es ist alles in unserem Geist

Denken Sie einen Moment darüber nach, wo Ihr Geist sitzt, was Ihr Geist ist und was sich darin befindet. Einige Sprachen haben keinen genauen Ausdruck für das englische wort »mind« (Geist). Unsere eigenen Definitionen dafür fallen wahrscheinlich genauso unterschiedlich aus, wie unsere persönlichen Glaubensvorstellungen. Ich habe nicht vor, in diesem Buch den Ausdruck »Geist« zu definieren, aber ich werde viele Erfahrungen berühren, die im »Geist« stattfinden, zum Beispiel Gedanken, durch die die Engel mit uns sprechen. Um uns eine allgemeine Rahmenvorstellung zu geben, biete ich hier einige generelle Bemerkungen über die Natur des »Geistes« an, die auf meinen Studien und meiner Intuition beruhen.

Unser »Geist« ist für Gefühle, Intelligenz, Vernunft, Wahrnehmungen, Urteile und das Bewußtsein des Selbst verantwortlich – für alles, was vom Gedächtnis abhängig ist. Die meisten Funktionen des »Geistes« beziehen sich in irgendeiner Weise auf das Gedächtnis.

Das Funktionieren des »Geistes« in unserem physischen Körper hängt vom Gehirn ab, ebenso wie das Funktionieren unseres physischen Körpers vom Gehirn gesteuert wird. Ich glaube, daß unser »Geist« unsere direkte Verbindung zum Himmel darstellt. Ich stelle mir unseren »Geist« vor, als sei er mit einem Ende in unserem Körper eingehakt und mit dem anderen im Himmel oder im göttlichen, kosmischen Bewußtsein.

Unser Gehirn ist der Empfänger oder das Zuhause für unseren »Geist«. Dieser zieht es vor, höhere Reiche aufzusuchen, um Kontakt mit den Engeln aufzunehmen. Dies ist der Grund, weshalb wir Menschen ständig nach dem Geistigen verlangen und uns nicht vollständig fühlen, bis wir die höhere Macht in unserem Leben kennengelernt haben. Das bedeutet außerdem, daß unser erweiterter »Geist« uns zur direkten Kommunikation mit den Engeln zur Verfügung steht. Natürlich, wie ich früher schon erklärt habe, Engel werden sich nicht in unser Leben und unsere Gedanken einmischen, sie inspirieren uns nur und flößen unserem »Geist« edle Gedanken ein, wenn wir ihnen die Erlaubnis dazu geben. Ein wichtiges Geschenk, das die Engel für unseren »Geist« bereithalten, ist Hoffnung. Hoffnung läßt uns mit einem positiven Ausblick auf die Zukunft gerichtet bleiben.

Die Energie der Menschen und der Engel vereinen

Wir Devas würden gerne im Bewußtsein jedes menschlichen Wesens herumtanzen, um euch zu dem zu erwecken, was ihr seid. Wir würden euch erkennen lassen, daß ihr Lichtwesen seid und nicht auf eure physische Erscheinung beschränkt seid. Einfach nur weil ihr denkt, daß ihr so begrenzt seid, bleibt ihr so, aber wenn ihr euch unser bewußt seid und auf unsere Ebene kommt, seid ihr Teil einer größeren Welt, die auch euer Zuhause ist. Also gesellt euch oft zu uns, damit ihr über euch selbst unterrichtet werdet und kommt in der Liebe des Einen.

Botschaft der Baumdevas, die von Dorothy Maclean empfangen wurde

Es wird eine Geschichte über Buddha erzählt, der einen Yogi traf, welcher damit prahlte, er könne auf der Oberfläche des Wassers über den Fluß wandeln, was bedeuten sollte, daß seine spirituellen Kräfte größer seien als die des Buddhas. Der Yogi bewies, daß er auf dem Wasser gehen konnte und erklärte, daß er 25 Jahre strengsten spirituellen Trainings gebraucht hätte, um diese Fähigkeit zu erlangen. Buddha kratzte sich am Kopf und fragte, warum er sich darum gesorgt hatte, wo er doch für lächerliche fünf Rupien die Fähre hätte nehmen können.

Wenn die Leute herausfinden, daß ich ein Buch über Engel geschrieben habe, fragen sie mich oft »Sind Sie ein Engel?« und »Haben Sie je einen Engel gesehen?«. Ich bekomme dann das Gefühl, daß sie es am liebsten hätten, ich verfiele in einen Taumel des Entzückens und verkündete, daß mir ein Engel im allerhellsten Licht erschienen sei, das so intensiv war, daß ich es kaum aushalten konnte, und der Engel hätte mir dann gesagt, ich solle ein Buch schreiben, damit die Leute die gleiche Erfahrung machen können. Ich spüre, daß sie ein bißchen enttäuscht sind, weil ich keine sensationellen Ansprüche erhebe, keine Erklärung darüber, wie ich meine Flügel verstecke. Um diese Fragen aufrichtig zu beantworten: Erstens, ich bin ein Mensch und darauf stolz. Zweitens, ich habe keinen Engel angetan mit den Insignien des Himmels gesehen. Ich habe Dinge geschehen sehen, die nur durch einen Engel bewirkt sein konnten, und ich habe einige wenige Leute getroffen, bei denen ich fast sicher bin, daß sie Engel in Menschengestalt waren, aber dieses Gefühl ist mir nicht während der Begegnung gekommen, und ich konnte diese Personen meist nicht wiederfinden, um sie zu fragen, ob sie wirklich Engel waren. Es ist mir wichtiger, Engel zu haben, die mir sanfte Hinweise auf ihre Existenz geben, die, wenn ich sie entdecke, mein inneres Wachstum stärken, als äußere Ereignisse oder körperliche Besuche zu erleben. Die Geschichte über Buddha und den Yogi zeigt uns, wie wir uns von den sogenannten »Wundern« davontragen lassen und ignorieren, was wir im täglichen Leben zu tun haben. Trotz allem – wir sind Menschen – und das ist durch und durch selbst ein Wunder! Engel brauchen nicht in Entzücken zu verfallen, um uns eine Botschaft zukommen zu lassen, und normalerweise werden sie das auch nicht. Selbst wenn sie es tun, bedeutet das nicht, daß unsere spirituellen Kräfte größer sind als zuvor. Wenn wir nach Zeichen und Wundern Ausschau halten, als einzigen Weg Engel zu erkennen und spirituell zu wachsen, könnten wir die Botschaft insgesamt übersehen. Natürlich helfen Engel, Wunder im Leben der Menschen geschehen zu lassen. Wir alle haben verschiedene Erfahrungen des Lebens, und die Art und Weise, wie die Engel in unserem Leben fungieren, wird ganz persönlich auf uns abgestimmt sein.

Unserer Kultur entsprechend, scheinen wir Intensität zu benötigen, um uns lebendig zu fühlen. Langeweile zu empfinden, ist unsere größte Angst. Wir wollen unterhalten sein und von

Ehrfurcht ergriffen werden, wenn wir das nicht bekommen, sind wir geneigt, unseren Weg zu verlassen, um es zu finden. Dieses Bedürfnis nach Unterhaltung beeinflußt alle Bereiche unseres Lebens, angefangen bei Beziehungen, bis hin zu Essen und Kleidung, und es erstreckt sich oft sogar auf unseren spirituellen Weg. Wenn etwas neu ist, scheint es aufregend und intensiv, aber nach einer Weile ist die Aufregung abgeklungen, weil wir daran gewöhnt sind. Der unglückliche Nebeneffekt dieser Sucht nach Unterhaltung besteht darin, daß die Menschen, wenn sie so viel fühlen wollen, sich den Boden bereiten, um Schmerz, Leiden und Selbsthaß zu empfinden.

Der Ausweg aus dieser Falle besteht darin zu lernen, die Leere und die Tage, die wie Sackgassen erscheinen, die Tage, in denen Sie »nichts« fühlen und an denen die Langeweile in jeder Ecke lauert und die Engel vermeintlich Urlaub haben, zu ertragen. Es ist wirklich nichts dabei, einen Tag mal »nichts« zu fühlen. Sie können es einfach umdrehen, und die Zeit zu einer Phase der Übung und inneren Vorbereitung für andere, reichere Erfahrungen nutzen. Erinnern Sie sich daran, daß die Engel an den »Nichts«-Tagen keineswegs in den Ferien sind; tatsächlich könnten sie sehr beschäftigt sein, mit Ihrem Geist zu spielen, und Ihnen helfen, Ihre Gedanken für die lustigen Tage, die vor Ihnen liegen, neu zu programmieren. Also entspannen Sie sich und akzeptieren Sie ab und zu ein, zwei Tage, an denen die Dinge nicht ganz und gar vergnüglich und aufregend sind.

Wir erfahren Engel alle auf unsere eigene Weise. Es ist das beste, solche Erfahrungen nicht miteinander zu vergleichen und daran gemessen zu beurteilen, wie sensationell und aufregend sie sind. Die eine Erfahrung ist genauso wichtig wie jede andere. Ein Grund, warum ich nicht viele Engelsgeschichten anführe, um die Existenz von Engeln zu beweisen, liegt darin, daß ich nicht will, daß sich einzelne eine vorgefaßte Vorstellung darüber bilden, was ein Engelserlebnis zu sein hat, oder noch schlimmer, daß sie traurig sind, weil sie nie solch ein Erlebnis hatten. Ich teile einige meiner Erfahrungen mit Engeln mit niemandem, weil ich fühle, daß sie für mein Stadium des Lernens gedacht waren, und ich würde zuviel verlieren, wollte ich sie in Worte fassen. Meine Freundin Shannon sagte einmal: »Der Grund, warum es so schwierig ist, jemandem etwas über ein Erlebnis mit Engeln mitzuteilen, liegt darin, daß man wirklich ›dabei sein muß‹. Es passiert soviel innerhalb einer Zeitspanne, Farben mögen anders aussehen, die Empfindungen sind erhöht, und die Situation enthält normalerweise eine gute Portion Humor, die nur für einen persönlich gedacht sein könnte.« Ich würde liebend gerne etwas von der Ausgelassenheit weitergeben, die die Engel in mein Leben gebracht haben, aber Worte allein wären zu wenig. Also seien Sie in dem Augenblick, in dem Sie eine Erfahrung mit Engeln machen, wachsam. Ich kann Ihnen nicht sagen, wie oder wo es geschehen wird, aber gehen Sie mit göttlichem Humor an die Situation heran, und Sie werden von Freude überwältigt sein.

Meine Annäherung an das Engelsbewußtsein besteht darin, Ausdehnung zu erlauben, meine und Ihre, und pragmatisch zu sein. Damit meine ich, daß ich Ihnen wirkliche Praktiken anbieten möchte, die dazu dienen können, Ihr Herz den Engeln in Ihrer eigenen Weise zu öffnen und gemäß Ihrem eigenen Tempo. Ich bin nicht darauf aus, Ihre Glaubensvorstellungen zu verändern. Ich bin froh, daß wir alle unsere eigenen Glaubenssysteme haben. Denken Sie daran, wie langweilig es wäre, wenn wir alle das gleiche glaubten, und jeder, den wir träfen, stimmte uns zu! Das soll heißen, ich lade Sie dazu ein, sich zu erweitern und Ihre persönliche Wahrnehmung der Engel zu erforschen.

Übung 1:
Das Engelalphastadium

Um innere geistige Arbeit zu vollbringen, müssen wir lernen, ein Klima in unserem Geist zu schaffen, das uns erlaubt, still zu sein und unserer inneren Führung zu lauschen. Unsere innere Führung beinhaltet, daß wir unserem höheren Selbst, unserem Schutzengel und unseren spirituellen Führern mit der Unschuld eines Kindes zuhören. Es bedeutet auch, daß wir unsere Bewußtseinsebene erhöhen, so daß wir eins sind mit unserem höheren Selbst, mit unseren Beschützern und Führern. Diese Übung hilft Ihnen, sich auf die Lichtenergie einzustimmen, sich mit den Engeln zu verbinden und etwas über sich selbst zu lernen. Unsere Gesellschaft hat der geistigen Innenschau und dem spirituellen Hören keinen hohen Wert beigemessen. Diese mangelhafte Konzentration auf die spirituelle Dimension verändert sich jeden Tag in allen Gebieten unseres Strebens, aber trotzdem liegt noch ein langer Weg vor uns. Wir benötigen einen Ausgleich zwischen Aktion und Kontemplation. Wir sind eine Gesellschaft, die nach Erfüllung mehr von außen als von innen heraus gestrebt hat. Viele Leute klagen, daß sie sich leer fühlen, als ob ihnen etwas fehlen würde. Dieses Gefühl kann durch das In-sich-Gehen geheilt werden, und Sie können sich bewußt werden, was fehlt, und sich klarmachen, was Sie wollen, um diesen Raum auszufüllen.

Weil das Engelalphastadium, das Sie hier erlernen, für alle anderen Übungen dieses Buches nützlich ist, habe ich es als erstes angeführt. Das Engelalphastadium benutzt die Alphawellen, die unser Gehirn normalerweise in bestimmten Stadien unseres Bewußtseins produziert. Wir unterscheiden vier Arten von Gehirnwellen – Alpha, Beta, Theta und Delta. Diese vier Arten verweisen auf die verschiedenen Frequenzen oder die Anzahl der Zyklen der Gehirnwellen pro Sekunde. Deltawellen sind mit null bis vier Zyklen pro Sekunde die langsamsten von allen, sie treten hauptsächlich auf, wenn Sie so tief schlafen, daß Sie nicht einmal träumen. Thetagehirnwellen zählen vier bis acht Zyklen pro Sekunde, sie sind mit Schläfrigkeit, Kreativität und den Traumzeiten verbunden. Betawellen, in dreizehn bis sechsundzwanzig Zyklen pro Sekunde pulsierend, sind die schnellsten, sie kennzeichnen das Stadium normalen Wachseins. Alphawellen strömen mit acht bis dreizehn Zyklen pro Sekunde halb so schnell wie Betawellen. Alphawellen sind mit einem entspannten, wachen mentalen Zustand verbunden. Wir gehen durch das Alphastadium, kurz bevor wir einschlafen, und kurz bevor wir aufwachen. Alphagehirnwellen herrschen vor, wenn wir meditieren. Sie sind der Schlüssel zu einem friedvollen Geist und einem Gefühl des Zentriertseins; sie sind unsere wahren Freunde.

Wann immer Sie das Engelalphastadium erreichen wollen, nehmen Sie ein paar tiefe Atemzüge, entspannen Sie Ihren Körper, und verbinden Sie sich einfach mit dem Zentrum Ihres mentalen Friedens. Fühlen Sie, wie die Alphawellen sanft durch Ihr Gehirn strömen. Wenn Sie wollen, benutzen Sie das wort Engel wie ein Mantra. Sagen Sie Ihrem Geist, daß Sie sich mit der Vibrationsebene und der Lichtebene des Engelreichs verbinden wollen. Programmieren Sie Ihren Geist im voraus, um Umschuld oder andere tugendhafte Eigenschaften zu kultivieren. Wenn Sie Engelalpha für andere Übungen dieses Buches benutzen, lesen Sie diese Übung durch und programmieren Sie sie dann in Ihrem Geist. Das Programm sagt Ihrem Geist ganz einfach, welche Tugend oder Übung sie in Ihrer Meditation ausbilden wollen, dann lassen Sie davon ab, das heißt, denken Sie nicht daran, und versuchen Sie nicht, sich darauf zu konzentrieren, daß es weiterläuft. Solche Anstrengungen führen zum Denken, und Sie wollen hinter das Denkstadium gelangen und den Engeln zuhören. Ihre Meditation mag Sie in eine andere Richtung führen, als Sie erwartet haben, aber das ist in Ordnung. Mit zunehmender Praxis werden Sie Ihre Fähigkeit, sich zu programmieren, verbessern.

Wenn sie Engelalpha üben, werden Sie diejenige Methode

entdecken, die für Sie am besten ist. Sie müssen sich nicht auf irgendeiner bestimmten spirituellen Ebene befinden oder regelmäßig meditieren, um das Engelalphastadium anzuwenden; die Engel sorgen dafür, daß Sie Ihre Gehirnwellen verlangsamen und sich für einen Augenblick mentalen Friedens zu ihnen gesellen können. Es gibt keine feststehenden Regeln, in der Hauptsache müssen Sie sich einfach nur entspannen und nicht forcieren, daß irgend etwas Sensationelles zu geschehen habe. Lernen Sie kurze Augenblicke zu benutzen, um die Engelalphawellen hervorzurufen, wenn Sie sie brauchen, und wann immer es scheint, daß die Dinge Ihnen aus der Hand gleiten.

Erinnern Sie sich daran, daß Engel Botschafter Gottes sind. Wenn Sie in einem Alphastadium meditieren, erklären Sie sich selbst klar, daß Sie dem Reich Gottes zuhören, der höheren Macht Ihres Lebens. Ihre höhere Macht ist etwas für Sie ganz Persönliches, wenn Sie Gott oder den Engeln lauschen, werden Ihnen deren Botschaften niemals Angst verursachen. Botschaften von den Engeln kommen immer zur rechten Zeit und ermutigen zur Freude.

Übung 2:
Mit Engelslicht spielen

Licht kann deine Vibration erhöhen, die Stärke deiner positiven Gedanken vergrößern und dein Herz öffnen. Du kannst dich mit ihm verbinden, dir seine Macht nutzbar machen und Gutes rings um dich erschaffen.

Orin, von Sanaya Roman gechannelt

Engel sind Lichtwesen, die alle psychologischen Eigenschaften des Lichts selbst besitzen. In ihrem Buch *Spirituelles Wachstum* spricht Sanaya Roman über das Licht als eine machtvolle Kraft der Transformation. Sie sagt auch, daß wir mehr Licht in unser Leben bringen können, indem wir daran denken. »Licht antwortet auf deinen Gedanken über Licht; indem du an es denkst, ziehst du es augenblicklich an.« Das gleiche gilt für Engel, sie reagieren auf unsere Gedanken über sie, und wir rufen sie zu uns, indem wir an sie denken. Wenn Sie jemandem Licht senden, senden Sie ihm Engel, und wenn Sie sich mit weißem Licht umgeben, umhüllen Sie sich mit Engelsenergie. Wenn Sie sich selbst als von Licht umfangen visualisieren (weiß für Transformation und rosa für die Vibrationen der Liebe), erhöhen und erhellen Sie die Vibrationen um sich herum.

Wenn ich in diesem Buch von Licht spreche, beziehe ich mich auf das Licht der höchsten Liebeskraft dieses Universums – das Licht des Göttlichen. Dieses Licht ist der wahre Lebensfunke. Es ist das, was in unserer Seele glüht. Es ist die Substanz unseres höheren Selbst, unsere Lebenskraft. Es ist der Funke in der Erleuchtung, es ist das Licht, das uns leuchtet. Es ist die Wahrheit, die uns erlaubt, »Licht zu sehen«. Ausdrucksweisen, wie »In diesem Licht« oder »Licht auf etwas zu werfen«, werden dazu verwendet, um etwas klarer oder durchscheinender zu machen. Wenn wir etwas in »Einem anderen Licht« sehen, hat sich unsere Wahrnehmung der Situation verändert. Heutzutage hören wir den Ausdruck »Im Licht leben« sehr oft, um ein Leben in einem Stadium spiritueller Bewußtheit auszudrücken, im Gegensatz zum Leben in der Dunkelheit, welches ein die spirituelle Seite unserer Natur verleugnendes Leben repräsentiert. Viele Gemälde stellen Engel, umgeben mit einem Glorienschein aus Licht, dar. Heilige und heilige Menschen zahlloser Religionen sind von diesem fluktuierenden Licht umgeben. Es macht Freude, mit Lichtideen zu spielen und die ganze Idee des Lichts, wie das Wort in seinen vielen Bedeutungen verwendet wird, zu erforschen. Licht umfaßt nicht allein Helligkeit, sondern meint auch Leichtigkeit.

Greifen Sie diesen Gedanken auf, um ihn auf seine Bedeutungen abzutasten.

Wie kommt es, daß sich mehr Menschen vor der Dunkelheit als vor dem Licht fürchten? Einige Worte, die im Gegensatz zu

Licht stehen und Dunkelheit repräsentieren, sind Schwärze, Trübheit, Seelenlosigkeit, Depression, Traurigkeit, schattig, finster, trostlos, trübe. Diese Worte bezeichnen oft eine Art Lüge oder Mißverständnis. Es ist ziemlich leicht, sich der Dunkelheit zu entledigen, wir können schlicht das Licht anschalten. Der Trick besteht darin, daß wir das Licht brennen lassen, wir müssen eine Art Tageslicht in unserem Geist etablieren und dieses wachsam beibehalten. Wir brauchen eine tägliche Übung, um ein helles und sonniges Klima in unserem Geist aufrechtzuerhalten, indem wir unsere Gedanken auf Licht und Liebe konzentrieren.

Wenn Sie sich niedergeschlagen fühlen, nehmen Sie ein schnelles »Lichtbad«. Setzen Sie sich für einen Augenblick still hin, schließen Sie Ihre Augen, und richten Sie sich auf das Licht im Innern Ihres Geistes aus. Konzentrieren Sie sich für einen Moment mit geschlossenen Augen auf Licht, und öffnen Sie Ihre Augen nicht, bevor es taghell in Ihrem Geist geworden ist – egal, was immer das für Sie bedeutet, solange es eine positive, erhellende Erfahrung ist. Bitten Sie die Engel, an Ihrer Lichtschöpfung teilzuhaben. Bitten Sie die Engel, Ihr Licht zu schützen, und erlauben Sie sich, es auf verschiedenste Art und Weise zu benutzen.

Eine Art der Lichtanwendung besteht im Heilen. Wenn Sie irgendwo im Körper Schmerzen verspüren, nehmen Sie einen Strahl Ihres Engelslichts und konzentrieren Sie ihn auf die Zellen, die das Gebiet der Schmerzen oder Krankheit umgeben. Stellen Sie sich das Licht als vom Heilerengel abstammend vor, und wie es zu einer machtvollen Kraft des Heilens wächst. Lassen Sie das funkelnde goldene Licht in Ihre Zellen einfließen und das Gewebe durchdringen; fühlen Sie das Aufbrausen der Heilkraft. Nutzen Sie diese Übung, um einen Strahl zu anderen zu senden, von denen Sie wissen, daß sie leiden. Visualisieren Sie einen Laserstrahl aus weißem, heilendem Licht, funkelnd von den goldenen Atomen vom Staub Gottes, ein Licht, das Sie auf alles Wünschenswerte richten können.

Erinnern Sie sich an die Lichtkraft, um Ihre positiven Gedanken zu stärken. Wenn Sie sich deprimiert oder ungeliebt fühlen, benutzen Sie das Engelslicht, um Sie wissen zu lassen, daß Sie im Himmel wahrhaftig geliebt werden, und bitten Sie die Engelsglückstrainer, Ihnen zuzulächeln. Wir vergessen oft, daß die beste liebevolle Hilfe für uns nicht auf Erden erhältlich ist wie in der Form von anderen Menschen, Spielzeugen, Unterhaltung, aber im Himmel ist sie im Überfluß vorhanden. Das wird leicht vergessen, weil wir uns als Menschen miteinander und mit menschlichen Institutionen so verwickelt fühlen. Je mehr Sie von der himmlischen Hilfe Gebrauch machen, desto fröhlicher werden Sie sein und desto erfüllter werden Sie sich fühlen.

Engel stehen immer zur Verfügung, um Sie anzuspornen, Ihr bestes Selbst zu sein. Sie sind auch sehr nachsichtig, wenn Sie sie vergessen. Der Schlüssel besteht darin, sie zu bitten, ihr Licht der Liebe auf Sie, durch Sie und um Sie herum scheinen zu lassen. So werden Sie nichts falsch machen, wenn Sie mit Engelslicht spielen. Laßt uns das Licht annehmen und in unserem Leben verwenden. Licht ist sehr positive Energie und ist kostenlos erhältlich.

Übung 3: Wie Sie Ihr Energiesystem mit demjenigen Ihres Schutzengels verbinden

Wir besitzen einen Schutzengel, der immer bei uns ist. Viele Leute werden sich ihrer Schutzengel bewußt, wenn sie in Gefahr sind, und eine Kraft außerhalb ihrer selbst sie rettet oder in Sicherheit führt. Es ist alles in Ordnung, wenn Sie bis jetzt die Zeiten in Ihrem Leben, in denen Ihr Schutzengel Sie begleitet hat, nicht wahrgenommen haben; Sie können jetzt damit anfangen, sich dessen bewußt zu werden. Während Sie Ihren Geist öffnen, mögen Sie vielleicht bemerken, daß Sie sich an lang vergessene Ereignisse aus Ihrer Vergangenheit erinnern, die sich auf Ihren eigenen Schutzengel beziehen. Solche Erinnerungen betreffen nicht immer Momente der Gefahr. Tatsächlich sind die meisten unserer Erfahrungen mit unseren Engeln wunderbare Gipfelerlebnisse von Freude, Liebe und Fröhlichkeit. Vielleicht erinnern Sie sich an eine Zeit, in der Sie sich grundlos wohl gefühlt haben und lachen und singen wollten, oder an eine Zeit, als Sie eine lebensverändernde Inspiration erhielten, ihr folgten und alles gut verlief. Möglicherweise waren Sie als Kind einmal allein und fürchteten sich, und es erschien ein wundervolles Licht und gab Ihnen das Gefühl der Sicherheit und das Gefühl auf diesem Planeten zu Hause zu sein. Seien Sie nicht zu streng mit sich selbst, wenn Sie Erfahrungen mit Engeln identifizieren, oder konzentrieren Sie sich nicht zu sehr auf göttliche Wunder, bei denen Engel vorkommen und Sie auf ihren Schwingen in Sicherheit bringen. Seien Sie einfach Sie selbst, und Sie werden wissen, wie und wann Ihnen Ihr Schutzengel geholfen hat. Sie werden anfangen, all die kreativen und heiteren Erfahrungen, die Sie und Ihr Schutzengel kreieren können, wahrzunehmen, jetzt, da Sie sich gegenseitig kennen. Im Grunde schlage ich Ihnen vor, daß Sie und Ihr Schutzengel die besten Freunde werden! Nehmen Sie für sich in Anspruch, daß Sie einen unsichtbaren Freund haben, der für alles, was Sie erfahren, Zeuge ist, und mit dem Sie Einsichten teilen können.

Viele hegen verschiedene Vorstellungen von Schutzengeln. Einige denken, daß ihr Schutzengel ihr höheres Selbst ist, Teil desselben Energiesystems ihrer eigenen Seele oder ihres Geistes. Andere glauben, daß ihr Schutzengel ein von ihnen getrenntes Wesen ist, das zu allen Zeiten hinter ihnen steht. Andere wiederum nennen ihren Schutzengel ihren spirituellen Führer. Wählen Sie diejenige Erklärung, die Ihnen am meisten zusagt; selbst wenn Sie Zweifel haben, versuchen Sie, einen offenen Geist zu behalten und nach und nach werden Sie Ihren Schutzengel kennenlernen.

Wenn eine Situation in meinem Leben eine besondere Stärke

erfordert, stelle ich mir mein Energiesystem in vollständiger Ausrichtung mit demjenigen meines Schutzengels vor. Ich verfahre so, wenn ich mein Bewußtsein erweitern will oder wertvolle Einsichten erhalten möchte. Ihr Energiesystem auf dasjenige Ihres Schutzengels auszurichten, ist sehr hilfreich, um Ihnen eine Dosis Heilenergie zu geben. Es gibt dabei keine festen Regeln, benutzen Sie einfach Ihre eigenen Gefühle in bezug auf Ihren Schutzengel, und erlauben Sie, daß es passiert. Einen ruhigen Ort zu finden und sich in das Engelalphastadium zu versenken, wird dabei helfen. Diese Übung muß kein zeitintensives Bemühen sein, Sie mögen einfach nur einen kurzen Moment der Ausrichtung benötigen. Der Schlüssel dabei ist, nicht zu beurteilen, was geschieht. Die Einsicht oder Heilung, um die Sie bitten, könnte sich zu einem späteren Zeitpunkt vollziehen, als Sie erwarten. Manchmal habe ich eine Empfindung von Licht, das in meinen Körper hineinströmt und sich ausdehnt, bis sich mein gesamter Körper anfühlt, als hätte er sich in Licht verwandelt. Dann läßt die Empfindung nach, und ich fühle mich erfrischt und erneuert und verfüge über mehr Klarheit über mein Tun. Noch mal, das Reich der Engel verursacht niemals Angst, gibt Ihnen niemals negative Anweisungen und läßt Sie immer mit einem leichteren und besseren Gefühl Ihrer selbst zurück – und viel fröhlicher.

Putzen Sie Ihr Seelenfen

Wenn man jemals das Glück hat, einem lebenden Heiligen zu begegnen, wird man jemand absolut Einmaligen getroffen haben. Obwohl ihre Visionen bemerkenswert ähnlich sein mögen, sind die Persönlichkeiten von Heiligen außerordentlich verschieden. Das liegt daran, daß sie ganz und gar sie selbst geworden sind. Gott erschafft jede Seele unterschiedlich, so daß, wenn all der Schlamm schließlich geklärt ist, Sein Licht durch sie scheinen wird, in einer wunderschönen, farbigen, völlig neuen Art.

M. Scott Peck

Ein Heiliger als ein authentisches menschliches Wesen ist jemand, der vom Gewicht und vom Morast der Dunkelheit und Negativität befreit ist. Im Herzen unserer Seele wohnt eine besondere Gabe, unser Heiligsein, lebendig und wirklich, einmalig und besonders, machtvoll und transformierend. Wenn wir den Schmutz von unserer Seele wegwischen, sind unsere Begabungen sichtbar, und wir geben uns selbst in all unseren Handlungen. Die Seele oder den Heiligen in uns herauszuschälen, ist kein Prozeß, der über Nacht vonstatten geht; er mag fast unser ganzes Leben dauern, oder es mögen nur einige wenige Offenbarungen der Wahrheit nötig sein – es hängt alles davon ab, wer wir sind und womit wir uns beschäftigen. Deshalb ist es so wichtig, gegenseitig Respekt voreinander zu haben. Die Begabungen im Grunde unserer Seele zu entdecken, ist ein interessanter Vorgang. Er macht uns frei, wirklich wir selbst zu sein, im allerschönsten Licht, das es gibt – in Gottes Liebe.

Buch handelt davon, wie der Schlamm von unseren mit Hilfe unserer Engel fortgespült wird, so daß wir in der Lage sind, die Freiheit von Freude und Kreativität zu genießen. Dieser Abschnitt betrifft die Reinigung unserer Seelen. Bei dem Wort *Reinigung* habe ich mich immer etwas unwohl gefühlt. Das Vorhaben kann so erdrückend und perfektionistisch erscheinen. Ich denke sofort an Diäten, an Fasten und an Beschränkungen – in anderen Worten, an eine ganze Menge Arbeit. Aber im Gegenteil, wenn die Engel von Reinigung sprechen, meinen sie einfach »Ganz und gar sie selbst werden«, frei von schlechten Gewohnheiten und negativen Wahrnehmungen.

Immer wieder habe ich von der Idee eines spirituellen Weges gesprochen. Wenn wir uns hierfür entscheiden, haben wir uns entschlossen, etwas über uns selbst herauszufinden, über unsere einmalige Art und Weise, Liebe in die Welt zu tragen sowie zu entdecken und auf einer tieferen Ebene zu verstehen, daß wir alle miteinander verbunden sind. Wir sind Teile eines wunderschönen Mosaiks, eines großen Gemäldes, des großen Gewebes des Lebens.

Ich benutze den Ausdruck *spirituell,* um die Entscheidung anzudeuten, daß wir unsere Seele und unseren Geist kennenlernen wollen, unsere Verbindung mit der höheren Macht und dem Reich Gottes – daß wir uns dazu entschließen, eine klare Sicht über die Farben unseres eigenen besonderen Herzenslichtes zu gewinnen und genau zu wissen, wer wir sind. Ein nichtspiritueller Weg beinhaltet, daß man sich um die physischen Bedürfnisse, um materiellen Erfolg und weltliche Anerkennung kümmert, was alles durchaus ein Bestandteil des spirituellen Wegs sein kann, daß man aber keinerlei Anstrengung für das innere Wachstum unternimmt.

Sobald wir einmal auf dem wachstumsweisenden Weg sind, beginnen wir wahrzunehmen, daß wir spirituelle Wesen sind, die eine menschliche Erfahrung machen. Negative Muster, wie Schuld, Scham, Selbsthaß, Faulheit, Stolz, Gier, Angst und

Ärger können unser spirituelles Wachstum behindern. Diese Muster bilden den Schlamm, der auf dem Fenster unserer Seele klebt und unser eigenes besonderes Licht blockiert. Diese Muster zerstückeln unsere Integrität. Unserer Integrität wegen müssen wir durch einige vielleicht schmerzliche Lektionen gehen. Aber jedesmal, wenn die Sturzwelle des Lebens über uns zusammenschlägt und wir sie durchstehen, tauchen wir daraus mit mehr Kraft und Hoffnung hervor, um die mageren Zeiten auszuhalten. Um uns auf diese unvermeidbaren Hochs und Tiefs vorzubereiten, beinhaltet ein spirituelles Leben viele Übungen und bewußtes, klares Denken. Wir mögen verschiedene Richtungen einschlagen, jeder in seiner einzigartigen Weise, aber die echte und edle Suche nach Wahrheit auf dem spirituellen Weg führt uns alle der gleichen letzten Bestimmung zu.

Übung 1:
Visualisieren Sie
den Fensterputzerengel

Du bist das Licht der Welt   *Matthäus 5,14*

Stellen Sie sich Gott als einen großartigen Diamanten vor, perfekt geschliffen, mit unendlichen Facetten. Von jeder Facette strahlt ein einmaliges Lichtmuster, schöner und herrlicher als irgendeine Farbe, die auf Erden zu erschauen ist. Das Licht jeder Facette ist auf ein menschliches Wesen ausgerichtet. Dieses Licht ist eine Gabe, die wir der Welt anzubieten haben, es ist das Licht, das uns mit Gott vereint und mit allen Menschen. Wir sind alle Teil eines Spektrums, das aus wunderbaren Farben besteht. Wenn wir uns die Freiheit nehmen, wir selbst zu sein, leuchtet das Licht unserer Seelen in einem hellen, einzigartigen Muster. Unser Licht strahlt zu den Zeiten am hellsten, wenn wir wirklich wir selbst sind.

Ein Weg, um sich des Schlamms oder Staubs, der das Licht unserer Seele bedeckt, bewußt zu werden, besteht darin, einen ehrlichen Blick auf uns selbst zu werfen und die Muster zu identifizieren, die in uns Selbstzweifel und Unglücklichsein verursachen. Um dies zu tun, nehmen Sie sich einen stillen Augenblick zur Meditation. Gehen Sie ins Engelalphastadium, wenn Sie bereit und entspannt sind, beginnen Sie, sich in Ihr Zentrum zu versenken und sich mit Ihrer hellsten Farbe zu verbinden. Es kann sein, daß Sie keine absolute Farbe als solche sehen, also konzentrieren Sie sich auf Ihr eigenes Energiezentrum – Ihre Quelle. Bitten Sie die Engel, Ihnen etwas von dem Schlamm oder Staub zu zeigen, der Ihre Brillanz verdunkelt. Achten Sie auf alles, was Ihnen ins Bewußtsein kommt, wenn Sie etwas vernichten wollen, visualisieren Sie einen Engel als Fensterputzer, der den Fleck oder Klumpen mit einer Reinigungslotion besprüht, und beobachten Sie, wie dieser ins Universum verschwindet, um transformiert zu werden. Seien Sie kreativ, und wenn Sie ein Tagebuch führen, schreiben Sie die Erfahrung auf, so daß Sie sie nach einiger Zeit noch mal durchsehen können.

Die Engel helfen uns, authentisch zu bleiben und ehrlich uns selbst gegenüber. Sie wirken auf individuell gebotene Weise, weil die Engel die Blaupause oder den Lebensplan, die wir mitgestaltet haben, bevor wir auf die Welt kamen, in uns aufrechterhalten. Wenn wir uns zu weit von unserem Zentrum entfernen, geben uns die Engel sanfte Hinweise, um uns daran zu erinnern, damit wir wieder auf unseren Weg zurückfinden. Es ist nicht immer leicht, die ganze Zeit im eigenen Selbst zu bleiben. Wenn wir uns mit Routinesituationen konfrontiert sehen, könnten wir anfangen, uns zu verhalten, als hätten wir den Autopiloten eingeschaltet. Wir entdecken durch das Selbstbewußtsein, wer wir sind und welche automatischen Programme in unserem Leben ablaufen. Wenn wir uns eines Musters bewußt werden, stehen wir vor der Wahl, ob wir es fortführen wollen oder nicht. Und selbst, wenn wir uns entscheiden, das Muster beizubehalten, ändert es sich, weil wir uns bewußter geworden sind, was wir tun.

Der Sinn dieser Übung besteht darin, authentisch zu werden. Der Witz dabei ist, daß es keinen speziellen Trick oder Schlüssel gibt, um authentisch zu werden! Authentizität legt Wert darauf, wie einmalig jeder von uns ist. Deshalb könnte es sein, daß Sie einige Übungen dieses Buches verändern müssen, damit sie besser zu Ihrer eigenen Seele passen. Authentizität entsteht, wenn man sich wirklich kennt. »Wenn du weißt, wer du bist, wirst du wissen, wie du leben sollst« – wie man so schön sagt. Sobald Sie sich selbst kennen, werden Sie wissen, auf welche Weise Sie etwas von sich geben können. Wenn wir uns selbst nicht hingeben können, werden wir von Selbstbesessenheit ergriffen und indem wir uns selbst ausloten, können wir uns rechtzeitig davor bewahren. Wenn ein Rückschlag passiert, halten Sie einfach inne und bitten die Engel, Sie daran zu erinnern, wer Sie sind und was Sie hier zu bewerkstelligen haben. Dann tun Sie es, und Sie werden mehr Spaß haben, als Sie sich jemals vorstellen konnten.

Übung 2:
Lernen Sie die Macht der Übermittlung

Wenn wir wirklich wir selbst sind, verbreiten wir eine Botschaft der Liebe, die eine positive Kettenreaktion im Universum auslöst. Bereits neben jemandem auf der Straße zu gehen, mag dessen Leben verändern. Wir können anderen Menschen die Erfahrung der Engel vermitteln, ohne es zu wissen, ebenso wie wir möglicherweise Engelerlebnisse erhalten in der Nähe von bestimmten Personen und uns fragen, ob sie Engel sind. Manchmal, wenn wir versuchen, anderen Botschaften zuzuführen, erreichen diese nicht die Adressaten. Auf der anderen Seite, wenn wir es ein anderes Mal nicht im geringsten forcieren, wird die Botschaft laut und klar übermittelt. Ein Weg,

positive Übermittlungen zu ermutigen, besteht darin, sie aus-
zusenden, indem Sie Ihr Licht und das der Engel ausstrahlen
lassen. Sie können dies bewirken, indem Sie auf den Lichtstrahlen oder auf den Schwingen der Engel bewußt Segnungen zu
einer bestimmten Person, einem Ort oder einer Gruppe schik-
ken.

Sie können auch Botschaften aussenden, von denen Sie
möchten, daß diese von den Menschen angezogen werden, die
Ihre Hilfe unbedingt benötigen, oder die Sie selbst am drin-
gendsten in Ihrem Leben brauchen. Dafür wird natürlicherweise gesorgt, wenn Sie gegenüber Ihrer Umgebung zum Ausdruck bringen, wer Sie sind. Seien Sie wachsam und bewußt,
was Sie übermitteln, und erinnern Sie sich: Wenn Sie Zweifel
haben, seien Sie charmant und übermitteln Sie ein Programm
des Vergnügens und der Freude.

Übung 3:
Bestimmen Sie den Augenblick

Manchmal, wenn ich von Sorgen und negativen Gedanken
umwölkt bin, finde ich einen stillen Ort, an dem ich allein
bleiben will, wo ich mein Tagebuch herausnehme und zu
schreiben anfange. Ich notiere alles, was gegenwärtig passiert,
einschließlich meiner Sorgen, Ängste und freudvollen Gedanken und ebenso beispielsweise die Raumtemperatur, wenn sie
mich beeinflußt. Wenn ich im Haus bin, halte ich fest, was sich
draußen vor dem Fenster abspielt. Ich schreibe über die Geräusche, die ich höre, und darüber, wie der Raum riecht. Ich
registriere die Lichtspiele im Raum. Ich notiere, wie müde,
nervös, angespannt, entspannt oder wie taub sich mein Körper
anfühlt. Mit anderen Worten, ich versuche, meine augenblickliche, innere Erfahrung zu definieren, einschließlich aller Dinge,
die mich von der Gegenwart ablenken, wie zum Beispiel Sorgen. Wenn Sie alles niederschreiben, was Sie gerade erfahren,

werden Sie viele interessante Dinge entdecken. Erstens werden Sie feststellen, daß Sie sehr schnell von fröhlichen Gedanken zu traurigen oder unangenehmen Gedanken umschwenken. Sie sind nicht unbedingt an eine Stimmung gebunden, wie wir manchmal zu glauben versucht sind. Zweitens mögen Sie dabei die Essenz dessen, was Sie bedrückt, entdecken; dann können Sie anfangen über mögliche Lösungen nachzudenken. Schließlich, wenn Sie Ihrem Geist erlauben, ganz und gar frei herumzuschweifen, tauchen vielleicht fremdartige Gedanken auf und ohne besonderen Grund könnten Erinnerungen aufsteigen. Beurteilen und analysieren Sie sie nicht, registrieren Sie ganz einfach Ihre gegenwärtige Erfahrung, indem Sie alle Eindrücke aufzeichnen. Nachdem Sie das eine Zeitlang getan haben, bitten Sie die Engel, freie Herrschaft in Ihrem Geist zu übernehmen. Um sicherzugehen, daß es die Engel sind, die Sie hereinbitten, umgeben Sie sich mit dem weißen, goldrosa schimmernden Licht des Engelreiches. Erklären Sie, daß nur die Gegenwart des Reichs Gottes, nur das Christusbewußtsein, willkommen ist. Alles, was Sie zu tun haben, ist, die Engel zu bitten, Sie zu umhüllen. Der Rest stellt nur eine Rückversicherung dar, um Ihre Zweifel und Ängste zu befriedigen. Nun wiederholen Sie alle vorherigen Schritte, zeichnen Sie die Gegenwart auf, ohne zu urteilen, zu vergleichen, zu kontrollieren oder zu prüfen. Seien Sie besonders gegenüber jeder neuen Wahrnehmung aufmerksam, die eine bestimmte Situation betrifft, oder gegenüber irgendwelchen neuen Ideen, die Ihnen einfallen. Dies könnte zu einer späteren Zeit zu Lösungen und kreativen Wendungen führen.

Diese Übung hilft auch dabei, den Schreibenden in Ihnen zu befreien, den täglichen Journalisten, der in Ihrem Geist weilt. Das Praktizieren dieser Technik führt zu großem Selbstgewahrsein. Je öfter sie üben, desto interessanter wird es. Aber bitte, versuchen Sie nicht, Engel zu channeln, das ist nicht das, worüber ich spreche. Der Channelingvorgang, der so beliebt geworden ist, ist völlig verschieden vom Aufzeichnen der Gedanken und Eindrücke, die die Engel Ihnen vermitteln. Wenn Sie anfangen, wortreiche Einzelheiten und detaillierte Glaubenssysteme zu empfangen, schlage ich Ihnen vor, hier zu unterbrechen. Wenn Sie mit Engeln umgehen, mischen diese sich nicht in Ihren freien Willen ein, und sie bieten Ihnen kein fertiges Glaubenssystem an. Engel inspirieren Sie ganz einfach, und sie benutzen dafür nicht immer Worte oder Sätze. Sie können diese Botschaften in Ihrem Geist oder in Ihrer Vorstellung in Worte umsetzen, und sie werden süß und tröstlich für Ihre Seele sein.

Ein anderer nützlicher Grund dieser Übung besteht darin, daß Sie Ihnen helfen kann, unerledigte Geschäfte zu entdekken. Unerledigte Geschäfte bestehen aus unausgedrückten Gefühlen, Ereignissen und Erinnerungen, die in unserem Kopf herumgehen. Durch die vordergründige Beschäftigung mit den Notwendigkeiten des Alltags versuchen wir uns daran vorbeizudrücken, daß wir nicht unsere unerledigten Geschäfte angehen, und daß wir keinen Kontakt zu unseren unausgedrückten oder blockierten Gefühlen aufnehmen.

Die direkteste Art, mit unerledigten Geschäften umzugehen, besteht darin, der Person oder Situation zu begegnen, die damit verbunden ist. Wenn das nicht möglich ist, gibt es andere effektive Methoden, offengebliebene Angelegenheiten zu beenden. Sie können den Leuten und deren höchsten Engeln, mit denen Sie noch etwas regeln wollen, Briefe schreiben, gleich, ob sie noch auf diesem physischen Planeten leben oder bereits gestorben sind. Manchmal könnten Sie entscheiden, den gesamten Brief zu senden, ein andermal mag es angemessener sein, den Brief zu verbrennen oder ihn in Ihrem Tagebuch abzulegen. Eine andere Möglichkeit, mit unerledigten Geschäften umzugehen, besteht darin, die Situation mit jemandem zu erforschen, dem Sie vertrauen, beispielsweise mit einem Therapeuten oder einem guten Freund. Manchmal genügt die Tatsache, daß Sie die Unterlassungen einfach eingestehen und der Wunsch, diese aufzuheben, um Sie davon zu befreien.

Es ist eine gute Übung, die Gegenwart zu erforschen und eine ausgezeichnete Methode, um das Fenster Ihrer Seele zu reinigen. Sie werden auf dem Papier Dinge sehen, die Ihr spezielles Gotteslicht blockieren, welches in Ihrem Herzen und in Ihrer Seele glüht und auf die Chance wartet, klar und hell zu leuchten.

Schmerztransformatoren

Sie werden nicht wachsen, wenn Sie in einem wunderschönen Blumengarten sitzen und Ihnen jemand prächtiges Essen auf einem Silbertablett serviert. Aber Sie werden wachsen, wenn Sie krank sind, Schmerzen haben, wenn Sie Verluste erleiden und Ihren Kopf nicht in den Sand stecken, sondern den Schmerz annehmen und lernen, ihn zu akzeptieren, nicht als einen Fluch oder eine Bestrafung, sondern als ein Geschenk an Sie zu einem sehr sehr speziellen Zweck.

Elisabeth Kübler-Ross

Zu Beginn dieses Buches habe ich vermutet, daß einer der Hauptgründe, warum Sie dieses Buch lesen, darin besteht, daß Sie mehr Freude haben wollen. Dies ist in der Tat ein vornehmer Grund und einer, den ich wirklich respektiere, weil Freude sich erweitert – sie dehnt sich nach außen aus und kommt vielen zugute. Ein anderer Grund, warum Sie dieses Buch lesen, könnte darin liegen, daß Sie krank sind, Schmerzen haben und leiden und eine Abkürzung finden wollen, um das zu vermeiden; vielleicht glauben Sie unbewußt, daß Engel Ihnen eine solche Abkürzung liefern können.

Als ich elf Jahre alt und ein stolzes Mitglied einer Pfadfindergruppe war, lernte ich eine wertvolle Lektion über Abkürzungen. Unsere Gruppe stieg einen steilen Bergweg mit vielen Bergbahnen hinab. Ich wollte schon immer gerne als erste unten sein, deshalb beeilte ich mich normalerweise immer besonders, auch diesmal war es keine Ausnahme. Ich hatte eine Freundin bei mir und wir lagen gut in der Zeit, bis ich etwas fand, das ich für eine Abkürzung hielt, die neben einer Bergbahn herlief. Es war ein steiler Teil des Berges, der direkt zum anschließenden Weg führte, und ich überzeugte meine Freundin, daß wir es schaffen könnten, wenn wir uns niedersetzten und unseren Weg sorgfältig einteilten.

Alles ging bestens, bis eine Gruppe von Jungenpfadfindern die Szene betrat und behauptete, daß wir im Berg feststeckten. Sie hatten Rettungstechniken geprobt, und während sie sofort den Notfall zweier Mädchen, die sich im Berg verstiegen hatten, diagnostizierten, traten sie schnell in Aktion, um uns zu retten. Natürlich ignorierten sie mein Schreien und Toben, daß wir in Ordnung wären und den Berg alleine hinunter kämen. In kürzester Zeit kletterten sie den Berg hinunter, um uns zu retten. Der demütigendste Augenblick kam, als der Rest der Truppe auftauchte, die Führer und alle anderen, um sich zu den anderen Zuschauern zu gesellen. Als sie uns schließlich vom Berg herunter gebracht hatten, fühlte ich mich leer und beschämt, und die mutigen Jungen, die uns gerettet hatten, machten Gesichter wie Helden.

Was ich aus dieser Erfahrung gelernt habe, ist, es gibt keine Abkürzung im Leben: Ein Weg ist ein Weg. Mir wurde klar, wenn wir eine Abkürzung nehmen, um Schmerz, Leid oder Anstrengung zu vermeiden, führt dies normalerweise dazu, daß wir uns mehr Arbeit und schlimmere Schmerzen bereiten, als wenn wir einfach auf unserem Weg geblieben wären und durch das Leiden, das wir zu vermeiden hofften, gegangen wären. Schauen Sie sich all die Leute an, die in meine Abkürzung einbezogen wurden, und die Rolle, die sie spielten – Helden, Opfer, Zuschauer und Sympathisanten. Manchmal, wenn wir das Leiden hinausschieben und Gefühle, die uns Schmerzen verursachen, unterdrücken, während wir denken, daß wir eine Abkürzung nehmen, werden andere von unserer Entscheidung mitbetroffen.

Unglücklicherweise gibt es keine echten Abkürzungen auf dem spirituellen Weg. Engel liefern uns keine Abkürzungen, aber sie können uns helfen, der Wahrheit einer Situation zu begegnen, und sie können uns unterstützen, den Wert kennenzulernen, einem Problem direkt gegenüberzutreten. Engel helfen uns, die Notwendigkeit einzusehen, in bestimmten Zeiten zu leiden. Das Wunderbare an den Engeln ist, daß sie immer bei uns sind, wir sind definitiv nicht allein. Wenn wir uns unsere Sorgen anschauen, befähigen uns die Engel, das Positive in allen Situationen zu begreifen, sie helfen uns, unseren Sinn für Humor zu allen Zeiten zu bewahren. Und sie erinnern uns daran, wann es Zeit ist, das Leiden aufzugeben und anzufangen, das Leben zu genießen.

Die Engel stehen uns hilfreich zur Seite, die Arbeitsweise unseres eigenen Geistes zu betrachten, und die Muster und Abkürzungen, die wir in uns tragen und die uns davon abhalten, glücklich zu leben, zu erkennen. Engel können gute Psychotherapeuten sein, indem sie uns dahin führen, in uns zu gehen, um Antworten und Einsichten zu finden. Ich schlage gewiß nicht vor, daß Sie menschliche Psychotherapeuten vermeiden sollen. Wenn Sie mit einem Therapeuten arbeiten oder darüber nachdenken, es zu tun, schlage ich vor, daß Sie Ihren Engelpsychotherapeuten hinzuziehen. Sie werden überrascht sein, was für ein erstaunliches Wachstum stattfindet, wenn Sie menschliche und engelhafte Kräfte verbinden.

Übung 1:
Engel und Schmerzerleichterung

O mein Gott! Wie wahr ist es, wer auch immer für dich arbeitet, wird mit Sorgen belohnt! Und welch kostbarer Preis für diejenigen, die dich lieben, wenn wir ihren Wert verstehen.
Theresa von Avila

Menschliche Wesen besitzen mehr oder weniger ausgetüftelte Strategien, um Leiden und Schmerz zu vermeiden. Es ist nicht schwer zu verstehen, warum wir Gefühle des Schmerzes und der Frustration zu vermeiden wünschen. Kummer, Ärger, Einsamkeit, Bedauern, Widerstand, Furcht, Verzweiflung und Haß sind keine freudvollen Erfahrungen. Um diese zu vermeiden, zaudern einige von uns und ignorieren sie in der Hoffnung, die Dinge würden von selbst in Ordnung kommen, ohne jede Anstrengung von unserer Seite. Wir nehmen Drogen, um den Schmerz zu töten, decken uns mit soviel Arbeit ein, damit wir nie über die Zeit verfügen, dem Schmerz Beachtung zu schenken. Wir werden ernsthaft depressiv, leben in Phantasiewelten, in der Vergangenheit oder wir versinken in Schmerzen, die uns davon abhalten, das augenblickliche Leben zu erfahren. Ich bin sicher, Sie haben davon gehört, wie wichtig es ist, im Hier und Jetzt zu leben, aber diese einfache Wahrheit muß wiederholt werden, weil der Augenblick wirklich die einzige Zeit ist, die wir haben. Sie haben vielleicht gehört, daß unsere schlimmsten Sorgen diejenigen sind, die niemals eintreten, mit anderen Worten, sie existieren nur in unserer Einbildung. Die Sorgen über Dinge, die nie passieren werden, nehmen oftmals viel Raum in uns ein. Die unangenehmen Erfahrungen in unserem Leben müssen nicht so schlimm sein, wenn sie in der gegenwärtigen Zeit verarbeitet werden. Vollkommen in der Gegenwart zu leben, kann faszinierend sein, es hängt alles davon ab, welche Haltung Sie dazu einnehmen.

Unsere Gesellschaft ist darauf versessen, Schmerzen los zu werden. Wir suchen schnelle Erleichterung, je schneller, desto besser. Wenn wir leichte Kopfschmerzen haben, mahnt uns eine Werbesendung im Fernsehen, sofort eine Tablette zu nehmen, um sie los zu werden. Wir sind so davon überzeugt, daß Schmerzen schlecht sind, daß wir uns wie Versager fühlen, wenn wir in unserem Leben Schmerzen spüren.

Ich kann nicht behaupten, daß ich weiß, wie sich jede erdenkliche Art des Leidens, die die Welt anzubieten hat, anfühlt. Wenn ich von den schockierenden Erlebnissen höre, die manche Menschen durchstehen müssen, kann ich vielleicht nicht verstehen, wie sich das anfühlt. Aber eines weiß ich sicher, wenn wir unseren Schmerz als eine Lektion, als einen positiven Wendepunkt in unserem Leben nutzen, kann es die allerwertvollste Erfahrung sein, die wir uns vorstellen können, um uns stark zu machen. Dr. Bernie Siegel betrachtet Schmerzen und Leiden als »Gottes Wiedereinsetzungsknopf«, als eine Botschaft für uns, unseren Weg neu zu überdenken, um möglicherweise unseren Charakter und unseren Werdegang zu ändern und um unseren »eigenen speziellen Weg, zur Liebe in der Welt beizutragen, zu finden«.

Wenn Sie in Ihrem Leben und in Ihrem Körper Schmerzen erleiden, bitten Sie die Engel, Ihnen zu helfen, die höhere Bedeutung, die das für Ihren Lebensweg hat, zu erkennen. Bitten Sie die Engel, Sie zu der wahren Quelle Ihres Leidens zu führen und Ihnen Einblick zu geben, wie Sie zu Ihrem Besten auf natürliche Art Abhilfe schaffen können. Wenn eine Situation in Ihrem Leben zu schmerzhaft ist, um sie ehrlich zu betrachten, also, wenn es etwas in Ihrem Leben gibt, bei dem Sie nicht willens sind, sich jetzt damit zu konfrontieren, weil Sie sich einsam fühlen, müssen Sie wissen, daß Sie nicht allein sind. Die Engel sind jetzt und hier bei Ihnen. Wenn Sie bereit sind, sich etwas Schmerzvolles einzugestehen, werden sie Sie dafür bewundern und belohnen.

Nehmen Sie dem Schmerz gegenüber einen anderen Blickwinkel ein. Definieren Sie genau Ihre Schmerzen, was macht sie so furchtbar? Warum ist es schwierig, einen anderen Menschen leiden zu sehen? Was würden Sie tun, wenn jemand, den Sie liebten, an einer tödlichen Krankheit leiden würde und Sie bäte, ihm oder ihr Sterbehilfe zu leisten? Warum erzeugt Selbstmord soviel Zorn bei denen, die zurückbleiben? Sagen Ihnen diese Fragen irgendwas, oder würden Sie sie lieber vermeiden? Ich stelle diese Fragen, weil wir manchmal die Schmerzen anderer Leute auf uns nehmen und dann die Situation von unserem Standpunkt aus beurteilen. Wir denken innerlich »Warum geht es dieser Person nicht einfach besser und sie bleibt am Leben?«. Wenn Sie Leiden erfahren, kontaktieren Sie einen Engel, anstelle Schmerzmittel zu verwenden. Benutzen Sie Ihr Tagebuch und fragen Sie sich: »Versuche ich, eine vermutlich schmerzhafte Situation zu vermeiden? Habe ich einen mäßigen Grad des Schmerzes toleriert, um einen kürzeren Schub intensiven Schmerzes zu vermeiden?« Formulieren Sie Ihre Frage, und senden Sie sie dann den Engeln, indem Sie erklären, daß Sie willens sind, den Grund für den Schmerz in Ihrem Leben klar anzuschauen. Empfangen Sie dann Ihre Hilfe von oben.

Übung 2:
Bleiben Sie zentriert und genießen Sie humorvolle Pausen

Diese Übung hilft Ihnen, ein System zu entwickeln, das Ihren mentalen Zustand mit Humor heilt und einen Instandhaltungsplan für einen zentrierten Geist entwickelt. Hier auf Erden herrscht die Schwerkraft, und es gibt für uns viele Gelegenheiten, uns niederzudrücken. Die grundlegende Philosophie dieser Übung besteht darin, uns leichter zu machen und uns von der mentalen Schwerkraft zu befreien. Um wirklich mental gesund zu sein, müssen wir jeden Tag Hunderte von ehrlichen Blicken auf uns werfen. Mit den Engeln auf unserer Seite können wir den Humor in unserer Situation erkennen. Mit jedem ehrlichen Blick auf uns selbst können wir gut lachen, Ernsthaftigkeit und Schwere verschwinden auf natürliche Weise.

Nehmen Sie sich, wann immer es während des Tages möglich ist, eine Pause, um über sich oder mit sich zu lachen. Erkennen Sie das Potential von Humor in jeder Situation, die Ihnen begegnet. Die beste Komödie ist das wirkliche Leben, besonders wenn es Menschen um ihre Angelegenheiten geht, und wenn sie anfangen, sich selbst zu ernst zu nehmen. Stolz bewirkt eine Menge humorvoller Situationen, also, wenn Sie

Anzeichen von Stolz in sich selbst oder bei anderen entdecken, halten Sie nach dem Humor, den er erzeugt, Ausschau. Eine Pause einzulegen, um sich leichter zu fühlen und zu lachen, hilft Ihnen, zentriert und sich selbst gegenüber aufrichtig zu bleiben. Humor kann Ihre Wahrnehmung augenblicklich verändern. Die Fähigkeit, den täglichen Erfahrungen mit Humor zu begegnen, hilft immens beim Umgang mit Streß.

Humor schlägt in jedem von uns einen unterschiedlichen Ton an. Sie entdecken das, wenn Sie versuchen, jemandem etwas Lustiges, was Ihnen passiert ist, zu erzählen und Sie müssen dabei so heftig zu lachen anfangen, noch bevor Sie die Geschichte zu Ende erzählen können, während Ihnen die andere Person einen befremdeten Blick zuwirft. Dann, wenn Sie die Geschichte schließlich abgeschlossen haben, lacht der andere vor allem deshalb, weil Sie so heftig lachen mußten. Wenn Sie keinen Freund finden, mit dem Sie lachen können, lachen Sie mit Ihren Engeln. Wen kümmert es, wenn Sie jemand vor sich hin lachen sieht? Das ist schon für sich allein genommen lustig. Veranstalten Sie ein Lachfest. Einige wenige Sonntagabende hintereinander schaute ich mir ein paar wirklich dumme Komödien im Fernsehen an; irgendwas erschien mir unweigerlich lustig, und ich fing an, so heftig zu lachen, daß ich mich selbst nicht mehr bremsen konnte. Das Interessante dabei war, daß die Teile der Sendung, deretwegen ich losprusten mußte, so absurd waren, sie wahren wahrscheinlich von den Autoren noch nicht einmal als witzig gedacht gewesen. Ich kann nur sagen, daß es großartig ist, am Sonntagabend eine Lachorgie zu feiern, weil Sie dadurch in der Nacht, bevor Ihre neue Woche anfängt, von allen Arten der Ernsthaftigkeit befreit werden, und Sie dadurch in der Lage sind, der Woche in einer sehr viel leichteren Verfassung zu begegnen.

Der einfachste Weg, mehr Lustigkeit in Ihr Leben zu bringen, besteht darin, die Engel zu bitten, Sie mit Humor zu versorgen. Erklären Sie den Engeln, daß Sie von all dem Ernst ganz und gar genug haben, und daß Sie bereit und willens sind, mehr Humor in Ihrem Leben zuzulassen. Wachen Sie morgens auf und stellen Sie die Tatsache fest, daß Sie heute lachen und viele leichte Momente haben wollen, und daß Ihnen Ihre Schutzengel dabei helfen werden. Entwickeln Sie Ihren eigenen Instandhaltungsplan, um Ihren Geist für all die absurden und lächerlichen Erfahrungen des Lebens offenzuhalten. Wenn Sie vom Stolz erstickt werden, entspannen Sie sich einfach und lachen Sie darüber, machen Sie einen Clown aus sich und nehmen Sie sich selbst auf den Arm. Wenn das Unerwartete eintritt und Sie ein bißchen verblüfft, lernen Sie, einen Augenblick eine Pause einzulegen und den Humor bei der Sache zu entdecken. Betrachten Sie sich, wann immer es möglich ist, mit einem ehrlichen Blick, tun Sie es mit Liebe und Humor, und Sie werden sehr lang leben! Erinnern Sie sich daran, sich jeden Tag zumindest ein bißchen über sich selbst zu freuen, die Engel werden Ihnen helfen und Sie hundertprozentig unterstützen.

Übung 3:
Heilen Sie Körper und Geist

Obwohl sich die meisten Kapitel dieses Buches auf den Geist konzentrieren, ist der Körper immer miteinbezogen. Der Geist ist sehr viel mächtiger als der Körper, beide arbeiten jedoch zusammen. Ein gesunder Körper bedeutet normalerweise einen gesunden Geist und umgekehrt. Die Körper-Geist-Verbindung reicht tief und manifestiert sich auf Wegen, die Sie nicht glauben mögen, weil sie dem Verstand zuwiderlaufen.

Ein Leiden oder eine Krankheit objektiv zu betrachten, kann manchmal die ganze Sache in die richtige Perspektive rücken. In der High-School nahm ich an einer Gestalttherapiegruppe teil. Wann immer einer von uns eine Erkältung hatte, fragte uns unsere Leiterin, warum wir eine Erkältung brauchten. Am Anfang dachte ich, sie ist ziemlich komisch, weil Erkältungen von einem Virus herrühren und wir keine Kontrolle darüber haben, einen Virus einzufangen. Wenn ich meine eigenen Gründe, eine Erkältung zu bekommen, genauer untersuchte, erschien mir ihre Frage hin und wieder sinnvoller. Krankheit kann eine positive Erfahrung sein, die zur Transformation führt. Wenn Sie auf sich aufpassen, indem Sie ehrlich hinterfragen, warum Sie krank oder leidend wurden, und wenn Sie positive Schritte in Richtung Heilung unternehmen, können Wunder geschehen. Wenn Sie die Engel miteinbeziehen, wird die Heilung alle Arten lustiger Dinge beinhalten, die dazu da sind, Sie Ihrer Heimat näherzubringen – Ihrem wahren, besonderen, authentischen Selbst.

Die Heilungskünste heutzutage verblüffen mich. Es gibt so viele Wahlmöglichkeiten. Die Engel haben kein Vorurteil gegenüber irgendeiner bestimmten Methode, solange sie das Beste für das Individuum bezweckt. Die Engel wissen, je stärker Sie an die Methode glauben, desto besser wirkt sie, und um so mehr können Ihnen die Engel helfen. Ich könnte gar nicht alle Heilungssysteme und die außergewöhnlichen Bücher, die es heutzutage über Heilen gibt, aufzählen. Ich persönlich mag manche lieber als andere, aber mir ist auch klar, daß oft die Methode weniger wichtig ist, als der Glaube der Person an die Methode und den Heiler. Der wichtigste Aspekt ist, daß die Engel wollen, daß Sie das Allerbeste aus sich machen, mit einem gesunden Geist voll mentalen Friedens und einem gesundem Körper, voller sprühender Energie. Ein feiner, anmutiger Geist fühlt sich in einem schwungvollen Körper wohl. Wenn Sie auf allen Ebenen wirklich gesund sind, werden Ihre Lebendigkeit und Ihre Schwingungen Ausdruck des göttlichen Geistes in Ihrem Körper sein, den man auch als einen Tempel Gottes bezeichnet.

Wenn Sie sich eine Heilungsmethode und einen Heiler auswählen, tun Sie es mit Verstand. Um schwierige Krankheiten zu behandeln, könnte eine Kombination traditioneller und holistischer medizinischer Heilmethoden erforderlich sein. Seien Sie ehrlich mit sich selbst, und fühlen Sie sich nicht als Versager, wenn Sie krank sind oder leiden. Sie sind niemals ein Versager, und Krankheit bedeutet, daß Sie durch eine Art Transformationsprozeß gehen. Erinnern Sie sich daran, daß auch der Tod kein Versagen bedeutet. Es gibt einen göttlichen Meisterplan, und es ist nicht unsere Sache zu entscheiden, wann der Tod gut oder schlecht ist. Wenn Menschen sterben, bedürfen sie des äußersten Respekts sich selbst gegenüber und von den anderen. Wenn jemand krank wird, passiert es zu oft, daß die anderen negative Gedanken auf den Kranken projizieren, indem sie die Lage so beurteilen, als sei es der Fehler des Betroffenen, daß er krank ist. Solch eine Haltung zeigt einen Mangel an Mitgefühl und unnötiges Urteilen, es handelt sich um eine Projektion der eigenen Ängste. Wenn Sie mit Kranken zusammen sind, ist es das beste, mit deren Engeln Kontakt aufzunehmen und ihnen Gebete der bedingungslosen Liebe zu schicken. Am Ende sind es die Liebe und das Mitgefühl, die wirklich heilen, gleich ob jemand letztlich stirbt oder nicht. Und Liebe kann sich weit über den Tod hinaus erstrecken und wachsen. Menschen, die den Mut besitzen durch Schmerzen und Leiden in einen wachsamen und aufmerksamen Zustand hineinzuwachsen, zählen zu den mutigsten Menschen auf diesem Planeten.

Weil unser Körper mit unserem Geist synchron zusammenarbeitet, eignen sich die meisten Praktiken in diesem Buch sowohl zum Heilen des Körpers als auch des Geistes. Die Engel können beim Herstellen optimaler Gesundheit eine große Rolle spielen. Es liegt an Ihnen, sie in Ihre eigene Vorstellung von Gesundheit auf die Art einzubeziehen, die die beste für Sie ist. Seien Sie sich bewußt, daß das Licht der Engel sehr heilend wirkt und die höchsten Schwingungen besitzt; verwenden Sie dieses Licht, um mit den Engeln strahlende Gesundheit zu erzeugen.

Setzen Sie sich mit Ihrem Schatten auseinander

Trotz allem, Engel sind keine Perfektionisten. Natürlich, einer war es, aber er fiel in Ungnade.

F. Forrester Church

Wir alle haben eine dunkle Seite – einen Schatten, der vom Licht geworfen wird. Wir alle kämpfen in unserer eigenen einmaligen Art mit unseren Schatten. Einfach definiert, könnten wir sagen, daß die dunkle Seite unserer Persönlichkeit derjenige Aspekt ist, den wir oft vor der Welt verstecken möchten. Wir halten ihn vom Licht fern und versuchen oftmals zu leugnen, daß er überhaupt existiert, was den Kampf auf lange Sicht viel härter gestaltet. Wir verurteilen unsere dunkle Seite meist sehr streng, weil sie mit der Person, die wir der Welt darbieten wollen, nicht übereinstimmt. Das kann dazu führen, daß wir vorgeben, jemand zu sein, der wir gar nicht sind, oder zu leugnen, was sich in unserer Vergangenheit wirklich ereignet hat.

Unsere dunkle Seite besteht manchmal aus Charakterfehlern, die wir verbergen, damit wir uns sicher fühlen können. Diese Defekte sind normalerweise Teile unserer Selbst, von denen wir das Gefühl haben, daß wir sie nicht wirklich kontrollieren können. Zuerst mochte ich das Wort *Defekt* nicht verwenden, weil es so dauerhaft und endgültig klingt, aber dann wurde mir klar, daß es in Wirklichkeit einen Mangel an Perfektion bedeutet. Indem ich mir einen Defekt als Mangel an Perfektion klarmache, stört er mich nicht so sehr, weil sich ein Mangel an Perfektion normalerweise auf Kontrolle und unsere

Versuche, makellos zu sein, bezieht. Ich habe mir neulich einen ägyptischen Schal mit wunderschönen purpurroten Perlenfransen gekauft, darauf sind einige wenige grüne Perlen verstreut, die die Perlen des Geistes darstellen (die grünen Perlen symbolisieren die Stellen, an denen der Geist in das Gewebe eintritt). Die grünen Perlen repräsentieren gleichermaßen die Tatsache, daß niemand von uns perfekt gemacht wurde. Auch die Steppdecken der Amish-Leute bringen die Wahrheit zur Geltung, indem in den Stoff ein Viereck eingenäht ist, das mit dem Rest des Musters nicht zusammenpaßt, einfach um uns daran zu erinnern, daß Gott uns nicht perfekt gemacht hat. Die Navajos besitzen in ihrem Kunsthandwerk eine ähnliche Tradition.

Dunkelheit ist kein Synonym für das Böse oder Schlechte. Manchmal repräsentiert sie diese Verfassungen, aber unsere dunkle Seite beziehungsweise unser Schatten ist nicht notwendigerweise »schlecht« oder »böse«. Das Böse kann aus den Ängsten der Menschen erwachsen und auf ihrem Boden gedeihen, wie zum Beispiel die Furcht vor Schmerz und Bestrafung oder die Angst vor Dunkelheit. Die Angst vor Strafe hält viele unserer Mängel im dunklen gefangen, wo selbst wir sie nicht anerkennen wollen, weil wir glauben, daß wir uns dann selbst dafür bestrafen müßten. Eine Seele, die in dunkel und hell getrennt ist, bleibt schwach, im Gegensatz dazu ist die integrierte Seele stark, zentriert und furchtlos. Um aufzuhören, uns selbst zu bestrafen, um die Teile, die wir verstecken, zu überwinden und zu integrieren, müssen wir uns das Dunkle anschauen, indem wir das Licht entzünden.

Das Licht der Wahrheit erlaubt uns, unsere Schattenseite zu betrachten und sie als einen Teil unserer Ganzheit zu akzeptieren. Ebenso wie ein kleiner Spiegel Licht und einen Strahl reflektieren kann, werden wir die Dunkelheit mit unserer eigenen Reflexion erhellen, und wir können als ein strahlendes Licht der Wahrheit für den Rest der Welt leuchten, wenn unsere Seele von ihm durchdrungen ist. Um zentriert und wirklich in Frieden mit uns selbst zu bleiben, müssen wir Ehrlichkeit gegenüber uns selbst üben und unser wahres Wesen entdecken und akzeptieren. Wir müssen sämtliche Masken, die wir tragen, abnehmen und die Engel bitten, uns zu einem aufrichtigen Weg des Daseins zu führen. Engel sind reines Licht, sie werden bei Ihnen sein, wenn Sie in die dunklen Gebiete Ihrer Seele blicken, und sie werden Ihnen helfen, sich lieben zu lernen und strahlend hell zu werden. Wahre Güter und Weisheit erwachsen aus spiritueller Übung; es wird immer Teile Ihrer selbst geben, die gegen das Samenkorn der Güte und der Weisheit arbeiten. Der Trick dabei ist, nicht auf dem Weg steckenzubleiben. Bewahren Sie sich das Licht der Engel in Ihrem Leben, und die Engel werden Sie Liebe lehren, die nicht verletzt, und Güte, die keine Gegenleistung erwartet.

Übung 1:
Gehen Sie spielerisch
mit Projektionen um

Haben Sie es jemals erlebt, daß irgendwelche Menschen wütend auf Sie werden und anfangen, Dinge über Sie zu erzählen, die so jenseits von aller Wahrheit liegen, daß Sie sich wundern, woher diese Personen ihr Wissen wohl bezogen, und daß Sie annehmen müssen, mit jemand anderem verwechselt worden zu sein? Wenn ja, dann waren Sie das Objekt wilder Projektionen. Die Projektion ist ein Verteidigungsmechanismus, den wir anwenden, um unsere eigenen Fehler anderen zuzuschieben oder um anzunehmen, daß jemand anderer die Gefühle empfindet, mit denen wir selbst angefüllt sind, aber es nicht wahrhaben möchten. Mit anderen Worten, wenn wir unsere eigenen Schattenseiten nicht überprüfen, kann das dazu führen, daß wir sie auf andere projizieren. Indem wir uns unserer eigenen Projektionstaktiken und auch über die anderer Personen bewußt werden, werden wir in unsere Schattenseiten und auch in die der anderen Einblick gewinnen. Wenn wir vom Schmerz eines

Angriffs Abstand nehmen können und darauf achten, was die Menschen, die uns attackieren, auf uns projizieren, können wir eine Menge über sie lernen und den Platz, auf dem sie stehen. Wir benötigen eine hohe Wertschätzung unserer selbst und die Integrität, um zu sehen, daß ihre Projektionen uns nicht wirklich persönlich betreffen. Auch wenn wir uns selbst zuhören, wenn wir auf andere böse sind, werden wir viel über uns selbst erfahren, falls wir mutig genug sind, um ehrlich hinzuschauen.

Es ist praktisch unmöglich, nicht zu projizieren. Wir erkennen Teile von uns selbst in anderen, und was wir am meisten bei anderen wahrnehmen, positiv oder negativ, sind Aspekte von uns selbst. Wir wissen alle, daß wir, wenn wir unsere Rückseite oder unsere dunkle Seite betrachten wollen, einen Spiegel brauchen. Es gibt Teile unserer Persönlichkeit, die wir nur sehen können, wenn sie uns in der Persönlichkeit eines anderen widergespielt werden. In anderen Worten, wenn sie auf jemanden anderen projiziert werden.

Einige Leute nehmen den Begriff der Projektion sehr ernst. Im Gegensatz dazu rate ich Ihnen, daß Sie es leicht nehmen und die Projektionen genießen sollen! Wenn Sie das Objekt von Projektionen sind, begreifen sie es als ein Geschenk zum besseren Verständnis und lassen Sie sich nicht davon berühren, was über Sie gesagt wird. Üben Sie sich in Loslösung. Wenn Sie selbst projizieren, finden Sie heraus, was Sie übertragen, und stellen Sie fest, ob es Sie oder die anderen in Ihrer Umgebung verletzt. Aufmerksamkeit und Wachsamkeit führen zu einer natürlichen Weiterentwicklung neuer Wahlmöglichkeiten und Wege des Seins.

Eine Möglichkeit, Projektionen und Ihre Schattenseite zu erforschen und spielerisch mit ihnen umzugehen, besteht darin, ein Monster zu zeichnen. Ich verwende diese Technik bei Kindern, um ihnen zu helfen, ihre Wut auf eine Weise auszudrücken, in der sie sich sicher fühlen. Normalerweise wissen Kinder sofort, was ich meine, sie wissen, daß sie ein Monster als eine Art Haustier besitzen. Da wir ein inneres Kind in uns tragen, das manchmal wütend ist, können wir ebenfalls davon profitieren, wenn wir ein Monster skizzieren. Nehmen Sie sich ein Stück Papier und ein paar Kreidestücke, Leuchtmarker oder Stifte – Farben zu verwenden, ist bei dieser Übung wichtig. Dann zeichnen Sie Ihr Monster. Geben Sie sich nicht damit ab zu leugnen, daß Sie eins haben, denn diese Übung hängt nicht davon ab, ob Sie ein Monster haben oder nicht. Sie können Ihr Monster zeichnen, ganz gleich, was Sie darüber denken. Machen Sie sich auch über Ihre künstlerischen Fähigkeiten keine Sorgen, lassen Sie sich einfach gehen – zeichnen Sie ein Schreckgespenst oder einen Farbtropfen, wenn Sie dies bevorzugen. Wenn die Zeichnung fertig ist, versehen Sie sie mit einem Untertitel und der Notiz, worüber Ihr Monster wütend ist. Schreiben Sie es so auf, als ob Sie das Monster wären, das gerade jemand anderem erzählt, worauf es wütend ist. Wenn Sie mit dem Schreiben fertig sind, studieren Sie Ihr Monster und einige seiner Aussagen. Woher kommen die Dinge, von denen Ihr Monster sprach? Sie könnten entdecken, daß sie alle ihren Ursprung in einer Atmosphäre der Furcht haben, oder Sie könnten andere spezifische Zusammenhänge herausfinden. Bitten Sie die Engel um tiefere Einsichten und neue Ideen. Lassen Sie sich von der Selbstanalyse nicht zu sehr davontragen, erinnern Sie sich daran, daß wir sie leicht nehmen wollen, weil es eine sichere Art sein soll, den Ärger und die Furcht auszudrücken, mit der wir gelebt haben. Viele von uns haben den Glauben entwickelt, daß, wenn wir nur perfekt wären und keine häßlichen Gedanken hätten, unsere Eltern, Ehepartner oder wer auch immer, sich nicht in einer bestimmten Weise verhielten. Also verbergen wir unsere Gedanken in einem Geheimzimmer. Es ist an der Zeit, unsere Monster aus dem Geheimzimmer zu befreien und die schrecklichen Gedanken zu erforschen. Begreifen Sie, daß diese Gedanken das Verhalten anderer uns gegenüber nicht beeinflussen, und die eigene Kontrolle darüber können wir lernen.

Kindern muß Mitgefühl und Güte in ihren Handlungen beigebracht werden sowie Methoden, wie sie durch Selbstkontrolle konstruktiv mit ihrer Wut umgehen können. Mit anderen Worten, wir sind nicht perfekt zur Welt gekommen, wir sind mit bestimmten Aspekten unserer selbst geboren worden, die Kampf beinhalten. Durch aufrichtige spirituelle Übung können wir diese Aspekte überwinden, und sie werden uns stark machen. Indem wir die richtige Übung anwenden, kann sich unser schwächster Punkt zu unserer größten Stärke entwickeln. Wir werden unsere Schwächen nicht überwinden, wenn wir sie verstecken und unsere Gefühle leugnen, gleich welcher Natur sie sind. Wenn wir uns ausreichend stark fühlen, um unsere dunkle Seite zu betrachten, ohne uns dabei zu verurteilen, werden wir Wege, die Dunkelheit zu erhellen, entdecken. Beziehen Sie die Engel ein, lassen Sie sie neben sich stehen, während Sie Ihre dunkle Seite erkunden. Im Licht der Engel sehen die verborgenen Seiten Ihrer Persönlichkeit nicht so ernst und unüberwindbar aus. Wenn wir dem Licht und den Engeln gegenüberstehen und unseren Weg mit ihnen gehen, werden wir nicht länger von den Schatten beherrscht werden. Denn wenn wir uns dem Licht der Engel zuwenden, erleuchtet es die Schatten, und wir sehen, was da ist, und wissen, daß wir die Fähigkeit besitzen, die Dunkelheit zu transformieren.

Zu lernen, Gott in uns selbst zu entfalten, anstatt den Teufel in anderen zu suchen, ist eine gute Art und Weise, mit unseren Projektionen fertig zu werden. Den Teufel in anderen zu suchen, ist für niemanden eine konstruktive Hilfe. Indem wir in unserem Leben mehr Raum für Gott und die Engel schaffen, um darin zu wirken, wird unser Geist die Kreativität entfalten, die er braucht, um mit dem Schatten unseres niederen Selbst umzugehen. Sie werden ganz natürlich den Wegen, die zu Ihrem höheren Selbst führen, folgen, das wiederum wird Anteile Ihres niederen Selbst verwandeln.

Konstruktiv mit Wut und Haß umzugehen, ist kein einfacher Vorgang, weil es einer bewußten Anstrengung und viel Übung bedarf. Wut und Haß zu unterdrücken, verletzt uns und unsere

Umgebung außerordentlich, deshalb müssen wir unsere Geheimtür öffnen und unser Monster befreien, indem wir Selbstakzeptanz üben und durch unsere spirituelle Suche Güte und Weisheit entwickeln. Selbst der Dalai Lama gibt gern zu, daß er viel Übung brauchte, um seine Tendenz, schnell wütend zu werden, zu überwinden. Um ihn zu zitieren: »Wenn Sie normalerweise zehn Minuten lang wütend bleiben, versuchen Sie, es auf acht Minuten zu reduzieren. In der nächsten Woche reduzieren Sie es auf fünf Minuten und im nächsten Monat auf zwei Minuten. Dann gehen Sie auf Null. So entwickelt und trainiert man seinen Geist. Das ist meine Meinung und auch die Art der Übung, die ich selbst praktiziere. Es ist ziemlich klar, daß jeder einen friedvollen Geist braucht. Die Frage ist nur, wie man das erreicht. Durch Wut gelingt es nicht, durch Güte, durch Liebe, durch Mitgefühl, können wir einen friedlichen Geist der Individuen erreichen.« Ich werde das Thema Wut und Selbstvergebung im weiteren Verlauf noch aufnehmen.

Übung 2:
Konfrontieren Sie sich mit Ihrer Furcht und Schwäche

Nun lassen Sie uns anschauen, was unsere dunkle Seite und unsere Schatten sind, und woraus sie bestehen. Öffnen Sie Ihren Geist und versammeln Sie Ihre Engel um sich, Sie wollen sie bei sich haben, wenn Sie sich den Schatten anschauen. Nehmen Sie Ihr Tagebuch oder ein Papier und einen Stift heraus, weil Sie nun eine Liste Ihrer negativen Charakterzüge, Mängel und Ihrer allgemeinen und menschlichen Schwächen aufstellen werden. Notieren Sie auf der einen Seite des Blattes einen Charakterzug, mit dem Sie Probleme haben, zum Beispiel könnten Sie Eifersucht, Scham, Neid, Gier, Brutalität, falsch geleitete Wut, das Urteilen über sich selbst und andere oder irgend etwas anderes, das sich als Problem Ihrer Persönlichkeit erweist, auflisten. Nun schreiben Sie auf der anderen Seite des Blattes die Quelle dieses Charakterzugs auf, die Art und Weise, wie er sich als Problem darstellt und seine Ursache. Dann finden Sie heraus, gegen was Sie diese Charaktereigenschaft schützt. Mit anderen Worten, verbinden Sie den Charakterzug mit dem Begriff der Angst, die Sie haben, und versuchen Sie, ein konkretes Beispiel dafür in Ihrem Leben ausfindig zu machen. Meine Vermutung ist, daß fast alles, was wir in unserem Schatten verstecken, ein Resultat aus einer Angst in der Kindheit ist, oder eine Furcht des Erwachsenen, die er in Beziehungen oder grundlegenden Angelegenheiten in einer furchtsamen Welt entwickelt hat. Nachdem Sie den Charakterzug und die Angst überprüft haben, stellen Sie sich in Ihrer Phantasie Wege vor, sie zu vernichten, und schreiben Sie den positiven Pol zu dem negativen Charakterzug auf. Versichern Sie sich, daß Sie die Engel bitten, Ihnen in diesem Transformationsprozeß beizustehen. Als Beispiel gebe ich Ihnen ein Szenario, betreffend den Charakterzug der Eifersucht. Suchen Sie nach der Quelle der Eifersucht in Ihrem Leben, und dann machen Sie sich klar, worin Ihre größte Befürchtung hinsichtlich dieses Gefühls besteht. Nachdem Sie das getan haben, machen Sie sich eine Tatsache klar: Sie haben diese Furcht gerade jetzt in Ihrem Geist, und Sie können konstruktive Wege entwickeln, dieses Problem durch Übung zu eliminieren, und dadurch, daß Sie die Zeiten, in denen es überhandzunehmen droht, wahrheitsgemäß anerkennen.

Erstellen Sie eine gesonderte Liste von positiven und lichten Eigenschaften, die Sie besitzen. Nun denken Sie an einen Charakterzug Ihrer Liste von der lichten Seite, der Ihnen helfen könnte, die Furcht zu überwinden, die im Zusammenhang mit dem Charakterzug steht, den Sie transformieren möchten. Bitten Sie die Engel, Sie jedesmal wenn ein negativer Zug auftaucht, durch Inspiration daran zu erinnern, so daß Sie ihn bis zu seiner Quelle der Furcht zurückverfolgen können und sich entscheiden können, ihn abzuschaffen.

Angst ist ein Kreativitäts- und Freudevernichter. Wenn wir der Angst erlauben, Macht in unserem Leben zu gewinnen, indem wir sie nicht anerkennen, kann das zu negativen Folgen wie Depressionen, ernsthaften Krankheiten und dem Gefühl, in unerfreulichen Beziehungen gefangen zu sein, führen. Diese negativen Auswirkungen sind Warnsignale, daß es Zeit ist, unsere Selbstliebe und Selbstakzeptanz zu verstärken – ein Zeichen, daß wir auf unseren Weg zurückkommen und unsere wahre besondere Gabe der Liebe entwickeln müssen. Die Engel sind bei uns, sie suchen keine Perfektion und belohnen sie auch nicht. Sie belohnen Ehrlichkeit uns selbst gegenüber, und sie tun es, indem sie uns dazu führen, innerlich stark zu sein und geistigen Frieden sowie Freude ohne äußere Anlässe zu entwikkeln, so daß wir umgekehrt ein wunderbares Licht auf die Welt um uns herum werfen.

Übung 3:
Auf welche Art betrügen Sie sich?

Das Leben ist wirklich eine Serie von Entscheidungen. Jeden Tag werden wir mit Wahlmöglichkeiten und Entscheidungen konfrontiert – großen und kleinen, lebensbedrohenden oder lebensstärkenden. Jeder von uns ist da, wo er gerade ist, aufgrund seiner Wahl und seiner Entscheidungen. Manchmal fühlen wir uns gegenüber unserer getroffenen Wahl machtlos – zum Beispiel, wenn wir süchtig oder abhängig sind. Jedesmal wenn wir eine Sucht- oder Gewohnheitshandlung ausführen, treffen wir eine Wahl. Der Schlüssel liegt darin, uns des Augenblicks der Wahl bewußt zu sein und gegen den Drang anzukämpfen, den einfachen Weg zu gehen.

Es einfach haben zu wollen, ist eine Art, uns selbst zu betrügen und Probleme zu bekommen. Das könnte folgendermaßen aussehen, eine kleine Lüge zu erzählen, wenn es schwieriger erscheint, die Wahrheit zu sagen. Oder wir könnten uns entscheiden, einen Drink zu nehmen, wenn wir uns nervös fühlen, statt unsere inneren Ressourcen zu benützen, um die Nervosität zu überwinden. Was immer es im einzelnen sein mag, wenn wir nach einem Muster handeln, von dem wir glauben, daß es ein einfacher Ausweg sei, behindert dies unser spirituelles Wachstum. Nach dem einfachen Ausweg zu suchen, kann gewohnheitsbildend werden, und es schleicht sich – uns immer weiter von unseren spirituellen Zielen und Übungen abbringend – über kurz oder lang in zu viele Bereiche unseres Lebens ein. Nehmen Sie ein Blatt Papier oder Ihr Tagebuch und machen Sie auf einer Seite des Blattes eine Liste, die folgende Worte enthält: Gesundheit, Wohlstand, Liebe, Verliebtheit, Spiritualität, Beziehungen, ehrliche Kommunikation, Karriere, Kreativität, Elternschaft, Mitgefühl und positives Denken, Sie können hier noch weitere Punkte dieser Art entsprechend auflisten, die in Ihrem Leben bedeutsam sind. Nun, auf der gegenüberliegenden Seite des Blattes notieren Sie, wie Sie sich vielleicht auf irgendeine Weise bezüglich des jeweiligen Punktes selbst betrügen und aus diesem Grunde womöglich Ihren Fortschritt und Ihre Freude selbst sabotieren könnten. Nachdem Sie das überprüft haben, rufen Sie Ihre Engel zu sich, um etwas Zeit zum Lernen zu erhalten. Prüfen Sie, ob Sie etwas zu hart zu sich selbst sind, zu kritisch oder zu nachtragend, und konzentrieren Sie sich darauf, ein genaues Bild Ihrer Blockaden, die aus einer Quelle des Vermeidens entspringen, zu entwerfen. Verzeihen Sie sich selbst und bitten Sie die Engel, Ihnen Einsicht für einen Wandel zu verschaffen, so daß Sie gegen den natürlichen Drang, es einfach haben zu wollen, ankämpfen können. Die Engel werden Ihnen helfen zu erkennen, daß der einfache Weg manchmal auf lange Sicht mehr Arbeit bedeutet. Wenn Sie beginnen, sich im verantwortungsvollen Handeln zu üben und daran festhalten, wird die Neigung zum Selbstbetrug den Zugriff auf Sie verlieren. Sie werden auf Ihrem Weg sein, und Ihr Weg wird aufwärts gehen, direkt in Richtung des göttlichen Lichts.

Teil II

Stärke durch positives Denken gewinnen

Engel als Hüter
des Positiven

Indem wir positiv bestärkt werden, erhalten wir im Leben Autorität – die Autorität, unseren eigenen Weg des Seins zu wählen. Zuerst brauchen wir Selbstbewußtsein und einen ehrlichen Blick auf uns selbst. Die folgenden Ausführungen konzentrieren sich darauf, die negativen Programme in unserem Geist, die Erfolg in unserem Leben verhindern, zu eliminieren. Bevor uns positives Denken stark machen kann, müssen wir das negative Denken beseitigen.

Negative Gedanken färben unser Leben negativ, zum Beispiel schränken sie unsere Vitalität ein und schwächen unser Immunsystem; sie beeinflussen die Menschen in unserer Umgebung negativ, sie verführen unsere Wahrnehmung dazu, uns auf das Aufspüren der negativen Aspekte unseres Lebens zu konzentrieren, und verleiten uns deshalb dazu, unbewußt negative Ergebnisse zu erwarten oder zu suchen, um unsere negativen Erwartungen zu bestätigen, und sie tragen dazu bei, daß wir positive Zeit vergeuden.

Positive Gedanken bewirken genau das Gegenteil, aber wir müssen in unserem Geist erst Platz für sie schaffen. Positives Denken ist eine Methode, bei der wir unsere Vorstellungskraft und Visualisierungsfähigkeit einsetzen, um eine erfolgreiche Zukunft zu schaffen. Manchmal brauchen wir Hilfe von oben, um die positiven Gedanken, die wir haben, beizubehalten, und um uns zu helfen, die negativen Gedanken auszuschalten. Die Engel sind immer bereit und willens, das Positive zu ermutigen. Sie werden uns eine Ahnung vermitteln, wie wir handeln sollen und welche Wege wir einschlagen müssen, um unser Leben leichter und erfolgreicher zu gestalten. Um die wahre Fähigkeit der kreativen Visualisation und des positiven Denkens zu erlangen, brauchen wir die Engel. Dieser Abschnitt beschreibt die Wege, wie wir unsere Kraft mit den Engeln verbinden können, um wirklich machtvolle Fähigkeiten zu entwickeln. Bestärkung bedeutet, daß die Engel uns positiv anfeuern, uns inspirieren, unseren Enthusiasmus wecken, uns frohe Nachrichten vermitteln, unseren Selbstwert positiv bestärken und uns bis zu dem Punkt der Erheiterung lieben.

Bei genauer Betrachtung sind die Botschaften und Techniken, die in diesem Buch angeboten werden, nicht neu. Die gesamte Information, die ich in diesem Buch übermittle, ist grundlegend dazu da, zu einer Form von positivem Denken zu ermutigen, die zu spirituellem Wachstum anregen soll. Aber im Gegensatz zu vielen Autoren, die über positives Denken schreiben, betone ich die Wege, bei denen uns die Engel bei all unseren positiven Veränderungen und bei unserem spirituellen Wachstum helfen können, weil die Engel wahrhaftig die Hüter positiven Denkens sind. In den letzten zwanzig Jahren habe ich viele Bücher gelesen, die mich inspiriert haben und die mir sinnvoll vorkamen, während ich sie gelesen habe, aber kurz danach war es mit der Inspiration vorbei, und die Techniken, mit denen ich begonnen hatte, um mir das Ganze zu eigen zu machen, blieben auf der Strecke. Dann, eines Tages, las ich das Zitat »Engel können fliegen, weil sie sich selbst leicht nehmen« von G. K. Chesterton, und mein Leben veränderte sich. Dieses Zitat hatte aus zwei Gründen eine so starke Wirkung: Erstens wurde mir klar, daß ich mich selbst und meine spirituelle Suche viel zu ernst nahm, und zweitens erkannte ich, daß die Engel das fehlende Glied in der Kette der Bücher über positives Denken und der spirituellen Selbsthilfebücher, die ich gelesen hatte, darstellen. Nun, selbst wenn ich manchmal etwas nicht erreiche und einen negativen Gedanken habe, nehme ich es nicht ernst.

Mit Hilfe der Engel werde ich mir bewußt, was ich in jedem

Augenblick erschaffe, wodurch ich wiederum in der Lage bin, mir meinen weiteren Kurs zu wählen. Wann immer ich nun ein Buch lese, das inspirierend und erweckend ist und voll göttlicher Intelligenz, ist die Erfahrung weitaus lohnender, weil ich mir die Hilfe der Engel und die Inspiration der Botschaften zu eigen machen kann, und so bleiben sie, mir wirklich helfend und einen Wandel in meinem Bewußtsein herbeiführend, länger in meinem Kopf.

Eine andere wichtige Lektion, die ich gelernt habe, besteht darin, daß, wenn wir positive Gedanken in unserem Geist gedeihen lassen wollen, um wirkliche Veränderungen herbeizuführen, wir die negativen Gedankenvorstellungen eliminieren müssen, die mit den positiven Gedanken im Wettstreit liegen.

Es gibt eine sehr feine Grenze zwischen der Realität des positiven Denkens und ihrer bloßen Vorstellung. Für einige Menschen bleibt positives Denken eine gute Absicht, aber für andere wird es eine Art zu leben, ein wirklicher Weg, um ein positives Selbstbild und persönliche Freude zu entwickeln, indem die negativen Gedankenprogramme korrigiert werden. Im Reich der Engel sind Gedanken das gleiche wie Handlungen. Die Gedanken, die wir in unserem Geist beherbergen, erscheinen den Engeln in jedem gegebenen Augenblick als Formen. Weil die Engel, wenn wir es wollen, direkten Zugang zu unserem Geist haben, können sie uns helfen, unsere spirituelle Essenz anzuheben und unsere Gedanken zu einer höheren spirituellen Ebene führen.

Unsere Schutzengel stehen in Zusammenhang mit unserem Überlebensinstinkt. Sie sind die ganze Zeit bei uns und können Wunder geschehen lassen, wenn wir bedroht sind, solange unser Überlebensprogramm positiv gedeiht. In den Fällen, bei denen Menschen einem Todeswunsch folgen und sich wirklich zerstören wollen, müssen die Schutzengel zurücktreten, weil sie an diesem destruktiven Programm nicht teilnehmen können. Sie können nur dann wieder zurückkehren, wenn die lebensbejahende Kraft wieder auftaucht, und die Betroffenen ihre Meinung ändern und um Hilfe bitten. Seien Sie versichert, daß Ihr Schutzengel immer auf die Chance wartet, an Ihren positiven Entscheidungen teilzuhaben.

Unsere Schutzengel behüten uns, indem sie unser Gehirn positiv programmiert halten, um lebensbejahend zu sein, damit wir uns selbst genießen können. Das bedeutet einen dauernden Kampf für die Engel, weil unser Geist so einfach zu beeinflussen ist, und wir häufig Botschaften empfangen, die gegen das Positive arbeiten. Es ist erstaunlich, wie viele negative Botschaften Kinder jeden Tag zu hören bekommen. Solche Botschaften reichen vom schlechthin Entsetzlichen, wo Kindern tatsächlich erzählt wird, daß sie böse, teuflisch, dumm und häßlich sind, zu weniger offensichtlichen negativen Botschaften. Die meisten von uns waren von Anfang an in ihrem Leben von Personen umgeben, die darauf aus waren, unseren Geist zu brechen, uns zu bändigen und zu beherrschen. Ich frage die Kinder, mit denen ich arbeite, wie oft ihnen gesagt wird, wie gut sie etwas gemacht haben, wie frei sie im Geist sind, und wie großartig und einmalig und geliebt sie sind. Ich erfahre sehr oft, wie selten positive Botschaften sind und wie uneindeutig. Statt dessen wird ihnen gesagt: »Mach es so. Kannst du gar nichts richtig machen? Bist du blöd oder was? Das ist so schlecht. Wenn du das noch mal tust, wirst du bestraft werden. Wasch dein Gesicht, es ist dreckig.« Sie hören solche Vorwürfe von Menschen, denen das gleiche in ihrer Kindheit vermittelt wurde. Botschaften, die beabsichtigten, den menschlichen Geist zu brechen und ihn in eine Vorstellung von akzeptablem Verhalten hineinzupressen. Diese negativen Botschaften trennen uns von unserem inneren Kind und – aus einem offensichtlichen Grund – vom Überleben.

Ich will hiermit ausdrücken: Jeder Mensch auf diesem Planeten hat negative Botschaften empfangen. Mit der Zeit entwickeln wir hieraus negative Programme, die sich automatisch abspulen, wenn wir uns gerade anschicken, etwas Großartiges in unserem Leben zu tun. Wenn wir das Negative transzendieren können, können wir uns mehr auf uns selbst verlassen und können Härten überwinden, indem wir sie in Erfahrungen positiven Wachstums transformieren. Wenn wir negative, lebensvernichtende Programme auslöschen, werden wir den Mut haben zu sein, wer wir wirklich sind, und unsere Gaben der Welt als ganzheitliche Wesen anzubieten, rückverbunden mit dem Kind in uns – mit unserer reinen, kreativen und lebensbejahenden Kraft.

Negative Programme
und Muster vernichten

Immer wieder und wieder habe ich betont, daß der Prozeß des spirituellen Wachstums ein anstrengender und schwieriger ist. Das ist so, weil er sich gegen einen natürlichen Widerstand richtet, gegen eine natürliche Neigung, die Dinge so zu lassen wie sie sind, gegen die Neigung, sich an alte Landkarten und alte Wege, die Dinge zu tun, zu klammern, den einfachen Pfad zu beschreiten.

M. Scott Peck

Wir sind, was wir denken. Gedanken gestalten den Zustand unseres Geistes, der umgekehrt unsere gegenwärtigen Erfahrungen bewirkt. Unsere gegenwärtige Erfahrung kann fröhlich oder traurig sein, je nachdem, welche Gedanken wir in unserem Geist hegen. Fröhliche Gedanken zu haben, stimmt uns die meiste Zeit fröhlich, traurige Gedanken zu haben, drückt uns die meiste Zeit traurig nieder. Ärgerliche Gedanken zu haben, macht uns ärgerlich. Freundliche Gedanken machen uns mitfühlend und liebevoll. Gierige Gedanken machen uns eifersüchtig und neidisch. Liebende Gedanken verwandeln uns zu Liebenden. Der vorherrschende Typ von Gedanken schafft einen entsprechenden Geisteszustand. Diese Geisteszustände beeinflussen auch unsere Körpersprache und sogar unsere Physiologie. Wenn wir ärgerlich oder besorgt sind, wird unser Magen in Reaktion auf dieses Gefühl von der überschüssigen Säure aufgewühlt. Die Auswirkungen unseres Denkens wirken über unsere Gehirne in unsere Körper hinein.

Was immer wir wiederholt praktizieren, wird in Verhaltensmuster eingraviert, und zu viele von uns pflegen negatives anstatt positives Denken. Stellen Sie sich vor, daß Ihr Geist wie ein Computer arbeitet. Das Gehirn entspricht dem Computer als solchem, und der Geist entspricht den Programmen, mit denen der Computer gespeist wird. Auf diese Art werden negative Gedanken (input) zu negativen Programmen, die in negativem Verhalten (output) resultieren – schlechte Gewohnheiten, Pech, schlechte Gesundheit und so weiter. Wiederholungsmuster sind schwer zu vernichten. Negative Gedanken, die ungünstige Verhaltensmuster bewirken, stellen permanente Rückschläge auf dem Weg zu Seligkeit und Freude dar. Negative Verhaltensmuster müssen als solche erkannt, redigiert, neu programmiert und ausgelöscht werden, um positive Verhaltensmuster, Freude und Gedeihen an die Oberfläche zu bringen.

Ab und zu mögen Sie versucht haben, in die Macht positiven Denkens einzutauchen. Viele Menschen haben positives Denken als Schlüssel betrachtet, um all unsere Probleme zu lösen und um uns zu helfen, anschließend für immer fröhlich zu leben. Es wurde von uns erwartet, daß wir fähig sind, den Himmel hier auf Erden zu schaffen, einfach dadurch, daß wir uns wundervolle positive Gedanken vorstellen und denken. Das Problem besteht darin, daß, bevor wir nicht die negativen Programme unseres Denkprozesses eliminiert haben, die echten Wohltaten des positiven Denkens ihren Weg durch die negativen Muster hindurch nicht finden können. Wenn Sie versucht haben, die Macht positiven Denkens anzuwenden und aufgegeben haben, ist nicht alles verloren. Das positive Denken wird für Sie arbeiten, wenn Sie Ihr Selbstwertgefühl erhöhen, indem Sie die Programme in Ihrem Geist, die Ihnen sagen »Ich bin nicht gut genug« oder »Ich verdiene keine Freude«, auflösen, und wenn Sie die Engel als natürliche Hüter des Positiven in Ihrem eigenen Gehirn ansehen.

Bei unserer Geburt wurde unser Geist programmiert, um Freude und Liebe zu kreieren. Unser natürlicher Drang, das erste Programm, mit dem wir auf die Erde gesandt wurden, war lebensbejahend. Wir sind dazu da, unsere wahre innere Natur herauszuarbeiten und auszuweiten. Dies ist, tief in unsere Seele eingraviert, unsere wahre Verbindung zum Reich der Engel. Wenn wir alle so fähig, eine freudvolle Existenz zu leben, geboren wurden, wie kommt es dann, daß nur wenige es tun? Es gibt so viele Antworten auf diese Frage, wie es unglückliche Menschen auf diesem Planeten gibt. Von Geburt an lernen wir, auf die Menschen in unserer Umgebung, die Einfluß auf uns ausüben, und aus der Erfahrung unserer einzigartigen Position in der Welt zu reagieren. Wir alle haben Muster und Programme – einige negative und einige positive – übernommen, die zu unseren Erfahrungen des Lebens passen.

Die negativen Programme, die wir uns in der Kindheit angewöhnen, mischen sich mit den ursprünglich positiven Programmen, während die positiven Programme die ursprünglichen weiterhin nähren und ausdehnen. Indem wir die negativen Muster und Programme erkennen und eliminieren, wird es uns möglich, das erste Programm zurückzugewinnen, so daß wir so unschuldig agieren, wie wir es am Tag unseres ersten Atemzugs konnten. All die reinen, süßen Gedanken des Himmels, die die Engel uns zur Erde senden, stehen uns immer noch zur Verfügung.

Übung 1:
Programmieren Sie neu

Haben Sie jemals darüber nachgedacht, warum es so mühsam ist, eine Gewohnheit loszuwerden? Und warum ist es so schwierig, unsere Art zu denken zu verändern? Warum können Alkoholiker nicht einfach aufhören zu trinken, wenn sie es wollen, und warum können Raucher nicht einfach zu rauchen aufhören? Diese Fragen sind verwirrend. In *Quantum Healing* erklärt Deepak Chopra, warum es so schwierig ist, Gewohnheiten und Süchte loszuwerden. Weil das Gedächtnis dauerhafter ist, als die Sache selbst, das Gedächtnis einer Zelle ist fähig, die Zelle selbst zu überleben. Wie Chopra sagt: »Wenn Sie einen Süchtigen nehmen, seinen Körper entgiften und ihn für mehrere Jahre von Alkohol und Drogen fernhalten, sind all die alten Zellen, die ›chemisch süchtig‹ waren, vollkommen verschwunden. Dennoch besteht das Gedächtnis weiter, und wenn Sie ihm eine Chance geben, wird sich das Gedächtnis wieder in die Suchtsubstanz einklinken.«

Süchtige in der Rekonvaleszenzphase wissen genau, wie mächtig das Gedächtnis sein kann. Denn für Leute, die drogenabhängig waren, kann es eine ernste Bedrohung ihrer Nüchternheit darstellen, wenn sie an einem Haus oder einer Umgebung vorbeikommen, in der sie einst »high« geworden sind. Mit der Zeit kann dieses Phänomen geheilt werden, aber nur, wenn die Zeit, die vergeht, bewußte innere Stärkungsarbeit beinhaltet, wie beispielsweise Gebet, Ehrlichkeit gegenüber sich selbst und Meditation. Ich hörte einmal einen Alkoholiker, der seit sieben Jahren trocken war, darüber sprechen, daß es auch nach dieser Zeitspanne in keiner Weise leichter wurde, sein Verlangen zu bändigen. Das Problem bestand darin, daß die einzige Veränderung, die er vollzogen hatte, darin bestand, kein alkoholgefülltes Glas mehr an seine Lippen zu heben. Die Handlung war unterbrochen, aber sein Grundproblem blieb unangetastet. Sich selbst von negativen Mustern zu befreien, wird nicht einfacher werden, bis Sie die innere Arbeit tun und Ihr Denken, das das Problem zu Beginn verursacht hat, ändern. Die innere Arbeit mit den Engeln an Ihrer Seite anzugehen, wird zeigen, daß das Leben leichter werden kann und daß Zeit heilt!

In ähnlicher Weise können Kummer oder die Feiertage und Jahreszeiten eines Jahres unheilvoll in uns gespeichert sein. Die Höhe der Sonne am Himmel, die bestimmte Schatten wirft, kann Gefühle aus der Vergangenheit hervorrufen. Gerüche in der Luft mögen uns an Leute, Orte und Zeiten erinnern. Lieblingslieder oder nicht so gern gehörte Lieder können ebenfalls

Erinnerungen heraufbeschwören. Die Erinnerungen an bestimmte Gewohnheiten oder an eine bestimmte Art und Weise, Dinge zu verrichten, können auch sehr stark und gegenüber Wandel sehr widerstandsfähig sein. Wir besitzen einen freien Willen, also brauchen wir unseren Gewohnheiten oder Denkprogrammen keinen freien Lauf zu lassen, aber wir müssen eine bewußte Anstrengung unternehmen, um sie zu beenden. Und um unsere Verhaltensweisen in der Zukunft zu ändern, müssen wir unsere Denkcomputer neu einrichten und höher stellen, damit ein anderes Programm ablaufen kann. Die Gehirnprogrammiererengel wollen uns helfen, unerwünschte Verhaltensmuster auszulöschen.

Gehirnprogrammierer sind winzige Engel des Lichts, die Zugang zu Zellen und Neurotransmittern nehmen, wenn wir es ihnen gestatten. Sie vermögen uns zu helfen, negative Glaubensvorstellungen in positive sowie süchtige Zellen in »freie« Zellen zu verwandeln. Um zuzulassen, daß diese Verwandlung stattfindet, müssen wir tief in unserem Innern wissen, daß alle Dinge möglich sind, dann müssen wir beten und die Engel bitten, unseren Glauben durch ein positives Ergebnis zu unterstützen. Unseren Glauben an die Verwandlung stark zu halten, bedeutet, daß wir uns danach richten und unseren Teil dazu beitragen, um den Veränderungen zu folgen. Wundersame Heilungen des Negativen sind möglich, aber zuerst muß die Bühne bereitet sein und dann müssen wir dem Stück folgen.

Mit den Gehirnprogrammiererengeln können wir Alarmsysteme und Detektoren für den Beginn negativer Programme, Gedanken oder Gefühle installieren, damit wir augenblicklich die Perspektive wechseln können, bevor der negative Trend voll zupackt. Wenn das Alarmsystem arbeitet, wird eine feine Stimme sich einklinken und Ihnen sagen, wann Sie anfangen, über irgend etwas negativ zu denken. Sie könnten diese Stimme als einen klaren Gedanken erfahren, der mitten in irgendeiner anderen Beschäftigung durchdringt und Sie fragt: »Willst du wirklich so negativ sein?« Nach dieser ersten Warnung werden Sie über die Wahl verfügen, entweder auf dem negativen Kurs fortzufahren oder zuzugeben, daß Sie negativ sind und damit aufhören. Wenn Sie sich dagegen entscheiden, wird nach kurzer Zeit ein weiterer Alarm klingeln, und Sie werden noch einmal die Wahl haben, aufzuhören und die Perspektive zu wechseln. Ich weiß aus Erfahrung, daß es nicht immer einfach ist, diese Entscheidungsmöglichkeiten weise zu nutzen, aber wenn Sie üben, gelingt es mit der Zeit weitaus leichter. Nicht zuletzt bringt Ihnen das Alarmsystem ein wesentlich höheres Selbstbewußtsein, unabhängig davon, wie Sie sich entscheiden. Um das Alarmsystem und die Negativdetektoren in Gang zu setzen, bitten Sie die Gehirnprogrammiererengel, diese zu installieren, und erklären Sie, daß Sie willens sein werden, die tatsächliche Arbeit, die Gleise zu wechseln, zu leisten. Es passiert etwas Interessantes, wenn Sie bei vollem Bewußtsein fortfahren, negativ zu sein: Sie beginnen zu registrieren, wie die Leute um Sie herum reagieren, und wie daraufhin negative Ereignisse folgen. Diese Abläufe hautnah zu beobachten, gibt Ihnen normalerweise die Motivation, damit aufzuhören.

Wie M. Scott Peck in dem einführenden Zitat vermutet, liegt der Hauptgrund, warum Wandel so schwierig ist, darin, daß der Prozeß des Wandels gegen einen natürlichen Widerstand geführt werden muß, nämlich die Neigung, die Dinge so zu belassen, wie sie sind. Wenn wir unsere Gewohnheiten und unser Denken verändern, könnten wir befürchten, daß unsere Ehe auseinanderbricht, oder uns unsere Arbeit weniger befriedigend erscheint, oder unsere Freunde uns nicht mehr verstehen und anderes mehr. Denken Sie daran, daß diese Befürchtungen nur in unserem Geist bestehen. Nun, diese Dinge mögen vielleicht passieren oder auch nicht, wenn sie aber eintreten, bedeutet das normalerweise, daß positive Veränderungen und Freude auf uns zukommen. Wenn wir eine negative Feststellung treffen wie beispielsweise: »Nun, ich werde nicht einmal versuchen, diesen Job zu bekommen, weil die Chefs nur Familienmitglieder oder Freunde anstellen, die nicht wirklich talentiert sind«, dann bedeutet das schlicht, daß wir uns davor fürchten, was passieren könnte, wenn wir unser Talent vorzeigen würden. Es könnte sein, daß die Feststellung hinsichtlich des Jobs wahr ist, aber nur, weil sie bisher noch nicht so ein Talent wie unseres getroffen haben. Wenn Sie eine negative Aussage treffen, prüfen Sie, aus welcher Wurzel sie stammt. Kommt sie aus einem Bereich der Angst oder der Wut? Nehmen Sie Ihr Tagebuch heraus, und denken Sie an eine negative Glaubensvorstellung. Schreiben Sie dann eine positive Affirmation nieder, die die negative ersetzen wird, während Sie die Engel einbeziehen, um Ihnen zu helfen, auf die positive Affirmation zu vertrauen und den negativen Glauben zu verwandeln.

Der Schlüssel hierbei ist, daß man Vertrauen hat. Machen Sie sich keine Probleme, bevor sie überhaupt eintreten: Vertrauen Sie darauf, daß Sie, von den Engeln umgeben, jedes Problem zum Besten für alle Betroffenen lösen können. Die Gehirnprogrammiererengel sind Ihnen zu Diensten. Also, wenn Sie sich verwandeln und wachsen wollen, gibt es keinerlei Entschuldigungen!

Übung 2:
Proklamieren Sie den Wandel

Das geschriebene Wort besitzt eine eigene Macht, insbesondere dann, wenn die Engel involviert sind. Wenn Sie also Hilfe suchen, um ein Denkmuster oder eine schlechte Gewohnheit zu verändern, nehmen Sie sich ein Blatt Papier, und fangen Sie an zu schreiben. Erklären Sie Ihre Unabhängigkeit von negativen Glaubensvorstellungen, veralteten Mustern und ausgedienten Landkarten. Verkünden Sie formell, daß Sie willig und freudig den Wandel akzeptieren und erklären Sie, daß neue Muster mit positiven Resultaten die negativen und abgenutzten Wege ersetzen werden. Tun Sie das auf die Art und Weise, wie es für Sie am besten ist, und seien Sie darin kreativ. Legen Sie alle Ihre Fehler, Ihr gesamtes überflüssiges Gepäck auf den Tisch, und seien Sie dann willens, sie zum Besten ihres höheren Selbst aufzugeben. Machen Sie sich einen Spaß daraus, und nehmen Sie es mit Humor, um Ihre Perspektive zu verändern. Menschliche Wesen sind wunderbar vergnügt, wenn sie über sich selbst lachen und die Verrücktheit der menschlichen Existenz genießen. Bekunden Sie formell Ihr Vertrauen in die Engel. Sie werden Ihnen helfen, durch die schweren Zeiten zu gehen – aber weitaus wichtiger – sie werden Ihnen erlauben, fröhlich zu sein und die Tatsache zu akzeptieren, daß Sie wirklichen mentalen Frieden und Wohlergehen verdienen. Sie sind ein wunderbarer, wertvoller Mensch, dessen Leben ein Licht auf der Erde ist, und die Engel wollen, daß Sie diese Tatsache genießen.

Übung 3:
Lächeln Sie, um die negativen Programme auszuradieren

Es gibt keine Sprachbarrieren, wenn Sie lächeln. Dieses Lächeln in Ihrem Gesicht ist ein Licht, um den Menschen zu sagen, daß Ihr Herz zu Hause ist.

Allen Klein

Ebenso wie das Gedächtnis in den Zellen negative Gefühle auslösen kann, kann es auch positive Gefühle hervorholen. Lächeln ist hierfür ein Beispiel. Sie lächeln normalerweise, wenn Sie glücklich sind oder wenn Sie loslachen wollen, wann immer sich also Ihr Mund zu einem Lächeln verzieht, wird dies eine fröhliche Reaktion hervorrufen. Benutzen Sie Ihr Lächeln, um Ihre negativen Gedanken auszulöschen. Wenn ein negativer Gedanke auftaucht, lächeln Sie ihn fort. Fühlen Sie den Vorgang, wie Ihr Lächeln die negativen Gefühle in Ihrem Geist ausradiert, oder visualisieren Sie Ihr Lächeln als einen Wasserschwall, der das Negative hinwegspült.

Ich stelle mir ein Lächeln wie ein wunderschönes Licht vor, das durch das Gesicht einer Person hindurchscheint. Wenn Leute lächeln, sehen sie schön aus unabhängig von körperlichen Merkmalen. Die Engel unterstützen die Schönheit auf der Erde, und sie lieben ein gutes Lächeln. Wenn wir lächeln, ziehen wir die Energie der Engel an.

Ich weiß, es gibt viele Zeiten, in denen uns einfach nicht nach Lächeln zumute ist, und ich kann es nicht leiden, wenn mir jemand sagt, ich solle unabhängig von der gegebenen Situation lächeln. Aber Sie können sich selbst zum Lächeln ermuntern, auch wenn Sie sich nicht danach fühlen, und gerade das Lächeln könnte Ihre Stimmung und Einstellung verwandeln. Mit anderen Worten, lächeln Sie einfach, weil Sie mit dem Akt des Lächelns Engel zu sich ziehen werden, und die Engel werden Ihnen helfen, das Negative auszulöschen und Ihre Wahrnehmung zum Positiven hin zu verändern.

Wenn Sie nicht lächeln und sich nicht danach fühlen, versuchen Sie, den Grund dafür herauszufinden. Schauen Sie in den Spiegel, und stellen Sie fest, was Ihnen Ihr Ausdruck sagt. Es könnte sein, daß Sie gelangweilt sind und einen leeren, apathischen Gesichtsausdruck haben. Oder es könnte sein, daß Sie sich über etwas bekümmern und ein besorgtes oder gepeinigtes Aussehen haben. Sehen Sie traurig und niedergeschlagen aus? Wütend? Gemein? Verwirrt? Schauen Sie hin und beobachten Sie, ohne zu urteilen, verfolgen Sie Ihren Ausdruck bis zu seiner Quelle, und fangen Sie dann an zu lächeln. Gleich, ob es sich echt anfühlt oder nicht, tun Sie es einfach. Und wenn Sie jemand sind, der die ganze Zeit lächelt, selbst wenn Sie aufgebracht sind, ändern Sie es nicht, schauen Sie einfach hin, was dies wiederum bedeutet, ohne über Sie selbst ein negatives Urteil abzugeben.

Hier sind einige Punkte, die Sie sich zum Thema Lächeln merken sollten: Es ist schwierig, gegenüber jemandem, der lächelt, hart oder gemein zu sein. Also, wenn Sie öfter lächeln, wird Sie der Rest der Welt besser behandeln. Ein Lächeln zieht Engel an, deshalb: Wenn Sie sich in einer Situation fürchten, lächeln Sie, und Ihr Schutz wird stärker werden. Lächeln wird durch Übung leichter. Wenn Sie ein breites Lächeln auflegen, werden die Freude und der Frieden der Engel auf Sie niedergehen und Sie umfangen.

Sich die Fülle des positiven
Denkens zu eigen machen

Hin und wieder, irgendwie, durch eine Gnade, jenseits allen Verstehens, brechen wir aus diesem sich selbst immer weiterführenden Kreislauf aus, berühren eine andere Dimension des Verstehens und werden von einer neuen Erkenntnis erfüllt. Von diesem Geburtsmoment an befinden wir uns in einem neuen Rahmenwerk, wir können niemals mehr zu unserer alten Ansicht über uns und das Leben zurückkehren. Obwohl die Schablonen der Gewohnheit dazu neigen mögen, den Augenblick der Klarheit zu verdunkeln, werden von da an unsere Probleme und Herausforderungen einen anderen Aspekt annehmen.

Dorothy Maclean

Unser Leben und unseren Charakter zu verändern, dürfte nicht immer einfach sein, aber es kommt eine Zeit, in der die Umstände jenseits unserer wildesten Vorstellungskraft uns den Anstoß zum Wandel geben. Gerade wenn wir denken, daß wir uns in einem eingefahrenen Gleis befinden, oder daß das Leben sich langweilig, deprimierend oder zwecklos anfühlt, geschieht etwas, das unsere Art zu denken, verändert. Wir ordnen unsere Prioritäten in der richtigen Reihenfolge. Wenn Sie sich auf ein Abstellgleis eingefahren haben und sich nicht im Einklang mit dem Universum fühlen, wird es Zeit, die Kraft des positiven Denkens ins Spiel zu bringen und neue Rahmenbedingungen für Sie zu schaffen. Die Engel erinnern uns immer daran, wenn es Zeit ist, die alten Bahnen zu verlassen. Sie bewirken dies, indem sie uns Botschaften schicken. Oder es gibt jemanden in unserem Leben, der uns sehr wertschätzt. Vielleicht sieht jemand das eingefahrene Gleis, auf dem wir uns befinden, und versucht, uns Botschaften der Engel zu übermitteln, darüber, wie wunderbar wir sind. Möglicherweise sieht ein Kind unser wahres Wesen und erinnert uns gelegentlich daran. Manchmal tauchen die Botschaften in Filmen, die wir ansehen, oder in Büchern, die wir lesen, auf. Die Engel kennen viele Methoden, um uns sanft auf unseren Weg zurückzustoßen, und diese können sehr fein sein, so daß wir sehr aufmerksam sein müssen. Sie sollen einfach wissen, daß sie da sind – die Glückstrainerengel stehen bereit, dazu beizutragen, uns in Richtung auf das Zauberhafte der fröhlichen Welt hinzuwenden, die Wohlstandsmaklerengel lassen nie davon ab, uns Lektionen der Fülle zu erteilen, die Kreativitätsminister und Musen unter den Engeln sind bereit, uns zu unserer künstlerischen Natur zu führen und uns kreative Freiheit zu bringen. Um all diese Geschenke, bei denen die Engel nur darauf warten, sie uns zu geben, zu erhalten, müssen wir uns positive Programme und Verhaltensmuster in unserem Leben zu eigen machen, weil Engel nur am Positiven teilnehmen können.

Wenn das Negative aus dem Weg geräumt ist, gedeiht natürlicherweise das Positive. Wir können die Verbindungen zu den Engeln nützen, um Fülle und Reichtum zu programmieren. Die Engel können in unser Gehirn eindringen und die Samen für neue Projekte und Ideen anlegen, die keimen und fruchtbar heranwachsen werden. Wir können Leichtigkeit, Freude, Seligkeit – alles, was unser Herz begehrt – programmieren, und die Engel werden uns auf unserem Weg Mut machen und ihn erhellen. Es ist wichtig, den Engeln zu vertrauen und nicht logisch herumzurechnen, was sie wohl verrichten können, ebensowenig sollten wir ihnen Grenzen setzen, indem wir zu rational sind. Wenn ich von Erfahrungen mit Engeln höre und diese mit anderen Personen teile, versuchen einige sofort logische Erklärungen zu finden, um den Glauben an die Engel zu zerstören, oder sie sagen: »Das kann nicht passiert sein.« Nun, mit dieser Art zu denken wird es in ihrem Leben wahrscheinlich nicht geschehen. Und wenn sich irgend etwas Wunderbares ereignen würde, könnten sie es völlig übersehen, weil sie zu rational sind.

Das Universum ist voll von positiver Energie, die wir mit Hilfe der Engel anzapfen können. Diese Energiesysteme sind machtvolle Zentren liebender Lichtvibrationen. Indem wir Visualisationstechniken benutzen, können wir uns mit ihnen verbinden und diese Macht für uns verfügbar werden lassen. Das Energiesystem der Schönheit ist Medizin für die Seele, treten Sie in dieses System ein, indem Sie Schönheit in Ihr Leben bringen, indem Sie sich mit frischen Blumen umgeben oder schöne Orte besuchen, zum Beispiel Stadtgärten. Frieden ist auch ein Energiesystem. Es hat einen beruhigenden Einfluß auf Ihr Nervensystem und macht Ihren Geist klar. Heilendes Licht ist ein Energiesystem, das zur Verfügung steht, um Ihren Körper und Geist zu heilen. Enthusiasmus ist ebenfalls eine Energiequelle, Enthusiasmus ist durch Feuer erleuchtete Inspiration in unseren Seelen. Sie verleiht uns Ausdauer und befähigt uns, uns dem Leben mit einer Energie zu nähern, die bekräftigt »Ich will Erfolg haben und kein Nein als Antwort akzeptieren«. Enthusiasmus zu besitzen, bedeutet nicht, leichtsinnig oder ungeduldig zu sein. Wenn Sie in die wahre Essenz dieses Zustandes eintreten, lehrt dieser Sie jeden Schritt des Weges zu gehen und Leben als ein Geschenk zu gestalten. Und vergessen Sie niemals das Energiesystem des Humors, das so wichtig für jeden Aspekt unseres Seins ist. Humor kann uns wirklich Flügel verleihen, weil er uns aus der Schwerkraft dieser Welt und ihrer schweren ernsten Probleme entläßt.

Geld ist ein wiederkehrendes Thema im Leben der meisten von uns. Zumal es nicht nur ein Wertsystem umschreibt, sondern auch durch unsere Arbeit mit Energie aufgeladen wird. Wir benötigen Geld, weil es uns mit den Grundlagen unseres Überlebens versorgt. Um mit Nahrung, Schutz und Kleidung versehen zu sein, ist es unabdingbar, daß wir über Geld verfügen. Wir können unsere kreative Sicht verlieren, wenn wir uns die ganze Zeit mit Sorgen quälen, wie wir unser Überleben sichern können. Um kreativ und frei von Sorgen zu bleiben, müssen wir in das Energiesystem der Fülle eintreten und anfangen, uns im Hinblick auf Wohlstand etwas beizubringen. Die Fülle gestaltet ihr eigenes Energiesystem im Universum, das aus den Gaben der Engel besteht und den Geschenken für unser Leben. Indem Sie in dieses System eintreten, werden Sie feststellen, daß Sie mehr als genug besitzen, um Ihr Leben aufregend und lebenswert zu gestalten. Geschenke vom System der Fülle haben ihren Ursprung im Reich Gottes und mögen sich vielleicht nicht so einfach manifestieren, wie Sie es wünschen, was soviel bedeutet, als daß Sie vielleicht keinen Scheck in der Post vorfinden, wenn Sie um Geld bitten. Aber Ihnen mag allerdings eine Idee kommen, wie Sie Ihre Talente und Ihre Zeit in besser verwertbare Güter umsetzen können. Wenn Sie um einen Scheck oder Geld in physischer Form bitten, könnte es durchaus sein, daß Sie es erhalten, aber ich möchte nur, daß Sie vorbereitet sind, falls es nicht eintrifft. Nichtsdestotrotz hörte ich an einem Tag von zwei Leuten, die mir erzählten, daß ihre Wohlstandsmaklerengel ihre Probleme mit kaltem, hartem Bargeld gelöst hatten. Bei einem Workshop wurde ich mit der Anwesenheit von drei Frauen gesegnet, die sich selbst A.I.T.'s (Engel in der Ausbildung) nannten. Ihre Gründungsorganisation stand einmal finanziell ziemlich knapp, und sie benötigten sofort einen bestimmten Betrag. Sie baten um diese Summe, wobei sie selbst nicht wußten, wie sie realistischerweise zu dem Geld kommen sollten. Eine dieser Frauen fuhr nach der Sitzung auf einer Landstraße entlang und plötzlich fielen Zwanzigdollarnoten vom Himmel. Auch ein anderer Fahrer bemerkte es, beide hielten an, schauten in den Himmel und konnten nichts Sichtbares entdecken, was den Geldregen bewirkt haben konnte. Der andere Fahrer schlug vor, die Noten einzusammeln. Es stellte sich heraus, daß dieser Fund ganz genau ausreichte, um die A.I.T.'s aus ihrer speziellen Notsituation zu befreien, und das Phänomen und die Herkunft konnten niemals geklärt werden, also war das Geld für sie bestimmt. Ein anderer Teilnehmer aus dem Workshop erzählte mir hinterher, daß er an der Veranstaltung teilnehmen wollte, ihm aber die zwanzig Dollar für den Unkostenbeitrag fehlten. Er zahlte, um in die Ausstellung gehen zu können, griff dann in seine Tasche und fand eine weitere Zwanzigdollarnote. Das war für ihn eine echte Überraschung, weil er als Student immer ein Auge auf sein Geld hielt und wußte, wo es hinging. Er verwendete die zwanzig Dollar für den Workshop und hörte dann von dem ähnlichen Erlebnis der A.I.T.'s. Es wurde allen klar, daß hinter diesen Ereignissen einzig das Wirken der Engel stehen konnte.

Die Erfahrung des Studenten erinnerte mich an eine Zeit, in der ich nicht arbeitete und sehr wenig Bargeld besaß, aber es schien, als ob in meinem Geldbeutel immer Geld war. Tatsächlich bemerkte das ein Freund, und er meinte, daß sich das Geld von selbst in meinem Geldbeutel vermehrte! Aber ich habe auch Zeiten erfahren, in denen sich kein Geld in meiner Brieftasche befand, diese Zeiten waren wirkliche Tests in bezug auf mein Vertrauen und meinen Erfindungsgeist. Wenn ich fortfahre, mich mit den Lektionen der Fülle auseinanderzusetzen, muß ich sagen, daß mir die Lektionen und Versuche als solche mehr Wert sind, als es mir jede Zwanzigdollarnote oder jede Art von Vorrat je sein werden. Reichtum zu kreieren, macht manchmal mehr Spaß, als reich zu sein. Ich kannte einmal einen Mann, der fünfmal Millionär war und jedesmal alles verlor. Ich glaube, er verlor es absichtlich. Zugegeben, dieser Mann war ein bißchen exzentrisch, aber er hatte mehr Spaß daran, Reichtum zu produzieren, als ein Millionär zu sein.

Wenn Sie bereits ein bestimmtes Maß an Reichtum besitzen, wird das Netzwerk der Überfluß- und Wohlstandsmaklerengel Ihnen beibringen wollen, wie Sie den Reichtum mit mehr Liebe genießen können. Grundlegend sei angemerkt – die Engel wollen uns die Einstellung einflößen, daß unsere Lebenskraft unser eigenes Glück darstellt, ein echtes Geschenk des Reich Gottes, unabhängig von unserem Status. Geld und Reichtum sind flüchtige Dinge in unser aller Leben, egal wieviel wir besitzen oder nicht besitzen. Geld kann ein Fluch oder ein Segen sein; es hängt alles von unserer Einstellung ab. Also treten Sie in das Füllesystem ein, und seien Sie bereit, Ihr Vertrauen und Ihren Sinn für Humor zu prüfen, aber erinnern Sie sich immer daran, daß die Engel für Sie da sind, und wenn Sie fallen, werden sie Sie auf die eine oder andere Weise auffangen.

Übung 1:
Entwickeln Sie Visualisationstechniken

Wenn Sie das Beste erwarten, setzen Sie eine magnetische Kraft in Ihrem Geist frei, die durch das Gesetz der Anziehung dazu neigt, Ihnen das Beste zu bringen.

Norman Vincent Peale

Wir sprachen bereits über die Gehirnprogrammierer; für die folgende Übung wollen wir uns an die Engel, deren Spezialität das positive Denken ist, wenden. Wenn wir einmal bewußte Anstrengungen unternommen haben, um unsere negativen Programme umzuschreiben und auszulöschen, ist es an der Zeit, sich neue Programme anzueignen und eine positive Zukunft zu gestalten.

Viele Leute haben über die menschliche Fähigkeit, die Zukunft durch willentliche Bekundungen mit Techniken zu gestalten, die von der intellektuellen Planung bis hin zur kreativen Visualisation reichen, geschrieben. Die Macht des konzentrierten Geistes, äußere Ereignisse stattfinden zu lassen, erscheint oft außergewöhnlich. Es gibt verschiedene Erklärungsebenen, wie es funktioniert und wann es funktioniert. Eine Ebene der Erklärung geht davon aus, daß wir ganz einfach unseren Geist ordnen, um bereit zu sein, zur richtigen Zeit die richtigen Dinge zu äußern und zu unternehmen, in Übereinstimmung damit, daß wir dasjenige erreichen, was wir wollen. Auf der folgenden Ebene überlegen wir uns die Möglichkeit, daß unser idealer Gedanke oder unser Idealbild andere psychisch beeinflußt, sogar so weitgehend, daß wir dadurch die richtigen Leute anziehen. Als nächstes gehen wir davon aus, daß unsere Idealvorstellungen einer ordnenden Intelligenz übermittelt werden – gemeint sind Gott und die Engel –, jener Instanz, die glückliche Zufälle arrangieren kann. Das mag wie ein traditionelles Konzept klingen: Wünsche, die gewährt werden, oder Gebete, die beantwortet werden. Wie auch immer, die effektivste Methode besteht nicht darin, um etwas in der Zukunft zu bitten, sondern zu »träumen«, daß es vorstellungsgemäß bereits im Hier und Jetzt vorhanden ist.

Stellen Sie sich eine ideale Situation vor, zeichnen Sie im Geiste die einzelnen Aspekte Ihres Ideals in Ihrer Gegenwart. Gestatten Sie es sich, das Bild in allen Einzelheiten und Zusammenhängen zu zeichnen, und arbeiten Sie diese Dinge präzise aus, um Ihr Bild zu vervollständigen. Visualisierung ist weitaus mehr, als einfach an etwas zu denken; es ist eher wie ein Traum, in dem Sie all jene sensorischen Erfahrungen des Wachzustands haben, das heißt, Sie können riechen, schmecken, hören, berühren und sehen, was Sie visualisieren, Ihr Körper könnte dabei physiologisch reagieren, mit einem veränderten Herzschlag und ähnlichem. Alle Visualisationstechniken müssen geübt werden, und die Vorstellungsbilder müssen tief in Ihren Geist eingemeißelt werden, so daß Sie jederzeit Zugang zu ihnen haben, wenn Sie sie brauchen. Denken Sie an Bereiche in Ihrem Leben, in denen Sie sich einen Erfolg vorstellen wollen. Athleten benutzen oft die Visualisationstechnik, um ihr Bestes zu erreichen. Wenn Sie eine Diät machen oder Gewohnheiten ändern wollen, visualisieren Sie Ihren Fortschritt. Wenn Sie an einem Projekt arbeiten, das Hilfe benötigt, stellen Sie sich das Endergebnhis vor, das dabei herauskommen soll. Der wichtigste Aspekt der Visualisation besteht darin, daß Sie Ihre Energie auf einen Punkt konzentrieren, Ihre Ziele definieren und die einzelnen Schritte, die notwendig sind, das Vorhaben zu vervollständigen, aufzeigen müssen. Vage Ziele und nicht genau definierte Vorhaben werden bei der echten Form der Visualisation nicht funktionieren. Der Akt der Visualisation ist eine Art Gehirnprogrammierung. Wenn Sie feststellen, daß die Zukunft neue Aspekte aufwirft, bringen Sie Ihre Visualisation auf den neuesten Stand. Eine Visualisation ist für Wandel und Ausweitung offen, wenn Sie wachsen, werden Sie neue Wege des Erfolgs entdecken, die Sie gerne programmieren möchten. Also, machen Sie sich über Veränderungen keine Sorgen, manchmal sind sie wichtig und wesentlich, und sie können neues Leben in Ihre Ziele bringen.

Nun füllen Sie Ihr ideales Visualisationsbild mit Energie, indem Sie es mit Gefühlen aufladen. Bitten Sie die Engel und das gesamte kosmische Netzwerk, über Ihr visualisiertes Ideal zu wachen, und verwahren Sie es an einem heiligen Ort in der Schatztruhe Ihrer Einbildungskraft. Wann immer Sie es benötigen, öffnen Sie Ihre Truhe und fügen etwas hinzu oder nehmen etwas daraus weg, je nachdem, was Sie zur Zeit brauchen. Entwickeln Sie zu Ihrem eigenen Besten und zum Besten des gesamten Universums von Engeln unterstützte Visualisationstechniken. Diese Techniken sind es wert, in all Ihre spirituellen Übungen einbezogen zu werden, und sie sind besonders hilfreich, um zum liebenden, positiven Energiesystem des Universums Zugang zu finden.

Übung 2:
Legen Sie sich im Geist einen Garten an

Eine Möglichkeit, positive Programme zu internalisieren, besteht darin, sich Ihr Leben als einen Garten vorzustellen. Manche Leben sehen wie wunderschöne englische Gärten aus, mit zusammengemischten Farben wie in impressionistischen Gemälden. Manche Lebensgärten werden voller wilder Blumen sein, mit hohen Bäumen, die auf einem Gebiet Stärke repräsentieren. Manche mögen sehr gepflegt und in perfekter Ordnung sein, Gärten, die niemals ein Kind einladen, darin zu spielen oder einem zufällig Vorübergehenden erlauben, einen Blumenstrauß zu pflücken. Traurigerweise können manche Leben aussehen wie verwahrloste Gärten, verstellt mit Unkraut, vertrockneten Pflanzen und dürren Bäumen. Aber es existiert kein Grund zur Verzweiflung, selbst in diesem Fall nicht, denn ein Garten kann immer neu angelegt werden und das Unkraut kann immer gejätet werden.

Denken Sie an Ihren eigenen Garten. Wenn Sie wollen, nehmen Sie ein Blatt Papier und zeichnen ein Bild davon. Benutzen Sie Ihre Einbildungskraft, und machen Sie sich einen Spaß daraus. Neue Vorhaben könnten als Samen erscheinen, ein Baum könnte die eigene Familie repräsentieren, ein Rosenbusch Liebe und Verliebtheit, blühender Wein Freundschaften und so weiter. Nun, nachdem Sie Ihren Garten im Geist klar visualisiert haben, seien Sie der Gärtner, und sehen Sie sich um, was bearbeitet werden muß. Vielleicht gibt es einen überwucherten Bereich, der ausgedünnt werden kann, oder Unkraut, das gejätet werden muß, damit Sie neue Samen aussäen können. Wenn der Garten schön aussieht, überlegen Sie sich einige Bereiche, die Sie abernten, oder die Sie noch mehr kultivieren möchten. Überlegen Sie sich einige praktische Möglichkeiten, um gesundes Wachstum zu erhöhen, und behalten Sie diese in Ihrem Kopf. Denken Sie an einige Früchte Ihrer Arbeit, die reif zur Ernte sein könnten. Wenn der Garten zugewachsen und außer Kontrolle geraten ist, planen Sie, Unkraut zu entfernen und ihn zu pflegen. Wie immer auch der Zustand Ihres Gartens sein mag, lassen Sie etwas Platz frei, um neue Samen zu säen, und etwas Raum für die Engel, um darin zu spielen. Es könnte sein, daß sie Ihnen eine neue Blumenart oder Früchte vorstellen möchten, wozu sie Platz brauchen.

Nun gehen Sie in das Alphastadium und visualisieren Ihren Geistesgarten. Wählen Sie die Samen aus, die Sie gerne verstreuen möchten, und visualisieren Sie, wie die Pflanzen aussehen werden, wenn sie wachsen und blühen. Halten Sie einen Platz frei, und erlauben Sie den Engeln Ihren Geist zu betreten und den Samen zu säen. Bitten Sie die Engel, über die Saat zu wachen, und erlauben Sie den Pflanzen, stark und gesund heranzuwachsen. Bitten Sie die Engel um Einsichten darüber, wie Ihr Garten gedeihen kann. Fragen Sie, ob es verborgenes Unkraut gibt oder ob ein vermeintliches Unkraut vielleicht eine wunderschöne Wildblume werden will. Verstellen große Äste den Weg? Wächst irgendwo eine Pflanze, die eine andere überwuchert?

Nachdem Sie Ihren Garten ausgiebig visualisiert und genossen haben, bleiben Sie im Alphastadium und beruhigen Ihren Geist. Nun bitten Sie die Engel um einige Gedankensamen. Dies sind Ideen, für die sie sich vielleicht entscheiden könnten, sie in der Zukunft wachsen zu lassen. Gedankensamen brauchen Zeit, um in Ihrem Geist durch Meditation zu keimen. Ein Gedankensame kann der Beginn des größten Projekts, das Sie jemals unternehmen werden, bedeuten, oder es könnte eine Idee sein, mit der Sie schon seit Jahren in Ihrer Meditation spielen, bis sie sich schließlich zu einer Glaubensvorstellung oder einem Konzept entwickelt. Erinnern Sie sich daran, daß Sie der Gärtner sind, und mit den Engeln an Ihrer Seite können Sie Ihren Garten so großartig und so schön wie Sie wollen gestalten.

Übung 3:
Verändern Sie Wahrnehmungen augenblicklich

Eine Wahrnehmung ist ein augenblickliches oder intuitives Gefühl oder Urteil, das wir haben, ein einfaches Gewahrsein oder eine Beobachtung, die auf dem Kontakt mit unseren Sinnen beruht. Um eine Veränderung wirklich zu ermutigen, müssen wir fähig sein, unsere alte Ausrichtung aufzugeben und neuen Wahrnehmungen zu erlauben, sich auf der Grundlage neuer und präziser Information zu bilden. Mit anderen Worten, manchmal müssen wir unsere eigenen Wege verlassen und den Engeln gestatten, uns eine neue Sichtweise einer Situation zu eröffnen. Unsere Eindrücke bilden sich sehr schnell, normalerweise noch bevor wir Zeit haben, darüber nachzudenken oder eine Situation vollständig abzuwägen. Deshalb können unsere Wahrnehmungen von einer Menge persönlicher und emotionaler Reize und Stimmungen gefärbt sein. Wenn wir uns von unseren Wahrnehmungen befreien können, und sie frei und wandelbar halten, gewinnen die Engel mehr Raum, um die Wege des positiven Denkens offenzuhalten. Eine klare Intuition und eine emotionale Wahrnehmung sind zwei verschiedene Angelegenheiten. Durch Intuition gelangen Sie zu einer wesentlich genaueren Beurteilung einer Situation oder Person. Denken Sie über Wahrnehmungen und Intuitionen in Ihrem eigenen Leben nach, und über die Art und Weise, in der Sie vielleicht in der Vergangenheit stecken geblieben sind. Die Engel sind die Hüter der positiven Gedankenflamme, und wenn Sie offen bleiben, können sie Ihnen ein neues Umgehen mit jeder erdenklichen Situation anbieten. Engel bleiben jeder Lage gegenüber wahrheitsgetreu, und neue Wahrnehmungen, die mit ihrer Hilfe gewonnen wurden, sind positiv und begünstigen positive Ergebnisse. Es kann alles in einem einzigen Augenblick geschehen.

Imagination als Ihre direkte Verbindung zum Himmelreich

Engel sind Kreaturen der Imagination. Das bedeutet nicht, daß sie in irgendeiner Weise weniger real als Sie selbst sind. Wie Shakespeare sagte: »Wir sind aus solchem Stoff, aus dem die Träume gemacht sind.« Und Engel sind offensichtlich aus dem gleichen Stoff gemacht, wie der nichtmaterielle Aspekt unserer selbst. Engel können mit uns in unseren individuellen Welten der Ideen, Gedanken und Bildern koexistieren.

Francis Jeffrey

Viele Menschen versuchen die Existenz der Engel zu verleugnen, indem sie sagen, daß Engel nur ein Teil unserer eigenen Imaginationskraft sind. Aber was ist unsere Imaginationskraft? Ich kann wirklich nicht glauben, daß es jenseits unseres menschlichen Gehirns nichts gibt, und im gleichen Moment behaupten, daß mein Geist erweitert sei. Diese Glaubensvorstellungen heben sich gegenseitig auf. Ich persönlich glaube, daß der Körper-Gehirn-Komplex und die physische Welt nur die eine Hälfte des großen Bildes darstellen. Imagination ist unsere Verbindung zur anderen Hälfte.

Warum überhaupt versuchen, Imagination zu definieren? Gestatten Sie es ihr einfach, daß es sie gibt; etwas zu definieren, steckt immer Grenzen ab. Eine lebhafte Vorstellungskraft zu haben, bedeutet so viel Spaß, daß ich sie nicht einschränken und mit Regeln oder sinnlosen Beschreibungen mindern wollte. Wir müssen die Tatsache akzeptieren, daß es bestimmte Mysterien im Leben gibt, insbesondere im spirituellen Sinne. Und es mag sein, daß die Quelle der Imaginationsfähigkeit eines dieser

Mysterien ist. Wir alle besitzen diese Kraft, und je vertrauter wir mit der Macht unserer Imaginationsfähigkeit werden, desto besser werden wir uns selbst und die Freude der Schöpfungsfähigkeit verstehen.

Ich habe mir einmal ein Buch gekauft, von dem ich mir sicher war, daß ich es lieben würde, weil es vom fröhlichen Leben und vom Kreieren von Freude und Glück und allen Arten der wundervollen Dinge, über die ich gerne spreche und schreibe, handelte. Als ich das Buch las, begann es, mich abzustoßen, weil es sich ständig auf »kreative Menschen« bezog, als ob sie eine elitäre menschliche Klasse seien. Ich verfolgte die Beschreibungen dieser sogenannten kreativen Menschen, es wurde immer schwieriger, sie unter den beurteilenden Kriterien des Autors zu erkennen. Kreativität wurde von ihm kategorisch auf bestimmte Erfolge und Charakterzüge eingeschränkt. Ich dagegen glaube, daß wir alle auf unsere eigene Art kreativ sind, und daß es sehr begrenzend ist, einige Dinge als kreativ und andere als nichtkreativ zu klassifizieren.

Bestimmte Anteile der Kreativität könnten einige Menschen davon abhalten, ihre eigene schöpferische Natur zu erforschen. Zunächst sei allem anderen vorangeschickt, Kreativität benötigt ein bestimmtes Maß an Mut. Rollo May schrieb ein wunderbares Buch über Kreativität, in dem er sagt: »Mut ist nicht eine Tugend oder ein Wert unter anderen persönlichen Werten wie Liebe oder Treue. Er ist die Grundlage, auf der alle anderen Tugenden basieren und die alle anderen Tugenden verwirklicht. Das Wort Courage (Mut) hat denselben Wortstamm wie das französische Wort cœur, das Herz bedeutet. So, wie das Herz eines Menschen dadurch, daß es das Blut zu den Armen und Beinen und zum Gehirn pumpt, es den anderen physischen Organen erst möglich macht, zu funktionieren, so macht der Mut all die psychologischen Tugenden möglich.«

Die Mutfrage stellt sich dann, wenn Sie neue Wege entwickkeln, von denen sich andere Personen bedroht fühlen, weil sie sich mit alten Methoden vertrösten.

Ihre kreative Entdeckung mag eine Vorstellung in Frage stellen, bei der verschiedene Menschen nicht bereit sind, sie fallenzulassen. Also, kreativ zu sein, heißt nicht automatisch, beliebt zu sein. Und es könnte bedeuten, ein paar Regeln zu durchbrechen.

Kreativität beinhaltet Produktion, also muß eine Begegnung oder eine Handlung stattfinden, durch die etwas zur Existenz verholfen wird. Um kreativ zu sein, müssen Sie etwas dafür tun, Ihren Ideen folgen, sich erlauben, ein, zwei Risiken einzugehen und die Freiheit des Ausdrucks zu pflegen. Einige Menschen besaßen nie einen sicheren Platz, um ihr eigenes Feuer kreativer Ideen zu erforschen. Deshalb fürchten sie sich, ihren Ideen nachzugehen. Die Kritik, das Komitee der Zensoren und die »Gedankenpolizei« stehen immer direkt hinter der Ecke, bereit, zu urteilen und uns zu diktieren, was richtiges und was falsches Tun darstellt. Zurückweisung und Kritiksucht sind für die kreative Energie tödlich, und es gibt gerade jetzt zu viele Kritiker auf diesem Planeten. Halten Sie an diesem Punkt inne, hierbei können die Engel eine große Hilfe sein. Die Engel verkörpern die reine Antikritik. Alles, was Ihnen hilft, um sich gutzufühlen und Sie auf Ihr höheres Selbst hin ausrichtet, ist den Engeln lobenswert, und sie sind Ihre besten Cheerleader. Bitten Sie sie, während Sie sich in einer kreativen Atmosphäre befinden, die Kritiker in Schranken zu halten, um Ihre eigene Kreativität als einen zerbrechlichen und wertvollen Besitz zu schützen.

Kennen Sie jenen Moment, in dem Ihnen plötzlich eine Idee in den Kopf geschossen ist? Sie haben wahrscheinlich eine Erfahrung gehabt, von der Sie sagen konnten »Es ist mir einfach gedämmert«, oder »Es ist mir in einem Tagtraum aufgegangen«. Nun, dies waren wahrscheinlich die Zeiten, in denen Sie Ihr persönlicher Kreativitätsminister gerufen hat. Viele Dichter aus Vergangenheit und Gegenwart bestätigen, daß sie von ihren persönlichen Musen mit Inspirationen beflügelt wurden. Diese Erfahrung des Inspiriertwerdens kann gepflegt werden.

Zunächst achten Sie auf den Zeitpunkt Ihrer Inspiration. Fahren Sie gerade Auto und lassen Ihre Gedanken wandern, wenn Sie die kreativen Einfälle bekommen? Beschäftigen Sie sich mit irgendwelchen Routinetätigkeiten, wie zum Beispiel Geschirr spülen, sich rasieren oder sachte in Schlaf fallen? Viele Menschen, die weltbewegende Ideen hatten, sagten, daß die Einfälle kamen, wenn sie nicht zu denken versuchten, sondern mit einer Alltagtätigkeit beschäftigt waren. Das erste Mal, als in mir die Idee wuchs, *Botschafter des Lichts* zu schreiben, war, als ich gerade mit einem Freund herumalberte und sagte: »Ich kann nie die Art von Engelbuch finden, die ich gerne lesen würde, ich sollte selbst ein Buch schreiben.« Glauben Sie mir, es zu verfassen bedurfte aller Aspekte der Kreativität, die ich erwähnt habe: Ich mußte mir Mut zusprechen und ihn beibehalten, meine eigenen Zweifel und die anderer Leute bekämpfend. Und der Vorgang machte mich nicht allzu beliebt bei anderen Autoren, einige von ihnen versuchten, mir den Prozeß zu erschweren, weil sie bestimmte Vorstellungen über das Schreiben von Büchern pflegten, die mit meinen Arbeitsweisen nicht im Einklang standen. Aber ich blieb dabei, und das Buch fand seinen Weg zum besten Verlag für diese Art von Büchern, und ich danke einigen liebevollen Menschen (meinen menschlichen Cheerleadern), die einen offenen Geist besaßen, das Buch wurde zur Realität und noch dazu zu einer erfolgreichen. Ich erhielt auch innere Inspirationen von meinen Kreativitätsengeln, da das Thema ihnen am Herzen lag.

Eine kreative Erfahrung erwartet Sie. Wenn Sie die Ihre entdeckt haben, lassen Sie die Engel daran teilhaben, um sie zu verbessern und zu erweitern. Wenn Sie im Moment noch entdecken müssen, worin Ihre Kreativität liegt, erlauben Sie den Engeln, es Ihnen zu zeigen.

Übung 1:
Benutzen Sie Ihre Vorstellungskraft

Diese Welt ist nichts als eine Leinwand für unsere Phantasie.
Träume sind die Prüfsteine für unsere Charaktere.

Henry David Thoreau

Unsere Phantasie ist der einzige Ort, an dem unsere Zukunft existiert. Wenn Sie also eine wunderbare Zukunft erschaffen wollen, müssen Sie sich daran gewöhnen, sie durch Ihre Vorstellungskraft zu entwerfen. Ich persönlich glaube, daß die Phantasie unsere direkte Verbindung zu Gott und den Engeln darstellt. Sie ist ein eigener geheimer Ort, an dem wir zu unseren unsichtbaren Engelfreunden sprechen und uns wunderbare Phantasien über den Himmel ausmalen können.

Kleine Kinder besitzen normalerweise den Mut, ihrer Phantasie freien Lauf zu lassen. Dann, wenn sie mit Phantasien aufwarten, die für die Erwachsenen in ihrer Umgebung unbegreiflich sind, werden sie gemahnt, damit aufzuhören. Ich weiß, daß heutzutage immer mehr Menschen Phantasie schätzen, aber die meisten von uns wurden an einem bestimmten Punkt darauf hingewiesen »Das ist nur deine Einbildung«, was uns daran hinderte, mit unserer Vorstellungskraft weiterhin zu spielen. Deshalb müssen einige von uns wieder umlernen, um der Phantasie einen grenzenlosen Raum einzurichten. Um dies zu tun, müssen wir unsere Imagination verwenden und Methoden finden, um ihre verborgenen Orte aufzuspüren. Vielleicht möchten Sie damit anfangen, indem Sie ins Alphastadium gehen und die Engel bitten, Sie auf eine Reise Ihrer eigenen Phantasie zu führen. Was Sie dabei entdecken, wird einzigartig sein. Alles, was ich dabei tun kann, ist, Sie zu ermutigen, in sich zu gehen und Ihnen »Gute Reise!« zu wünschen.

Übung 2:
Nehmen Sie Kontakt
mit Ihrer Muse auf!

Liebe ist ein Energiemuster, das unserer Kreativität dient. Viele Menschen entdecken diese erfreuliche Tatsache und tauchen in diese Energie ein, um der Welt ihr eigenes Feuer der Liebe zu schenken. Das Universum hält über den Weg unserer Phantasie viele Geschenke und Schätze für uns bereit. Eine Möglichkeit, diese Geschenke und Schätze zu erhalten, besteht darin, mit unseren persönlichen Engelmusen und Führern Verbindung aufzunehmen. Eine Muse ist ein Engel der kreativen Inspiration. Es gibt für alle verschiedenen Ausdrucksformen der Kunst Musen, für Musik, Malerei, Schriftstellerei und so weiter – also spezielle Engel, die den Schlüssel zur Erweiterung in Händen halten, der den Menschen angeboten wird, wenn sie über das Gewöhnliche hinaus wollen. Wie bei jeder Intervention der Engel, eröffnet sich der Zugang zu Ihrer Muse durch Inspiration, und dies geschieht nur dann, wenn Sie darum bitten. Dieser Vorgang nimmt Ihnen keineswegs Ihre eigenen einzigartigen kreativen Talente.

Denken Sie an Ihre Muse als an diejenige, die Ihren geistigen Entwurf oder Ihre Vision verwahrt. Ihre kreative Muse verschafft Ihnen zu einer speziellen Forschungsabteilung Zugang, in der alle Arten neuer Ideen und Begabungen, die Sie entwickeln können, darauf warten, von Ihnen entdeckt zu werden. Wenn Sie sich also im Moment noch nicht darüber im klaren sind, was Sie hier tun sollen, kommen Sie mit Ihrer Muse in Berührung, damit Sie ermutigt, inspiriert und zur Großartigkeit geführt werden. Erinnern Sie sich daran, die Welt läßt denjenigen den Vortritt, die wissen, wohin sie gehen. Seien Sie sich bewußt, wohin Sie gehen wollen, nehmen Sie sich Zeit, um dorthin zu gelangen, bitten Sie die Kreativitätsengel, den Weg mit Ihnen zu gehen – und erstaunliche Dinge werden geschehen!

Teil III

Erholung und Weisheit

Selbsthilfe und die Engel

Ich stelle den Begriff »Selbsthilfe« in den Raum, denken Sie über diesen allgemein gebräuchlichen Ausdruck einen Augenblick nach. Wenn ich an Selbsthilfe denke, denke ich an Bücher, die ich gelesen habe und an das 12-Punkte-Programm der Anonymen Alkoholiker (A. A.). Ich denke an die Idee der Selbsthilfe mit großer Wertschätzung. Selbsthilfeprogramme lassen uns Anleitung finden, ohne daß wir von äußeren Quellen abhängig sind. Sie weisen uns an, spirituelle Unterstützung zu bekommen. Hilfe existiert auf verschiedenen Ebenen und kann vieles bedeuten. Wenn Menschen ertrinken, schreien sie um Rettung, und wenn Menschen sich blockiert fühlen, rufen sie nach Hilfe. Kinder bitten oft um Hilfe, weil die Welt auf größere Leute zugeschnitten ist. Wenn ich irgendwo stecken bleibe, bitte ich die Engel um Unterweisung, dann ergreife ich die Stichwörter, die sie mir geben, um in meiner Situation Veränderungen zu schaffen.

Wenn wir unseren Charakter verändern, wandeln wir unser Schicksal. Alle diejenigen von uns, die nach Höherem verlangen, all diejenigen von uns, die einen spirituellen Weg beschreiten, all diejenigen von uns, die sich bemühen, ihre Art zu leben zu verbessern, negative Muster zu durchbrechen und ihren Charakter zu verändern, suchen spirituelle Hilfe. Viele Formen der Selbsthilfe stehen uns zur Verfügung, aber die Rolle, die die Engel für uns dabei spielen können, wird oft übersehen. Engel sind hauptsächlich dazu da, Dinge einfacher zu machen, was bedeutet, sie machen die Dinge leichter, verringern die Schwierigkeiten und den Kampf. Obwohl wir alle in unserer eigenen

Art und Weise zu Rande kommen müssen, stehen uns die Engel bei. Wir sind nicht allein. Es liegt bei Ihnen, kreativ zu sein. Wenn Sie ein Selbsthilfebuch lesen, wenn Sie in einer Therapie sind oder ein 12-Punkte-Programm mitmachen, rufen Sie die Engel, Sie zu unterstützen, und Ihr Fortschritt wird sich beschleunigen.

Engel als Hüter
der 12 Schritte

Die 12-Punkte-Programme als eine Form der Selbsthilfe finden zur Zeit rasche Verbreitung bei einer großen Bandbreite von Problemen. Die 12 Punkte bieten einen universellen spirituellen Weg an und folgen einem natürlichen Fortschritt in Richtung Wachstum und Erweiterung. In diesem Kapitel möchte ich denjenigen unter Ihnen, die an einem 12-Punkte-Programm interessiert oder bereits involviert sind, einige Ideen vermitteln, wie Ihre persönlichen Schutzengel oder Engel generell Ihnen helfen und Sie führen können. Sie werden Ihre Kreativität brauchen. Ich werde Ihnen Ideen anbieten, aber Sie müssen sie aufgreifen und sie zurechtschneidern, so daß sie zu Ihrem eigenen Weg passen. Ich möchte auch von Anfang an klarstellen, daß die Engel Ihnen keinen einzigen Schritt abnehmen werden. Mit anderen Worten, Sie können sie nicht dazu benutzen zu vermeiden, daß Sie die Schritte selbst gehen. Wann immer ich versucht habe, eine der Lektionen in meinem Leben zu umgehen, um eine Abkürzung zu nehmen, haben die Engel dafür gesorgt, daß ich die Lektion doch selbst gelernt habe! Ich möchte auch klar betonen, daß die Engel nicht Ihren Platz einnehmen, wenn es darum geht, an regelmäßigen Treffen teilzunehmen oder mit einem menschlichen Helfer zu arbeiten; sie sind Zusätze, nicht Ersatz, um Ihr Programm durchzuarbeiten.

Engel schenken wertvolle Hilfe, weil sie von ihrem Standpunkt aus viele Dinge sehen, die wir hier auf Erden übersehen. Und sie wissen, wer Sie sind – mit anderen Worten, sie bewahren ein Bild von Ihnen in Ihrem besten und höchsten Licht –, und sie führen Sie immer, sofern Sie es wollen, in Richtung auf dieses höchste Licht. Wenn wir in sorgenvolle Situationen geraten, betrachten die Engel das als eine zeitweise Verwicklung. Stellen Sie sich vor, Sie wandern auf Ihrem Lebensweg entlang, und von oben fällt ein Netz auf Sie herunter. Sie fangen an, darum zu kämpfen, sich zu befreien, und verstehen nicht, was es ist, das Sie gefangen hält. Die Sicht vom Boden aus ist beängstigend, wenn wir in eine Falle getreten sind, aber aus der Sicht der Engel erscheint es anders. Sie können sehen, daß Sie sich, wenn Sie sich nur einfach entspannten und die Ursache herausfänden, Schritt für Schritt aus dem Netz befreien könnten. Und wenn Sie um ihre Führung bitten, werden Sie sich schneller aus dem Netz befreien, weil Engel einen klareren, leichten Blick über die Situation haben. Und aus ihrer Sicht, müßten Sie zugeben, daß die Situation sogar lustig erscheint. Die Engel denken, daß wir ausgelassen sind, aber sie machen sich nicht über uns lustig – sie lieben uns. Einmal war meine Nichte in einem Sitz in einem Kino eingeklemmt. Sie war nicht verletzt, aber sie geriet in Panik, und sie schrie nach jemanden, der sie befreien sollte. Aus unserer Sicht war das lustig, und nachdem wir sie befreit hatten, fand sie das auch komisch. Wir haben nicht über sie gelacht, und die Engel werden über uns auch nicht lachen. Es sieht einfach aus ihrer Sicht komisch aus, und das ist ein Vorteil für uns. Denn vielleicht können wir, nachdem alles gesagt und getan wurde, und wir wieder im Lot sind, auf unser Leben mit Liebe und Humor zurückblicken.

12-Punkte-Programme geben uns Orientierungskarten in die Hand, damit wir uns aus unseren Fallen befreien können. Wenn wir schließlich wahrnehmen, worin wir gefangen sind, können wir uns Schritt für Schritt befreien, und unsere Sicht der Situation wird viel leichter. Die Engel können uns bei den 12 Punkten helfen, indem sie uns aus jeder negativen Situation herausführen. Aus ihrer Sicht sind diese Stufen sehr sinnvoll. Die Engel freuen sich besonders über die Tatsache, daß viele Leute mit Hilfe des 12-Punkte-Programms ihren Weg auf den spirituellen Pfad zurückfinden und anfangen, das glückliche und erfolgreiche Leben, das ihnen gebührt, zu führen.

Es gibt verschiedene Interpretationen dieses Programms, das ursprünglich für die Anonymen Alkoholiker entworfen wurde, und welches nun auch für viele andere Problembereiche verwendet wird. In diesem Kapitel möchte ich die 12 traditionellen Schritte der Anonymen Alkoholiker aufführen und dann einige Engelideen zum persönlichen Wachstum aufzeigen. Erinnern Sie sich daran, daß diese 12 Schritte bei jedem negativen Muster angewendet werden können, nicht nur bei Alkoholmißbrauch. Wenn Sie sich durch die einzelnen Schritte durcharbeiten, lassen Sie Ihre Einstellung dazu positiv sein, Sie sind, mit den Engeln an Ihrer Seite, in guten Händen. Ihr Sponsorengel oder Ihr Schutzengel kann Sie unterstützen, den Kontakt mit ihren menschlichen Helfern zu verstärken.

Die 12 Schritte

Schritt 1

Wir gaben zu, daß wir gegenüber Alkohol machtlos waren – daß wir unser Leben nicht mehr im Griff hatten.

Dieser Schritt sagt uns hauptsächlich, daß wir aufwachen und das ständige Leugnen hinter uns lassen müssen. Als ein Verteidigungsmechanismus verändert das Leugnen auf eine gewisse Art die Programmierung in unserem Gehirn, indem es uns befähigt, die unerwünschten, schwierigen und schmerzhaften Wahrheiten abzublocken. An dieser Stelle sind wir dazu aufgerufen, die falsch geleitete Kraft bewußt wahrzunehmen und anzufangen, uns einzugestehen, wie unser Ist-Zustand beschaffen ist, und daß wir die meiste Energie dazu benutzen, die Tatsachen zu leugnen. Ich denke, das Schlüsselwort heißt hier unkontrollierbar. Unser Leben wird unbeherrschbar, wenn wir versuchen, alles in unserer Umgebung zu beaufsichtigen. In solchen Zeiten verlieren wir wirklich die Kontrolle. Ein Leben wird auch unkontrollierbar, wenn wir anderen Menschen oder abhängig machenden Substanzen erlauben, Bereiche unseres Lebens zu beherrschen. Indem wir das Bedürfnis, zu beherrschen oder beherrscht zu werden, aufgeben, fangen wir an, uns in Richtung Ruhe zu bewegen.

Übung 1:
Die Engel und Schritt 1

Begeben Sie sich in einen entspannten Geisteszustand, und fangen Sie an, sich mit Ihrem Schutzengel in Verbindung zu setzen. Bitten Sie Ihren Schutzengel um eine objektive, höhere Sicht. Das heißt, Sie bitten um einen Blick von außerhalb Ihrer selbst, so daß Sie genau sehen können, was in Ihrem Leben außer Kontrolle geraten ist. Das Leugnen ist ein machtvoller Verteidigungsmechanismus, und es ist schwierig, ihn zu durchbrechen, weil er aufgrund seiner eigenen Natur sein Vorhandensein verbirgt. Bitten Sie Ihren Schutzengel, Ihnen beim Herausfinden zu helfen, was Sie leugnen und warum Sie es leugnen. Grundlegend bedeutet das, Sie suchen nach einem Einblick von einer höheren Warte aus. Versuchen Sie, genau zu definieren, warum Sie so kämpfen, um einen Tatbestand zu verleugnen. Dieser Kampf ist es, der Ihnen soviel Energie raubt, Energie, die dazu verwendet werden könnte, Ihr Leben in den Griff zu bekommen. Dann arbeiten Sie daran, sich zu ergeben, der Kampf ist vorbei, und die Hilfe der Engel ist schon unterwegs. Sie haben den ersten Schritt unternommen, um sich selbst aus dem Netz, das auf Sie gefallen ist, zu befreien. Fangen Sie an, sich an die Idee zu gewöhnen, daß der Vorgang sich auf Ihre mentale Gesundheit und Freude bezieht. Es geht darum, Sie zu heilen und nur Sie.

Das Wesentliche dieser Übung besteht darin, Energie zu kanalisieren, um im Gegensatz zum Streiten und Kämpfen loslassen zu können.

Andere Engel, die Sie für jeden der Schritte herbeirufen können

Ihr innerer Weisheitsengel, Ihr Geistführer und Ihre Glückstrainer können Sie alle unterstützen, während Sie im 12-Punkte-Programm voranschreiten. Bitten Sie diese Engel, damit Sie auf Ihr Leben im Lichte der Ehrlichkeit und ohne Furcht blicken können. Bitten Sie sie, Sie daran zu erinnern, daß sie Ihnen beistehen, und daß sie jenes Licht sind, das Ihnen Einblick verschafft. Rufen Sie jeglichen Engel herbei, den Sie sich vorstellen können, sie alle geben Ihnen die Leitlinien, Hoffnung und Optimismus mit auf Ihren Weg.

Schritt 2

Wir kamen schließlich so weit, zu glauben, daß eine Macht, die größer als wir selbst ist, unsere geistige Gesundheit wiederherstellen könnte.

Der wesentliche Schlüssel für diesen Schritt ist Hoffnung. Was bringt es Gutes, sich mit dem Licht der Wahrheit zu konfrontieren und dann deswegen depressiv zu werden? Das könnte noch gefährlicher als das Leugnen werden. An dieser Stelle wollen wir uns ermutigen, Optimismus zu pflegen und zu wissen, daß alles in Ordnung ist, und daß wir nicht allein sind. Die Engel sind Lieferanten der Hoffnung und sind immer bereit, uns zu helfen, größere Macht zu erlangen.

Übung 2:
Die Engel und Schritt 2

Entspannen Sie sich, schließen Sie Ihre Augen und denken Sie an das Wort Engel. Welche Bilder, Gefühle, Klänge und Empfindungen kommen Ihnen in den Sinn? Finden Sie ein positives Bild und beginnen Sie, die Macht der Liebe und des Schutzes, die Ihnen die Engel geben, zu fühlen. Wiederholen Sie mehrmals: »Ich bin nicht allein, die Liebe der Engel ist immer bei mir.« Fahren Sie mit der Wiederholung fort, Sie können die Worte variieren, wenn Sie wollen, aber halten Sie das positive, lichte Gefühl aufrecht. Öffnen Sie sich dem Licht, es ist die Macht, die größer ist als wir, die das Gleichgewicht und die Liebe in unserem Leben wiederherstellen wird. Fangen Sie an, wirklich zu glauben, dann gehen Sie über den Glauben hinaus und beginnen Sie zu wissen. Wiederholen Sie die positiven Affirmationen, wann immer Sie sich allein fühlen, und bitten Sie die Engel, Ihnen ein Zeichen zu geben, daß sie bei Ihnen sind. *Sie sind nicht allein!* Wenn Sie eine Schutzengel-Gebetskarte haben (siehe Engelextras), meditieren Sie über dem Bild und darüber, was es für Sie bedeutet.

Das Wesentliche an dieser Übung besteht darin, daß das Licht der Hoffnung bei Ihnen ist; Sie sind nicht allein.

Schritt 3

Wir haben uns entschieden, unseren Willen und unser Leben der Sorge Gottes anzuvertrauen, so, wie wir Gott verstehen.

Dieser Schritt ermutigt uns, unser Leben in Gottes Hände zu legen – oder welchen Namen wir auch immer der höheren Macht geben wollen. Wir müssen herausfinden, was Gott oder die höhere Macht für uns bedeutet. Im wesentlichen geht es darum, daß wir solche Vorstellungen aufgeben, die besagten, das Leben sei nur eine Reihe von Pechsträhnen und wäre nur auszuhalten, wenn wir opferbereit wie ein Märtyrer wären. Wir müssen loslassen und uns von Gott und den Engeln auf eine positive, höhere Ebene führen lassen. Dies ist der Schritt, um Vertrauen in Gott zu erfahren, als Grundlage zum Verständnis, ein Schritt, um unseren Willen und unser Leben Gott zu übergeben, damit wir unser wahres Selbst finden.

Übung 3:
Die Engel und Schritt 3

Mein Vorschlag ist sehr einfach, sprechen Sie ein Gebet und erklären Sie, daß Sie Ihre Schwierigkeiten einer höheren Macht und den Engeln übergeben. Bitten Sie die Engel, immer in Ihrer Nähe zu sein, damit sie Sie daran erinnern, sich von Ihren Sorgen zu befreien und sie loszulassen. Dazu werden Sie Übung benötigen, aber die Engel werden Ihnen eifrig jede Unterstützung geben und Sie daran erinnern, wenn Sie etwas loslassen sollen. Sie müssen sich einfach auf ihre Schwingung einstellen und aufmerksam sein. Dies ist ein großer Schritt, weil Sie Ihren Eigenwillen aufgeben und um spirituelle Transformation bitten. *Wahre Wiederherstellung ist ein spiritueller Weg.* Er wird für jeden von uns einzigartig sein, aber er wird uns befähigen herauszufinden, wer wir sind und wie wir die Dunkelheit mit unserem eigenen besonderen Licht verwandeln können.

Das Wesentliche dieser Übung besteht darin, loszulassen und sich auf den erleuchteten Weg zuzubewegen.

Schritt 4

Wir haben eine prüfende und furchtlose moralische Bestands-
aufnahme unserer selbst durchgeführt.

Unsere prüfende, furchtlose moralische Bestandsaufnahme
muß im Geiste von Humor und Ehrlichkeit vonstatten gehen,
und es gibt keinen besseren Weg, dies zu erreichen, als die
Engel herbeizurufen, damit sie uns davon abhalten, uns zu
ernst zu nehmen. Die Engel versorgen uns auch mit einer
Extraportion Licht und mit der Bereitschaft zu sehen, was sich
in den dunklen Bereichen unserer Persönlichkeit verbirgt, Gebiete, in denen das Licht für lange Zeit nicht geleuchtet hat.
Engel lieben es auch, die Furcht zu vertreiben, deshalb sind sie
eine große Hilfe bei diesem Unternehmen.

Übung 4:
Die Engel und Schritt 4

Dies könnte der erste Schritt sein, den manch einer unternimmt, um herauszufinden, wer er wirklich ist – nicht wer
andere sind und was andere getan haben, sondern wer in diesem Augenblick die Person ist, die Ihnen im Spiegel erscheint.
Nehmen Sie sich ein Blatt Papier oder Ihr Tagebuch. Umgeben
Sie sich mit dem Licht der Engel, indem Sie die Engel herbeirufen, beispielsweise Ihren Schutz- oder Sponsorengel. Das
Licht wird die Angst von Ihnen fernhalten, während Sie in sich
gehen. Vergegenwärtigen Sie sich nochmals die Themen über
den Schatten und die dunkle Seite, wiederholen Sie eventuell
die Lichtübungen hierzu. Nun beginnen Sie, Eigenschaften und
persönliche Charakterzüge zu notieren, die Ihnen in den Sinn
geraten. Es könnte sein, daß Sie über die negativen Eigenschaften von Menschen, die Ihnen am nächsten stehen, schreiben
möchten. Oder wenn Sie etwas Negatives in Ihrer Persönlich-

keit entdecken, möchten Sie vielleicht jemand anderem dafür die Schuld zuschieben. Wenn sich dieser Drang einstellt, schreiben Sie die Eigenschaften nieder und fangen Sie an, sie als die Ihrigen zu betrachten. Zum Beispiel, falls das Wort *unverantwortlich* in Ihren Sinn kommt, Sie aber glauben, daß Unverantwortlichkeit der Charakterzug eines anderen sei, schreiben Sie ihn auf jeden Fall nieder, denn er ist auch Ihr eigener. Alles, was sie in irgendeiner Weise auf andere projizieren, gehört gleichermaßen zu Ihnen. Dies ist die Zeit anzufangen, ehrlich zu sein und Angst und Verteidigungsbereitschaft aufzugeben. Falls Sie es tatsächlich schwierig finden, mit diesem Schritt umzugehen, beginnen Sie, die Eigenschaften aufzuschreiben, die Sie bei anderen Menschen negativ empfinden. Tun Sie das schnell, mit anderen Worten, assoziieren Sie einfach und schreiben Sie die auftauchenden Worte nieder. Nun betrachten Sie diese Charakterzüge und öffnen Sie Ihren Geist (liebevoll) der Tatsache, daß einige dieser Worte Ihre eigenen Barrieren zum Erfolg beschreiben. Erinnern Sie sich daran, daß Sie die Engel zu dieser Übung herbeigerufen haben, um Ihnen zu helfen, wann immer sich Furcht oder Verleugnung einschleicht. Bitten Sie sie, mehr Licht in den Vorgang zu bringen, wann immer Sie ins Stocken geraten sind. Diese Praktik wird so weit führen, wie Sie es zulassen wollen. Nehmen Sie es einfach als einen zeitweiligen Maßstab, um abzulesen, woran Sie mit sich selbst sind und was sie glauben, verbergen zu müssen. Bewußtsein bringt Wandel. Bewußtsein ist alles, was Sie mit diesem Schritt erreichen wollen. Das übrige wird zu seiner Zeit geschehen. Deshalb fangen Sie nicht an, alle Arten von Urteilen über sich selbst abzugeben. Werden Sie einfach bewußt und bitten Sie die Engel, das Licht der Bewußtheit in Ihrem Geiste aufrecht zu erhalten, dann werden Sie anfangen, um Ihretwegen zu handeln – aus der Position Ihres höheren Selbst.

Das Wesentliche dieser Übung liegt in der Erkenntnis, daß der Charakter dynamischer Natur ist, man muß sich den Raum öffnen, um das Negative herauszusondern und das Positive zu erweitern.

Schritt 5

Wir haben Gott gegenüber, uns selbst und anderen Menschen gegenüber die genaue Natur unserer Fehler eingestanden.

Ich persönlich vermeide es, Situationen oder Menschen als richtig oder falsch zu klassifizieren, weil das einfach nur Meinungen sind, und gewöhnlich klammern wir uns zu sehr an unsere Vorstellungen darüber. Aber es gibt etwas sehr Bedeutsames in der Betrachtung des Wortes *Fehler*. Tief innen fühlen wir, daß viele Dinge in uns falsch oder fehlerhaft sind, und wir verwenden eine Menge Energie, um sie zu verstecken. Es bedarf großer Aufmerksamkeit, die inneren Verknüpfungen mit unseren Gefühlen des Fehlerhaften aufzuspüren.

Manchmal übernehmen wir Verantwortung für Vorfälle, die uns in einem frühen Alter angetan wurden; sie waren nicht unsere Fehler, aber wir haben die Schande und Scham auf uns genommen und wurden mit der Schuld allein gelassen. Worin der Fehler auch bestehen mag, er ist nicht so schwerwiegend, wie er erscheint. Tatsache ist, wenn Sie ihn aus einer anderen lichteren Perspektive betrachten, könnte sich das Etikett *falsch* auflösen.

Wir müssen mit der Vorstellung, daß etwas falsch oder schlecht sei und mit der Schuld, die solche Vorstellungen hervorrufen, zurechtkommen. Ich kannte einmal eine Frau, die bei einem Autounfall zwei Kinder getötet hatte. Es war klar ein Unfall, sie hatte keinen Fehler begangen, aber sie beschuldigte sich tief innen wegen des schrecklichen Ereignisses. Jahre später hatte sie selbst zwei Kinder, und ich sah sie oft unbeaufsichtigt auf der Straße spielen, obwohl sie noch sehr klein waren. Ihre Mutter hatte nicht das Gefühl, daß sie die Freuden der

Mutterschaft verdient hatte, weil etwas tief in ihrem Innern ihr sagte, daß sie die Kinder jemandem anderen weggenommen hatte. Es ist wichtig, festzustellen, daß sie sich dieses Vorgangs nicht bewußt war. Sie sagte sich nicht eindeutig: »Nun gut, ich riskiere es, daß meine Kinder durch ein Auto getötet werden, weil ich sie nicht verdient habe.« Und aus diesem Grund erzähle ich Ihnen dieses wirklich erschreckende Beispiel. Diese Frau hatte sich mit ihren Fehlern nicht auseinandergesetzt, und ihr Schuldgefühl bestrafte sie, umgekehrt befand sich auch ihre Familie in Gefahr. Die eigentliche Moral dieser Geschichte und der folgenden Übung besteht darin, daß sie helfen soll, unsere Fehler zu bekennen und sie durchzuarbeiten. Das ist das Schöne beim 12-Schritte-Programm. In einer Umgebung der bedingungslosen Akzeptanz können Sie Ihre Fehler bekennen, jene Dinge, für die Sie sich fortwährend bestrafen, und Sie werden beginnen, sie in einem anderen Licht zu betrachten. Einfach dadurch, daß Sie Ihre Fehler in der Gegenwart von Zeugen zugeben, beginnen Sie, die Last der Schuld und Scham, die sie umgibt, wegzuschieben. Den Bekenntnissen der anderen zuzuhören, ist ebenfalls heilsam.

Übung 5:
Die Engel und Schritt 5

Falls Sie Schwierigkeiten haben, die genaue Natur der Fehler sich selbst und Gott gegenüber oder einem anderen menschlichen Wesen einzugestehen, beginnen Sie damit, diese gegenüber Ihrem Sponsorengel oder Schutzengel zuzugeben. Sie können das auf verschiedene Arten tun. Sie mögen Ihrem Engel einen Brief schreiben, und sich dabei wirklich selbst einbringen. Oder Sie können ein Bekenntnistreffen mit Ihrem Schutzengel visualisieren, und dabei stellen Sie sich vor, daß er jedem Ihrer Worte und Gedanken liebevoll und bedingungslos lauscht. Nachdem Sie mit Ihrem Schutzengel geübt haben, brauchen Sie einen anderen Menschen, mit dem Sie sprechen können, jemanden, dem Sie vertrauen dürfen. Bitten Sie die Engel, Sie zu dieser Person zu führen, falls Sie niemanden in Ihrem Leben haben, der Ihnen vertrauenswürdig erscheint. Behalten Sie im Kopf, daß es für den Erfolg dieses Schrittes entscheidend ist, daß Sie andere Menschen dabei teilhaben lassen, die Engel sind nur zur Übung und zur Führung da. Indem wir unsere »Fehler« offenbaren, werden wir gereinigt.

Ein wichtiges Element dieses Schrittes besteht in der Erkenntnis der »genauen Natur unserer Fehler«. Manchmal denken wir, daß wir etwas falsch gemacht haben, aber wir untersuchen nicht, wie dieser Fehler aussieht. Bitten Sie deshalb Ihren Schutzengel und Ihren Sponsorengel um einen Einblick in die grundlegende Natur Ihrer Fehler und der Dinge, die Sie richtig gemacht haben. Dies wird Ihnen ein größeres Verständnis dafür, wie Sie jenseits Ihrer Fehler gelangen können, vermitteln. Sie könnten ein Blatt Papier verwenden und Ihre Fehler niederschreiben, und die Fehler dann mit der genauen Erscheinung, wie sie sich manifestieren, in Verbindung bringen. Es hilft Ihnen, wenn Sie sich an Ihre Cheerleader-Engel erinnern. Sie lieben Sie, egal, was Sie auch getan haben, und sie sind immer da, um Sie Ihrem höheren Selbst näherzubringen. Erinnern Sie sich auch daran, daß Sie in diesem Augenblick eine andere Person sind, als an dem Tag und zu der Zeit, als Sie den Fehler begangen haben. Deshalb ist es zerstörerisch, Menschen als gut oder schlecht zu klassifizieren, das sind nur zeitliche Vorstellungen, aber den Etikettierungen wohnen dauerhafte negative Auswirkungen inne. Sie verändern sich ständig, und Ihre wahre innere Natur strebt dem Licht zu. Gehen Sie deshalb mit den Engeln! Sie sind bereit, Sie zu tragen, wenn es notwendig sein sollte. Lassen Sie Ihre Vergangenheit los.

Das Wesentliche dieser Gedanken ist das Eingeständnis, welches der Seele wohltut.

Schritt 6

Wir waren ganz und gar bereit, daß Gott all diese Mängel unseres Charakters beseitigte.

Gott hat kein menschliches Wesen perfekt gestaltet, und ich würde es hassen, mir vorzustellen, wie langweilig die Welt wäre, wenn Gott es getan hätte. Unsere Unvollkommenheiten machen uns großartig – wenn wir bereit sind, sie in unsere Besitztümer zu verwandeln. Was ich damit meine, ist, daß unsere schwächsten Stellen die größte Aufmerksamkeit verdienen. Wenn wir also Wege studieren, um uns in eine positive Richtung zu verwandeln, können wir für andere, die sich mit ähnlichen Unvollkommenheiten und Schwächen herumschlagen, wirkungsvolle Lehrer werden. Wir müssen den Willen und jeden Gedanken an den Versuch, perfekt zu sein, aufgeben. Wir lassen es zu, daß Gott unsere Fehler beseitigt, anstatt zu versuchen, sie selbst auszuradieren. Ich ertappe mich dabei, an Unvollkommenheiten festzuhalten, weil ich, ließe ich sie vollständig los, damit zurechtkommen müßte, eine völlig fröhliche Person zu sein, die die meiste Zeit Spaß hat. Es macht angst, all unsere Fehler aufzugeben, sie sind wie Sicherheitssprungtücher. Der Wille, fröhlich zu sein, ist eine Mutfrage.

Übung 6:
Die Engel und Schritt 6

Um vollständig bereit zu sein, daß Gott all unsere Fehler beseitigt, bedarf es des Muts und Vertrauens. Denken Sie an einen Fehler als eine Blockade, die Sie daran hindert, erfolgreich und fröhlich zu sein. Es könnte sich dabei beispielsweise um ein niedriges Selbstwertgefühl handeln. Etwas, an das Sie sich erinnern sollten – und die Engel werden Ihnen helfen, sich daran zu erinnern – ist, daß Veränderung am besten langsam und sicher vonstatten gehen soll. Plötzlicher Charakterwandel ist nicht das Ziel dieses Schrittes. Zu sagen, Sie sind vollständig bereit, daß Gott Ihre Fehler beseitigt, bedeutet grundlegend, daß Sie Gott erlauben, daß seine Zeitvorstellungen den Vorrang haben. Denken Sie an einige Blockaden, die Sie lösen wollen. Schlechte Gewohnheiten, veraltete Glaubensvorstellungen, negative Einstellungen und Schmerz sind alles Blockaden. Erstellen Sie eine Liste und erklären Sie, daß Sie die Engel damit wegfliegen lassen, um sie zu Gott zu bringen und sie zum Besten für alle Beteiligten verwandeln zu lassen. Visualisieren Sie, wie diese Hindernisse alle Ihr Wesen zur rechten Zeit verlassen, und bitten Sie die Engel um jenen Mut, sie aufzugeben. Vertrauen Sie den Engeln, alles wird in Ordnung gehen!

Das Wesentliche besteht darin, den Weg zu spiritueller Bewußtheit und Liebe freizumachen.

Schritt 7

Wir bitten Gott demütig, unsere Unzulänglichkeiten zu beseitigen.

Eine Menge mir bekannter Leute, denen durch das 12-Schritte-Programm geholfen wurde, hegten zu Beginn eine negative Einstellung dem Programm gegenüber. Sie empfanden, daß sie irgendwie zu einzigartig und zu intelligent dafür waren. Mit anderen Worten, sie waren anfangs das Gegenteil von demütig. Wir sind alle einzigartig, aber wir sind ebenfalls alle miteinander verbunden. Es hilft zu akzeptieren, daß unsere Menschlichkeit Charakterfehler miteinschließt, sogar in den am meisten »Entwickelten« von uns. Menschen besitzen eine Neigung, sich selbst mit anderen zu vergleichen. Wenn wir vergleichen, urteilen wir über »besser oder schlechter als . . .«. Ich mag es überhaupt nicht, wenn mich Leute mit irgend jemandem vergleichen, besonders wenn es in ein »Besser als« mündet. Ich möchte nicht besser sein, und ich kann nicht der gleiche sein. Ich will aufgrund meiner eigenen Lebenserfahrungen und aufgrund meiner Ebene des spirituellen und persönlichen Wachstums respektiert werden. Auf diesem Gebiet sind wir alle einzigartig. Wir alle haben unsere eigene individuelle Erfahrung des Lebens, und sie steht für sich selbst. Unser größtes Geschenk für andere besteht darin, daß wir ihnen vollkommenen Respekt für ihre einzigartigen Erfahrungen des Lebens erweisen. Dies wird die meisten unserer eigenen Unzulänglichkeiten beseitigen und uns Demut bescheren.

Übung 7:
Die Engel und Schritt 7

Meditieren Sie über das Wort *demütig*. Denken Sie an Demut als an eine Einstellung der Unschuld. Unschuld bedeutet, von Selbstanalyse frei zu sein, frei von Vergleichen. Jede Erfahrung ist neu und wunderbar. Verbinden Sie sie mit Gefühlen, naiv zu sein und frei von Urteilen. Demütig zu sein, ist kein Akt der Selbsterniedrigung. Es ist ein Akt der Selbstbefreiung, um Sie selbst sein zu können und anderen zu erlauben, ihrerseits sie selbst zu sein. Wir müssen hierfür den Intellekt ignorieren, der uns sagen will, daß wir besser seien. Demut ist die Liebe, menschlich zu sein. Bitten Sie die Engel, Ihnen zu helfen, das Gleichgewicht in Ihrem Leben wiederherzustellen. Bitten Sie die Engel, an Ihrer Meditation über die Vorstellung der Demut teilzuhaben und Ihnen eine Kombination aus Weisheit und Unschuld zu schenken, die Ihnen Ruhe und Frieden geben wird.

Das Wesentliche mündet in die Erkenntnis, daß Demut uns erlaubt, die Ganzheit in unserem Wesen zu vertiefen.

Schritt 8

Wir haben eine Liste aller Personen, die wir verletzt haben, aufgestellt und waren willens, allen gegenüber Wiedergutmachung zu leisten.

Menschen, die sich für einen spirituellen Weg entschieden haben, entdecken früher oder später, daß sie in der Vergangenheit Dinge getan haben, die jemanden verletzt haben. Sie fangen auch an zu begreifen, daß sie in der Vergangenheit von anderen verletzt wurden und halten an der negativen Beschreibung fest. Dieser Schritt zeigt uns ein für allemal, daß wir zu einem Punkt gelangen müssen, an dem wir dem Vergangenen verzeihen und uns davon befreien können – bis zu der Wendung, in der wir anderen und uns selbst vergeben. Dieser Schritt betrifft unerledigte Geschäfte. Wenn Sie glauben, daß Sie jemanden verletzt haben, besteht diese Verbindung für Sie auf einer negativen Ebene. Es wirft in irgendeiner Weise einen negativen Schatten auf Ihr jetziges Leben. Das Schlüsselwort hierbei ist *der Wille*. Sie mögen jetzt noch nicht wissen, wie Sie Verbesserungen erzielen können, aber Sie nähren den Willen, sich selbst zu verzeihen und den Menschen der Vergangenheit einen positiven Platz in Ihrem Bewußtsein einzuräumen. Mit den Engeln an Ihrer Seite nähren Sie auch einen innerlichen Schutz, um die Wiedergutmachungen leisten zu können.

Übung 8:
Die Engel und Schritt 8

Haben Sie jemals wirklich über das Wort *Schuld* nachgedacht? Schuld bedeutet, Verantwortung für einen Fehler zu übernehmen und die Kritik zu akzeptieren, etwas falsch gemacht zu haben. Selbstbeschuldigung und Schuldzuweisung sind schwere Lasten, die wir uns aufbürden, wenn wir die Vergangenheit nicht verändern können und sie uns verfolgt. Falls Sie sich für etwas, das in Ihrer Vergangenheit passiert ist, beschuldigen, seien Sie willens, sich zu verzeihen, und gestatten Sie sich, daß diese Vergangenheit aus Ihrem Leben verschwindet. Wenn wir an der Vergangenheit festhalten, kann sie uns davon abhalten, auf unserem Weg zu einem frohen und spirituellen Leben voranzuschreiten. Die Vergangenheit wird nur in unserem Bewußtsein lebendig gehalten, und es mag möglich sein, daß wir nicht mal eine exakte Erinnerung daran haben. Nehmen Sie sich ein Blatt Papier, rufen Sie Ihre Engel zu sich und beginnen mit einer Liste all Ihrer unerledigten Geschäfte. Die Engel möchten, daß Sie Ihre Wahrnehmung der Vergangenheit in ein helleres Licht setzen, also fangen Sie an, über Humor nachzudenken. Einige dieser alten Erinnerungen mögen in keiner Weise lustig erscheinen, aber ich kann Ihnen versichern, daß sie ein leichteres Gewicht in Ihrem Leben erhalten können. Humor heilt, die Engel verwenden ihn oft. Nachdem Sie also eine Auflistung von all den Personen erstellt haben, mit denen Sie aufgrund Ihrer Verstocktheit oder der Sturheit der anderen noch unerledigte Geschäfte haben, suchen Sie nach dem Humor bei der Angelegenheit. Die Engel werden Sie dabei unterstützen. Ich garantiere Ihnen, daß, falls es eine ernsthafte Situation ist, die mit falschem Stolz verbunden war, es auch eine humorvolle Seite dabei gibt. Wenn Sie den Witz bei der Sache nicht finden können, denken Sie an Ihr Wachstum. Wenn uns etwas Schmerzhaftes geschieht, kann gerade das unser Wachstum am meisten beschleunigen. Nun, da Sie Ihre Liste erstellt haben, sind wir zu einer der Hauptideen der Engel gelangt, die Sie innerlich nähren soll. Sie möchten, daß Sie willens sind, leichter zu werden, und daß Sie Ihre Vorstellungen der Vergangenheit verändern und diese endgültig hinter sich lassen.

Das Wesentliche bei dieser Durchsichtung ist die Bereitschaft, sich selbst leichtzunehmen, indem Sie Verletzungen und Fehler der Vergangenheit hinter sich lassen.

Schritt 9

Wir haben direkte Wiedergutmachungsversuche hinsichtlich dieser Menschen gemacht, wann immer es möglich war, außer wir hätten sie oder andere dadurch verletzt.

Dies beschreibt grundlegend die Handlung, die wir jetzt anschließend folgen lassen müssen. Eines der besten Gefühle, das Sie haben können, erfahren Sie, wenn Sie mit jemandem etwas bereinigen, der Sie verletzt hat oder den Sie verletzt haben. Der Akt des Verzeihens ist so einfach, aber er kann durch falschen Stolz, Sturheit und Wut blockiert werden. Obwohl es sich um einen einfachen Vorgang handelt, kann es trotzdem schwierig sein, ihn auszuführen. Um es noch einmal zu betonen, das Wichtige dabei ist, nicht zu ernst zu sein und nicht durch Angst, Wut oder Verletztheit abgehalten zu werden. Wenn Sie auf dem spirituellen Weg sind und die Schritte bis zu diesem Punkt gegangen sind, haben Sie große innere Weisheit erlangt. Sie mögen vielleicht nicht einmal wissen, daß Sie diese besitzen, aber sie ist in Ihnen in Form innerer Stärke lebendig. Es ist nun an der Zeit, sich auf die Weisheit, die Demut, die Selbstliebe, die Bereitschaft, die Hoffnung und die Liebe, die Sie gewonnen haben, zu berufen, und diese Eigenschaften zu nutzen, um die Vergangenheit zu heilen.

Übung 9:
Die Engel und Schritt 9

Bevor Sie physisch Wiedergutmachung leisten, könnten Sie vorab Energiearbeit mit den Engeln praktizieren wollen. Alle Menschen haben ihren eigenen Schutzengel. Wir können unsere Engel in solchen heiklen Angelegenheiten vorausschicken. Wenn wir planen, jemanden zu treffen, um Wiedergutmachung zu leisten, dürfen wir unseren Schutzengel bitten, um Einblick in die Natur unserer Beziehungen mit diesen Personen zu gewinnen. Wir können darum bitten, daß unser Schutzengel sich mit dem Schutzengel der anderen Person trifft und anfängt, die Beziehung zu heilen. In der Tat, sofern ein Wiedergutmachungsversuch bestimmte Menschen verletzen würde, schalten Sie die Vermittlung der Engel ein. (Ganz wichtig, bitten Sie um klare Einsicht, damit Sie sicher sein können, daß Sie die Engel nicht als Entschuldigung benutzen, um die persönliche Wiedergutmachung zu vermeiden.) Auch wenn bestimmte Menschen körperlich nicht mehr anwesend sind, und Sie Vergebung oder eine Beendigung der Konflikte mit ihnen wünschen, sind die Engel fähig, die Botschaft zu übermitteln. Eine effektive Methode, die Engel als Hilfe einzubeziehen, besteht darin, dem Schutzengel einer Person einen Brief zu schicken. Adressieren Sie ihn einfach an »Den höchsten Engel von ...« oder an »Den Schutzengel von ...«. Dann schreiben und bitten Sie, daß die Situation von einer höheren Warte aus verstanden werden soll. In manchen Fällen mögen die Ergebnisse nicht offensichtlich erkennbar sein – weil wir alle einen freien Willen besitzen, und Individuen müssen die Einmischung der Engel nicht zulassen. Nähren Sie Ihr Wissen, daß Sie auf irgendeine Weise die Situation erhellt haben, indem Sie die Engel eingebracht haben und die Sache bereits erledigt wurde.

Das Wesentliche dieses Vorgehens besteht darin, in Aktion zu treten, um die Vergangenheit zu transformieren.

Schritt 10

Wir fuhren mit unserer persönlichen Bestandsaufnahme fort, und wenn wir unrecht hatten, gestanden wir es sofort ein.

Dieser Schritt stellt eine Verpflichtung dar, wachsam und im Bewußtsein zu bleiben, was wir jeden Tag tun und wie wir auf andere einwirken. Die vorangegangenen Schritte klärten die Vergangenheit, nun liegt es bei uns, die Gegenwart rein zu halten, indem wir uns selbst und anderen zur rechten Zeit verzeihen. Wenn wir in einer Situation falsch gehandelt haben, was soll es? Bleiben Sie nicht daran kleben, geben Sie es zu und hören Sie auf, sich zu bezichtigen. Wenn Sie bei der Vernichtung der Schuld nicht erfolgreich waren, wird dieser Schritt für Sie keinen Wert beinhalten. Schuldgefühle sind selbstzentrierte Bestrafungsmechanismen und verdecken die Sicht auf die Gegenwart einer Person. Schuldgefühle sind selbstsüchtig, weil sie die Fehler der Vergangenheit am Leben erhalten, so daß uns andere nicht vergeben und weitergehen können. Schuldgefühle sagen anderen: »Schaut, ich bestrafe mich hart. Ich weiß, ich habe euch verletzt, aber ich muß mich nicht damit beschäftigen, denn schaut her, welche Schmerzen ich zu ertragen habe.« Falls Sie also noch immer irgendwelche Schuldgefühle mit sich herumtragen, bitten Sie die Engel, Ihnen zu helfen, sie aufzulösen.

Übung 10:
Die Engel und Schritt 10

Es geht um die Entscheidung, kein Schwarzweißdenken mehr zu pflegen, denken Sie ausschließlich in den Farben der Engel. Es gibt soviel Farbe in der Welt. Keine zwei Erfahrungen sind dieselben, und doch werfen wir häufig alles in einen Topf und vergleichen es miteinander. Das Schwarzweißdenken stellt einen Verteidigungsmechanismus dar, den sich einige aneignen, um sich sicher zu fühlen und Gründe für Ereignisse parat zu haben. Diese Art zu denken, kann sogar so weit gehen, daß man Menschen in gute und schlechte einteilt. Wenn Menschen sich dazu entscheiden, gut zu sein, passieren natürlich immer schlechte Dinge in ihrer Umgebung, und niemand versteht, wie gut sie sind. Wenn sich andere selbst als schlecht betrachten, dann kümmert sich natürlich niemand um das Geschehen, die

Welt ist sowieso schlecht. Wenn wir in den Farben der Engel denken wollen, müssen wir das Denken in einteilenden Kategorien loswerden. Alles existiert als gesondertes, einzigartiges, viele Aspekte einschließendes Ereignis. Die Engel erinnern uns daran, daß es immer einen Weg gibt, Ereignisse mit einer positiven Einstellung zu betrachten, anstelle einer persönlichen Interpretation von Verhängnis und Trübsinn. Bitten Sie bei diesem Schritt die Engel darum, Ihnen zu helfen, die Gegenwart so zu akzeptieren, wie sie augenblicklich ist – voller Farben. Bitten Sie sie ebenfalls, Ihnen zu helfen zu akzeptieren, wer Sie sind und behalten Sie ein positives, lichtes Bewußtsein. Das hilft Ihnen, wach und bewußt zu bleiben, damit Ihre farbenfrohen Handlungen aus Liebe geschehen.

Das Wesentliche ist die Erinnerung, daß Sie lebendig sind! Bleiben Sie wach und bewußt, vertrauen Sie den Farben der Engel, und verwickeln Sie sich nicht in Schwarzweißdenken.

Schritt 11

Durch Gebete und Meditation versuchten wir, unseren bewußten Kontakt zu Gott, so wie wir ihn verstanden, zu verbessern, indem wir nur darum beteten, Gottes Willen in bezug auf uns zu erkennen und die Kraft zu erhalten, diesen Willen auszuführen.

Das Folgende kann ganz einfach zusammengefaßt werden. Dein Wille, nicht meiner, geschehe. Wenn wir uns selbst von allen unseren Gebundenheiten an die Erde befreien, und um Gottes Willen beten, daß er in unserem Leben geschehen möge, passiert etwas wirklich Magisches. Das heißt nicht, daß wir Nonnen und Mönche werden, es bedeutet, daß wir anfangen, das Spirituelle in unser tägliches Leben zu integrieren. Die Engel bringen das Reich Gottes auf die Erde, um uns zu helfen wahrzunehmen, daß wir spirituelle Wesen sind, die eine Erfahrung als Mensch machen. Wir sind nicht grundlos auf der Erde, sonst wären wir nicht hier. Um das Beste aus unserem Aufenthalt auf Erden zu machen, und um helle Lichter zu werden, die Hoffnung ausstrahlen, müssen wir uns vollkommen dem Willen Gottes öffnen. Das bedeutet also, uns Gott zu ergeben, was uns umgekehrt unglaubliche Stärke und Macht verleiht, um die Prüfungen des täglichen Lebens zu bestehen. Wir ergeben uns Gott, und wir verstehen ihn, indem wir still meditieren (Gott lauschen), und indem wir beten (mit Gott sprechen).

Übung 11:
Die Engel und Schritt 11

Es liegt an uns zu wissen, daß Gott bedingungslos liebt. Gott bestraft uns nicht, wir bestrafen uns selbst, indem wir dem Fluß der Dinge nicht erlauben, von selbst zu strömen. Unabhängig von Ihrem Verständnis Gottes beginnen Sie, mit dem liebenden Überfluß, der Hoffnung und dem Schutz, den Gott uns durch die Engel schenkt, in Berührung zu kommen. Wenn Sie an den Punkt gelangen, an dem Sie wissen, daß Gott bedingungslose Liebe ist, fällt es leichter, sich zu ergeben und die Kämpfe in unserem Leben zu beenden. Die Engel behüten Ihre Lebenskraft, wenn Sie es ihnen erlauben. Lernen Sie, zu vertrauen und loszulassen, von diesem Moment werden Sie ein glückliches Leben führen, voller freudvoller Augenblicke. Meditieren Sie über Liebe und beten Sie um Führung.

Das Wesentliche der Hingabe besteht darin, das Licht des Himmels auf die Erde zu bringen.

Schritt 12

Nachdem wir als Ergebnis dieser Schritte ein spirituelles Erwachen erlebten, versuchten wir die Botschaft den Alkoholikern weiterzugeben, und diese Prinzipien bei all unseren Angelegenheiten zu praktizieren.

Ein spirituelles Erwachen führt uns zu der Erkenntnis, daß wir anderen helfen können. Wir realisieren, daß anderen zu helfen nicht bedeutet, sie zu retten, sondern sie dafür zu lieben, wer sie sind und wo sie stehen. Wir sind nun das Licht, und wir überbringen anderen automatisch eine Botschaft der Hoffnung. Dieser Schritt verläuft in beide Richtungen. Indem wir unsere Botschaft der Hoffnung anderen Menschen vermitteln, helfen wir ihnen, und wir tragen dazu bei, daß die Botschaft in uns selbst lebendig und gut bleibt. Unsere innere Stärke (Gott) ist es nun, die uns aufrechterhält, im Gegensatz zu der Stärke, von der wir glaubten, daß wir sie von anderen bekommen könnten. Indem wir uns anderen zuwenden, haben wir keine Zeit, ständig von unseren kleinen Problemen gefangengenommen zu werden. Wir können einen Schritt aus uns herausgehen und anfangen, wirklich mit anderen Menschen Kontakt aufzubauen, weil unsere spirituelle Stärke uns zentriert hat, so daß wir wissen, wer wir sind. Deshalb können wir dem Universum unseren Dienst anbieten.

Übung 12:
Die Engel und Schritt 12

Es ist Zeit, ein Engelstreffen zu veranstalten, auch bekannt als Engelskonferenz. Hierbei ist es nützlich, ein Blatt Papier zu nehmen und ein Diagramm Ihres Treffens aufzuzeichnen.

Sie werden für diese Übung Ihre Vorstellungskraft brauchen. Schreiben Sie irgendwo auf das Papier »Gott und die Engel sind hier«. Bringen Sie Ihre persönlichen Engel ein (Schutzengel, Sponsor, Muse, Geistführer und so weiter), und beginnen Sie mit der Konferenz. Denken Sie an Bereiche in Ihrem Leben, die in einer positiveren Weise erfüllt werden sollten, und benennen Sie für jedes Gebiet einen Engel, der dabei helfen soll. Gehen Sie die Positionen durch, und benennen Sie die Engel, die Ihnen bei jedem Schritt helfen sollen, bei dem Sie Unterstützung brauchen. Schreiben Sie jede negative Gewohnheit oder negatives Denkmuster auf, das Sie haben könnten, und erklären Sie, daß sie sich zum Positiven verändern werden. Benennen Sie einen Engel, ein Signal in Ihrem Gehirn einzubauen, damit Sie jedesmal, wenn der Drang negativ zu sein von Ihnen Besitz ergreifen will, die Richtung bewußt ändern können.

Denken Sie an Menschen, von denen Sie wissen, daß sie besondere Hilfe benötigen. Schreiben Sie deren Namen auf das Konferenzblatt und bitten Sie darum, daß geeignete, spezielle Segnungen der Engel für sie auf den Weg geschickt werden. Wenn Sie vor bestimmten Personen in Ihrem Leben Schutz erhalten wollen, schreiben Sie deren Namen auf, und zeichnen Sie eine Barriere von Licht um sie herum, und erklären Sie, daß die Engel Sie beschützen und die Energie in eine positive verwandeln. Benutzen Sie die Konferenz als einen Maßstab, um zu erkennen, wo Sie im Augenblick stehen. Sie könnten eine *Engels*kartenlesung unternehmen wollen, um besondere Einsicht zu gewinnen (siehe Kapitel in den Engelextras, wo Sie sie erhalten können). Führen Sie, wann immer Sie Klarheit suchen, wo Sie zur Zeit stehen und worauf Sie zugehen, eine Engelskonferenz durch. Es ist in Ordnung, etwas zu verändern, wenn Sie deshalb auf die Konferenz zurückblicken, und Sie dabei einen großen Wandel in Ihrem Leben entdecken, bleiben Sie bei einer positiven Einstellung. Erinnern Sie sich daran, die Welt tritt zurück, um diejenigen, die wissen, wer sie sind, vorbeigehen zu lassen.

Das Wesentliche besteht darin, daß wir selbst klar und auf unserem Weg bleiben, so daß wir wirklich von Nutzen sind.

Persönliche Macht

Gewöhnlich benutzen die Menschen nur einen kleinen Teil der Macht, die sie besitzen und die sie unter angemessenen Umständen einsetzen könnten.

William James

Jeder von uns hier auf der Erde verfügt über seine eigenen Quellen persönlicher Macht. Einige Leute geben ihre Macht ab und enden dann mit dem Gefühl, Opfer zu sein. Andere gehen mit ihrer Macht zum anderen Extrem über und stellen Situationen her, in denen sie andere zu Opfern machen. Unsere Macht ist eine Energie, die wir nutzen, um uns selbst als denjenigen zu etablieren, der wir sind. Das Leben beinhaltet ein solch feines Gleichgewicht. Falls uns beim Heranwachsen zuviel Macht weggenommen wurde, könnten wir uns ohne Beherrschung und machtlos fühlen, und das könnte uns dazu führen, außerhalb unserer selbst nach Macht zu suchen. Wenn wir als Kinder zuviel Macht erhalten haben, könnten wir das »Zentrum des Universumssyndrom« oder eine Neigung zu Narzißmus oder Eitelkeit zu überwinden haben. Wie auch immer, persönliche Macht hängt von einem empfindlichen Gleichgewicht ab.

Wenn wir zentriert sind, haben wir unsere persönliche Macht und Lebenskraft vollkommen in uns selbst hervorgebracht, wir können die uns innewohnende Flamme beherrschen. Wenn wir nicht zentriert sind, könnte die Flamme außer Kontrolle geraten, oder sie könnte so schwach sein, daß ein anderer sie versehentlich ausblasen könnte. Das Konzept von Macht und Gleichgewicht ist nicht neu. Was für Sie neu sein mag, ist die Idee, daß uns Engel helfen, die Macht im Gleichgewicht zu halten, und für uns kämpfen, wenn wir uns als Opfer fühlen. Wir mögen diesen Kampf vielleicht nicht sehen oder nicht einmal wissen, daß er stattfindet, aber wenn wir den Engeln vertrauen, werden sie immer da sein, um uns dem Sieg entgegenzuführen. Und falls wir uns in Richtung auf zuviel Macht zubewegen, werden sie uns sanfte Lektionen erteilen, die dazu da sind, unsere Flamme zu mäßigen.

Zu manchen Zeiten mögen wir auf andere Menschen angewiesen sein, um zu definieren, wer wir sind, und um uns eine Illusion der Sicherheit zu geben. Dies zu tun, kann Probleme verursachen. Die einzig wahre Sicherheit auf diesem Planeten kommt aus unserem Innern. Sicherheit ist nur eine Illusion. Ein echtes Gefühl der Sicherheit existiert einzig zu den Zeiten, in denen wir glücklich sind in dem Wissen, wer wir sind. Ich meine hier nicht äußeres Glücklichsein. Ich spreche davon, daß Sie tief in Ihrem Herzen wissen, daß, wo auch immer Sie sich befinden, und was auch immer um Sie herum passiert, es in Ordnung sein wird, weil Sie grundlegend glücklich sind und über Vorräte verfügen, um sich selbst zu unterhalten. Das ist eine wirklich magische Macht, eine, mit der die Engel liebend gerne spielen. Wenn Sie diese magische Art des Seins erreicht haben, arbeiten die Engel und die Gesetze des Universums zu Ihren Gunsten, und versorgen Sie mit wunderbaren Freunden und interessanten Beziehungen. Falls Sie andererseits ständig nach neuen Freunden und Beziehungen Ausschau halten in dem Glauben, daß diese das, was in Ihrem Leben fehlt, ausfüllen werden, werden die erwünschten Personen zurückgestoßen sein. Noch mal, das läuft alles darauf hinaus, Sie selbst zu sein – Sie zu sein und nur Sie. Sie sind besonders, ungewöhnlich, bemerkenswert und durchaus fähig zu bekommen, was Sie wollen. Wenn Sie diese Wahrheit tief in Ihrem Innern erkennen, werden andere, die Ihnen geistesverwandt sind, es auch wissen und werden von Ihnen angezogen werden. Dann werden andere Menschen in Ihrem Leben zu Verschönerungen werden, nicht zu Enttäuschungen.

Wer immer Sie gerade jetzt in diesem Augenblick sind, und welchen Hintergrund Sie auch haben mögen, Sie haben Ihre eigene persönliche Macht, und wenn diese ausbalanciert und harmonisch genutzt wird, wird sie Sie zu einem freien und fröhlichen Dasein führen. Sie können Richtungen ändern, negative Gewohnheiten umkehren, alte Schablonen aufbrechen, sich an sich selbst erfreuen, jemand neuer sein, eine weitere Karriere beginnen, ein Künstler oder ein Dichter werden, oder was immer Ihr Herz sich wünscht – alles, was Sie dazu brauchen, ist Energie, die auf dieses bestimmte Ziel gerichtet ist. Diese Energie kommt von Ihrer eigenen inneren Machtquelle und Ihrem höheren Selbst, mit denen die Engel in engem Kontakt stehen. Die folgenden Übungen sind darauf zugeschnitten worden, Ihnen zu zeigen, wie die Engel Ihnen helfen, Ihre persönliche Macht frisch und energiereich zu halten, anstatt starr und übergreifend, und wie Sie Ihre persönliche Macht vor negativen Einflüssen schützen und lernen können, angemessene Grenzen aufzustellen.

Übung 1:
Ihr innerer weiser Schutzengel

Wenn wir wirklich glauben, daß wir ein neues Bewußtsein schaffen, dann müssen wir alte, verkrustete Strukturen des Seins loslassen. Es ist eine wichtige Aufgabe zu lernen, wie man sich an den Wandel anpaßt und Geschmack an ihm findet. Die Übung, unserer Intuition zuzuhören, erlaubt uns automatisch, mit den Veränderungen mitzugehen. Intuition ist Weisheit. Weisheit ist Ausgeglichenheit und ein gesundes Urteil. Ich spreche nicht im Sinne von urteilen über richtig oder falsch, gut oder schlecht, sondern über das Urteil darüber, was angemessen ist, was eine vernünftige Entscheidung ermöglicht. Diese Entscheidungen sind persönlicher Natur und beinhalten, daß wir uns selbst gut kennen. Wir können viel über uns selbst durch unsere Intuition lernen.

Engel leiten uns zu dem Verständnis, was Intuition für uns persönlich bedeutet. Engel sind in der Tat für einen großen Teil unseres intuitiven Selbst verantwortlich. Man kann sagen, daß Intuition, aus der Perspektive des Engelsbewußtseins betrachtet, unser Weg ist, zu einer höheren Energiestufe vorzudringen, um Führung und Bewußtsein zu erlangen. Sie haben vielleicht den Spruch gehört, »Gottes Wege sind unergründlich«. Wir sagen das, weil unsere Ratio manchmal keinen Sinn in der intuitiven Seite des Lebens entdecken kann. Sie mögen mit Ihrem rationalen Bewußtsein vertrauter sein als mit Ihrer Intuition. Unser rationales Bewußtsein braucht logische Erklärungen, Analysen, Definitionen, Gründe und Vorsicht. Unsere intuitive Natur ist spontan und schwierig zu beschreiben. Deshalb ist es besser, sie nicht zu definieren! Unserer Intuition zuhören zu lernen, bedarf der Übung. Wenn wir uns angewöhnen, unserer inneren Weisheit zu vertrauen, kommen wir unserem ganzen Selbst näher.

Lassen Sie mich zunächst klarstellen, was ich glaube, was unser höheres Selbst ist. Ich verwende das Wort *höher* nicht als ein Urteil, so als ob das höhere Selbst gut, unser mittleres Selbst mäßig und unser niedriges Selbst schlecht ist. Es geht nicht darum, ob dieses Selbst gut oder schlecht ist, weil das seine wahre Essenz nicht zum Ausdruck bringt. Wenn wir uns vollständig fühlen, sind wir in unserem Selbst integriert und arbeiten in der gleichen Richtung. Das höhere Selbst repräsentiert Weisheit, unsere Verbindung mit dem Reich der Engel und unsere Verbindung mit der höheren Macht in unserem Leben. Das höhere Selbst ist auch unsere intuitive Natur, die Quelle des einzigartigen und kreativen Weges, den wir gehen können, um der Welt Liebe zu geben. Das mittlere Selbst ist normalerweise der Teil von uns, den wir gut kennen, und wir benutzen ihn, um mit den unsicheren Aspekten in unserem Leben auf angenehme Art und Weise fertigzuwerden. Unser mittleres Selbst reagiert auf die alltäglichen Aspekte unseres Lebens in einer Art und Weise, die es uns weder zu schwer noch zu leicht macht. Das niedere Selbst kann als eine Mischung der Teile in uns betrachtet werden, mit denen wir nicht vertraut sind. Ich benutze den Ausdruck *niedriger* in diesem Fall, um den Akt der Unterdrückung klarzumachen – wir unterdrücken diese Eigenschaften und begraben sie, so daß wir uns nicht die ganze Zeit mit ihnen beschäftigen müssen. Uns dauernd mit ihnen abzugeben, wäre zu intensiv und mühselig – deshalb ist es großartig, für diese Aspekte einen Abstellraum zu haben, um zu warten, bis das höhere Selbst sie herausholt und sie aus der Perspektive von Weisheit und Licht behandelt. Der ideale Zustand tritt dann ein, wenn wir integrierte, ganzheitliche Wesen sind. Um zu diesem Punkt zu gelangen, müssen wir eine Menge Arbeit leisten, aber es ist ein guter Ausgangspunkt, auf unsere Intuition zu hören als eine Möglichkeit, unseren eigenen besonderen Weg und die Eigenschaften, die wir in dieses Leben mitgebracht haben, zu finden. Unserer Intuition zu lauschen, ist das gleiche, wie unseren Engeln zuzuhören. Die Botschaften könnten uns in einer Art und Weise erreichen, die wir nicht gewöhnt sind, zum Beispiel indem wir sonderbare, interessante Gedanken oder Sätze auffangen, die aus einem Kontext gerissen sind, oder indem wir merkwürdige Telefonanrufe bekommen oder unerwartete Begegnungen haben. Ich möchte Ihre Vorstellungen darüber nicht einschränken, weil Ihre Intuition etwas ganz Persönliches ist, ebenso wie Ihre eigene Erfahrung der Engel.

Gehen Sie für diese Übung in das Engelalphastadium und fangen Sie an, sich Ihren weisen inneren Schutzengel vorzustellen. Sie können sich diesen Führer entweder als ein von Ihrem höheren Selbst getrenntes Wesen vorstellen, als Ihr höheres Selbst oder einfach als einen Teil Ihrer inneren Natur. Tun Sie das, was sich am angenehmsten anfühlt, versuchen Sie jenseits des Bedürfnisses nach Definitionen zu gelangen. Während Sie tiefer in das Engelalphastadium eintauchen, beginnen Sie sich eins mit dem Licht zu fühlen, als eine Einheit mit allen Kreaturen dieses zeitlosen Raums, indem Sie sich und Ihren Körper von der Schwere der Erde freimachen. Stellen Sie sich vor, daß

Sie Ihren weisen Schutzengel treffen. Sitzt Ihr Schutzengel in einem großen komfortablen Sessel, oder liegt er auf einem bunten Bett aus Wolken? Wie sieht dieser Engel aus?

Bitten Sie Ihren Weisheitsengel, Ihnen ein klares Beispiel Ihrer eigenen Intuition zu geben. Es könnte Ihnen erscheinen, als ob eine zarte, klare Stimme zu Ihnen spricht. (Noch einmal, erinnern Sie sich daran, daß Sie, wenn Sie dem Reich der Engel lauschen, niemals Furcht oder Angst erleben werden, hören Sie auf, wenn Sie negative Vorstellungen oder Gefühle bekommen.) Die Intuition könnte die Form einer guten Vorstellung oder eines guten Gefühls annehmen. Entspannen Sie sich einfach, wenn es so aussieht, als ob nichts passiert, es muß nichts geschehen. Wir sind es gewohnt, daß dauernd etwas passiert, so daß wir denken, daß etwas falsch läuft, wenn nichts eintritt, es ist aber alles in Ordnung. Haben Sie mit Ihrem Weisheitsengel Spaß, dieser Raum, in dem Sie sich befinden, ist die Quelle des göttlichen Humors und der Seligkeit. Es ist auch der Ort der Wiedervereinigung mit Ihrem inneren Kind, entwickeln Sie deshalb ein Gefühl des Staunens und der Verspieltheit, wenn Sie mit Ihrem Weisheitsengel zusammen sind.

Wenn Sie eine enge Verbindung hergestellt haben, benutzen Sie diesen Augenblick, um Einsichten in den Stand Ihrer momentanen Angelegenheiten zu erhalten. Wenn Sie ein Gehirnprogramm kennen, das Sie sich aneignen möchten, tun Sie es jetzt. Gönnen Sie sich ausreichend Zeit für Spaß, und nutzen Sie diese Zeit »weise«. Wenn Sie aus einem Engelalphastadium herauskommen, danken Sie den Engeln, daß sie Sie einem vollständigeren, ganzheitlicheren Zustand des Seins näher gebracht haben und bitten Sie sie, diese Erfahrung weiterwirken zu lassen.

Eine andere vergnügliche Art, mit Ihrem inneren Weisheitsengel in Berührung zu kommen, besteht darin, Engelkarten zu benutzen (siehe Engelextras). Nehmen Sie einen Stapel Engelkarten, mischen sie und stellen Sie sich dann Ihren Weisheitsengel vor. Denken Sie die Worte »Mein Weisheitsengel sagt« und wählen Sie dann eine Karte, die Ihnen sagen wird, was Ihnen Ihr Weisheitsengel in diesem Augenblick mitzuteilen hat. Nehmen Sie zwei, drei oder beliebig viele Karten. Lassen Sie Ihre Vorstellungskraft spielen, Sie werden noch viele andere Anwendungsmöglichkeiten für die Karten entdecken.

Übung 2:
Schranken und Gleichgewicht

Babys brauchen vielerlei Dinge, um am Leben zu bleiben, das wichtigste von allem ist Liebe. Ich meine dies wörtlich, es ist eine bekannte Tatsache, daß, selbst wenn die Babys ausreichend ernährt werden, aber nicht berührt, geliebt und im Arm gehalten werden, sie aufhören zu leben. Babys und kleine Kinder sind bedürftig, sie sind von der Güte der Erwachsenen abhängig, um existieren zu können. Wenn sie nicht richtig umsorgt werden, könnte ihr Überlebensprogramm die Form annehmen »Bitte, rette mich einer«. Einige Menschen, die in Ihrer frühen Kindheit nicht richtig umsorgt wurden, sind immer noch auf der Suche nach jemandem, der sie retten könnte. Manchmal sieht es sogar so aus, als ob sie jemanden gefunden hätten, aber dann läßt sie dieser Jemand im Stich, und sie sind sich sicher, daß jemand anderer kommen wird, um sie aufzunehmen und den Schmerz fortzuspülen. Was ist bei dieser Vorstellung falsch? Was fehlt?

Ein wesentlicher Teil, der in diesem Bild fehlt, ist Vertrauen und Unabhängigkeit. Können wir jemals wirklich jemandem vertrauen, außer uns selbst? Ist es fair, jemandem aufgrund unserer eigenen Bedingungen zu trauen? Das erscheint unvernünftig und mit extremen Bedingungen verknüpft. Denn, damit das »Vertraue jemand anderem«-Szenario funktioniert, müssen die vertrauenswürdigen Personen sämtliche Regeln einhalten, die wir aufgestellt haben, damit wir auch wirklich glauben, daß sie vertrauenswürdig sind. Auf der anderen Seite, wenn wir uns selbst vertrauen, sind wir unabhängig, und beide Seiten sind frei zu sein, wer sie wirklich sind. Anderen zu vertrauen, wird nicht zu einem Punkt, den wir uns vorab überlegen, tatsächlich werden wir diese Idee in unserem Glaubenssystem überhaupt nicht brauchen. Das mag ein bißchen verwirrend klingen, da die Vorstellung, jemandem anderen zu trauen, so verlockend ist. Ich komme zu meinem Anfangsgedanken zurück, demjenigen über persönliche Macht und Opfertum. Als gelegentliche Vertreterin der Engel habe ich den klaren Eindruck, daß sie wollen, daß sich alle von uns machtvoll fühlen und niemals als Opfer. Ein Grund, warum es Engel gibt, ist der, daß wir eine Kraft haben, der wir vertrauen können. Den Engeln zu vertrauen, wird uns helfen, daß wir uns nicht der Gnade anderer, sorgloser Menschen oder Umständen ausgeliefert fühlen.

Noch einmal, die Frage des Gleichgewichts ist entscheidend. Wir müssen Gleichgewicht und ein Zentrum für unser Sein haben. Jedes Gefühl der Bedürftigkeit, das uns zu jemand anderem hin- und von uns selbst wegzieht, führt uns von unserer Mitte fort. Grenzen zu entwickeln, ist eine gute Methode, unsere Mitte aufzubauen. Wenn das Gefühl der Bedürftigkeit in Ihrem Bewußtsein stark wird, stellen Sie eine Schranke auf, die nicht überwunden werden kann. Entscheiden und erklären Sie, daß dieses Bedürfnis innerhalb Ihrer eigenen Schranken zu bleiben hat, um erfüllt zu werden. Es kann nicht in die Welt hinaus wandern, um nach jemand anderem und nach einer Situation zu suchen, die es heilt. Sie mögen nicht sofort glauben, daß Sie über die Ressourcen verfügen, um die Bedürfnisse innerhalb ihrer eigenen Grenzen zu erfüllen, aber tun Sie es. Bleiben Sie einfach geduldig und bitten die Engel. Versuchen Sie nicht, die Engel davon zu überzeugen, daß die Situation aussichtslos sei.

Zeichnen Sie ein Bild von sich, es muß nicht besonders ausgearbeitet sein – ein Strichmännchen genügt. Nun zeichnen Sie Ihre Grenzen als einen großen Kreis um Ihre Figur herum.

Innerhalb der Grenze schreiben Sie die Dinge auf, die Sie einst durch die Grenzen hindurch passieren ließen, Dinge, die Ihnen Probleme bereitet haben. Denken Sie an Bedürfnisse, von denen Sie sicher sind, daß Sie sie haben, das kann alles Mögliche sein. Die Grenzen verschiedener Personen werden verschiedene Inhalte haben. Sie könnten ein Bedürfnis nach Liebe, Sicherheit oder Glück notieren. Nachdem Sie diese Bedürfnisse aufgeschrieben haben, prüfen Sie sie in dem Wissen, daß nur Sie selbst für diese Bedürfnisse in Ihrem Innern Sorge tragen können. Nun notieren Sie Ihre eigenen Ressourcen. Zeichnen Sie Bilder von Engeln, ein jedes Bedürfnis umgebend oder schreiben Sie einfach das Wort Engel neben das Bedürfnis, und bestätigen Sie sich selbst, daß Sie und die Engel sich um all Ihre Bedürfnisse kümmern werden. Umgeben Sie jedes Bedürfnis mit einem positiven Gedanken des Erfolgs. Überprüfen Sie das Ganze hin und wieder, bringen Sie es immer wieder auf den neuesten Stand. Sie können daran als an Ihre Fröhlichkeitszentrum-Tabelle denken.

An diesem Punkt Ihres Lebens sind Sie alles, was Sie brauchen. Ich will damit nicht sagen, daß andere Menschen in Ihrem Leben keine Rolle spielen, natürlich tun sie das! Es ist einfach viel bereichernder, andere Menschen als eine Verschönerung Ihres Lebens zu betrachten, anstatt als eine Notwendigkeit — andere Menschen, um interessante Augenblicke mit ihnen zu teilen, und um die kreative Seite eines jeden in den Blickpunkt zu rücken. Zentriert zu sein, ist heutzutage von äußerster Wichtigkeit. Finden Sie Ihre Mitte und bitten Sie die Engel, Ihnen zu helfen, Sie zu schützen. Auf diese Art und Weise werden Sie Ihre eigene persönliche Macht erlangen, und niemand kann Sie zu einem Opfer machen.

Übung 3: Schwache Batterien
führen zu Verletzbarkeit

Manchmal fühlen wir uns so kaputt, daß wir empfinden, als ob wir psychisch von unbekannten Gegnern angegriffen würden. Ob ein Angriff tatsächlich stattgefunden hat oder nicht, spielt keine Rolle, die Gefühle sind echt. Denken Sie sich Ihren Körper, als ob er von einer wiederaufladbaren Batterie betrieben würde. Wenn die Batterie schwach ist, schimmert Ihr Licht düster, und Ihre Gedanken sind nicht klar und hell. Wenn Ihre Batterie dadurch, daß Sie sich um sich selbst richtig kümmern, wieder aufgeladen ist, werden Sie hell scheinen und einen klaren Eindruck von den Situationen in Ihrem Leben gewinnen.

Viele Dinge vermögen unsere Batterie auszulaugen. Es ist kein Geheimnis, daß der Umgang mit den Höhen und Tiefen des Lebens ein erschöpfender Prozeß ist. Darum brauchen wir Schlaf, Bewegung und Nahrung, um uns in Form zu halten. Denken Sie an eine Zeit, in der Sie sehr aktiv, immer unterwegs und nicht in Ihrer Mitte waren. Es könnte eine aufregende Zeit gewesen sein, aber was passierte, als all die erregenden Aktivitäten aufhörten? Fühlten Sie sich leer und deprimiert? Vielen Menschen geht es so. Viele verbringen die meiste Zeit ihres Lebens, ihre Energiezufuhr mit zuviel Stimulationen entleerend und nicht in ihrer Mitte seiend, dann sacken sie ab – gestreßt und unfähig, mit der Situation umzugehen. Später, nach einer Zeit der Depression, sind sie wieder obenauf und fangen das gleiche Spiel von vorne an.

Ich verurteile diese Art des Lebensstils nicht als richtig oder falsch, aber ich möchte auf wenige Dinge aufmerksam machen, die mir Menschen, die auf diese Art gelebt haben, mitgeteilt haben, und die ich aus eigenen Erfahrungen ergänzen kann. Die mageren Zeiten können sehr beängstigend sein, wenn Menschen mit einem erregenden Lebensstil ihre Kraft verloren haben, um damit umzugehen. Das kann jene, die normalerweise positiv denken, dazu bringen, über viele Dinge negativ zu denken – über sich selbst, andere Menschen und deren Leben. Alles nimmt eine negative und pessimistische Färbung an. Sie werden hart zu sich selbst und behaupten, daß etwas mit ihrer Persönlichkeit nicht stimmt. Manchmal bilden sie sich ein, daß Dämonen hinter ihnen her sind, die wollen, daß sie versagen und unglücklich sind. Noch einmal, ich urteile nicht darüber, ob diese Wahrnehmungen Tatsachen sind oder nicht, das spielt keine Rolle. Ich will, daß Sie wissen, daß Sie es verhindern können, daß diese Leere überhandnimmt, und daß die Engel Ihnen auf vielen Wegen helfen werden.

Es existieren viele Möglichkeiten, wodurch wir unsere Batterien gefährlich auslaufen lassen können. Zum einen kann jede Sorte chemischer Substanzen, Alkohol und andere Drogen eingeschlossen, unsere psychische Energie aussaugen. Das gleiche kann geschehen, wenn wir einen Beruf ausüben, den wir hassen. Gefühle des Ressentiments oder Hasses gegenüber einer Person oder einer Aufgabe zu hegen und zu fühlen, daß wir über die Kraft, diese Gefühle aufzulösen, nicht verfügen, bringt unsere Energie ebenfalls zum Erliegen. Das gleiche gilt für eine unglückliche Beziehung. Wenn wir unsere Energie nutzen, um andere zu retten oder zu beherrschen, macht uns das auch innerlich leer. Ich bin sicher, Ihnen fallen viele weitere Beispiele ein.

Dies sind nur einige wenige Skizzen von zeitweiligen Situationen, die uns das Gefühl vermitteln, daß wir machtlos sind. Diese Zeiten können positive Wendepunkte sein, wenn wir unseren Geist öffnen und die Engel einlassen, um ein paar Einstellungen zu überarbeiten und ein paar Situationen zu verändern. Nehmen Sie sich kurze Pausen während des Tages, und verbinden Sie sich mit Ihren Engeln sowie mit Ihrer inneren Natur. Visualisieren Sie eine schnelle Aufklärungssitzung mit Ihren Engeln. Tun Sie das auf die Weise, die für Sie funktioniert. Eine Möglichkeit könnte sein, mit allen Aktivitäten aufzuhören und sich mit einem großen Glas klaren Wassers hinzusetzen. Während Sie das Wasser trinken, stellen Sie sich vor, daß das Wasser reine, pure Energie ist. Sie wird Ihr Zentrum, Ihre Batterie, erreichen und diese energetisch neu aufladen. Die Natur arbeitet am besten in einem Zustand des Gleichgewichts. Und Ihr Körper ist ein Teil des Gleichgewichts der Natur, also versichern Sie sich, daß Sie sich darum kümmern. Schützen Sie Ihr Zentrum und Ihre Sensitivität. Halten Sie die unerwünschten Negativitäten draußen und vergessen Sie nicht, die Engel bilden eine große Barriere gegen diese unerwünschten negativen Kräfte.

Wie Engel die menschlichen Beziehungen verstehen

Unsere Beziehungen zu anderen Menschen können uns machtvolle Lektionen über uns selbst erteilen. Menschliche Beziehungen entfalten sich normalerweise in bestimmten Formen, wie zum Beispiel in der Gestalt von Freundschaft, Ehe, Liebesaffären, Bekanntschaften oder Familienbande. Die jeweilige Form beinhaltet üblicherweise festgelegte Regeln des Umgangs sowohl für uns selbst, als auch für die andere Person. Natürlich sind beide Beteiligten einzigartige Wesen, obwohl die Form und die Grundlage in unseren Augen gleich erscheint, die »Chemie« ist einzigartig. Weil die Welt heutzutage sich so schnell verändert, ist es auch notwendig, daß sich die Verhaltensweisen in unseren Beziehungen ebenso schnell verändern. Sorgen und emotionelle Schmerzen könnten auftreten, wenn wir nicht rasche Veränderungen innerhalb unserer Beziehungen akzeptieren würden. Wenn zum Beispiel unsere Beziehungen die Grundlage unseres Glücklichseins sind, und wenn sich etwas in deren Gefüge verändert, riskieren wir, unser Glücklichsein zu verlieren. Wenn wir unsere Glücksgefühle auf uns selbst gründen und uns von den Bedingungen und Rastern, mit denen wir unsere Beziehungen ausstatten, lösen, werden wir frei sein, das Wunder der anderen menschlichen Wesen zu erfahren.

Wenn die Engel auftreten, um in Ihrem Leben mitzuspielen, wissen Sie nie, wen sie auf Ihren Weg bringen werden oder wer Ihrem Weg ausweichen wird. Der wichtige Punkt dabei ist Vertrauen: Vertrauen in sich selbst und in die Engel. Dann können Sie Ihrem eigenen Weg folgen. Die Menschen, denen

Sie auf Ihrem Weg begegnen, sind wie Spiegel für Sie. Der Hauptgrund, warum ich dies so ausführlich behandle, ist, daß Ihnen, während Sie wachsen, Ihr Bewußtsein erweitern und alle Muster und Schablonen niederreißen, Personen in Ihrem Leben begegnen werden, die nicht auf dem gleichen Stand wie sie selbst sind. Manchmal kann das Probleme oder sogar Angst verursachen. Sie könnten sich auch denken »Wie soll ich ohne diese Person mit meinem Leben fertig werden?« Wenn Sie sich selbst und den Engeln vertrauen, wird alles gut werden. Die Lektionen werden machtvoll sein, aber sie werden Sie dem Wissen näherbringen, wer Sie wirklich sind, und wer Sie ehrlicherweise für jemand anderen sein können.

Wir leben in einer höchst erstaunlichen Zeit, manchmal mag es sich so anfühlen, als ob die Fluten um uns herum steigen würden. Aber es stehen für diejenigen, die ihre alten Wege nicht verlassen wollen, und die im steigenden Wasser ertrinken, keine menschlichen Lebensretter zur Verfügung. Wenn wir versuchen, jemand anderen zu erretten, werden unsere Anstrengungen auf uns selbst zurückfallen. Es wird eine Zeit kommen, in der es keine Opfer und keine Retter mehr geben wird. Wir alle müssen uns selbst in Sicherheit bringen, zu unserem Glück gibt es spirituelle Lebensretter – die Engel! Wenn Sie ertrinken, bitten Sie die spirituellen Lebensretter, Ihnen zu helfen, sie sind immer anwesend. Vertrauen Sie und lassen Sie los. Wenn Sie ertrinken, werden Sie spirituell wiedergeboren.

Alte Entschuldigungen, wie »es einfach nicht auf die Reihe zu bringen«, und alte Strategien, die Welt um Sie herum zu manipulieren, werden nicht funktionieren, wenn Sie auf dem spirituellen Weg sind. Sie könnten allerdings die Veränderungen in Ihrem Leben zur Kenntnis nehmen wie auch in Ihrer Umgebung. Wenn nicht, werden Sie es bald tun. Diejenigen von uns, die sich stark und spirituell erwacht fühlen, müssen für diejenigen, die kämpfen, sanfte Lehrer werden.

Die Unterscheidung zwischen Freund und Retter muß dauernd getroffen werden. Ein Freund hört zu und sagt seine Ansicht, wenn er darum gebeten wird. Ein Retter bietet, ohne gebeten worden zu sein, Hilfe und Abkürzungen an. Ich sage nicht, daß jemandem zu helfen, immer bedeutet, ihn zu retten. Wenn ein Freund Geld braucht, um einen Kredit bittet und vereinbart, es zurückzuzahlen, und Sie geben es ihm oder ihr, ist das nicht notwendigerweise eine Rettung. Wie auch immer, wir müssen unsere eigenen Motive und Gedanken überprüfen, während wir spirituell wachsam bleiben, so daß wir aus einem höheren Aspekt unseres Selbst heraus handeln. Erinnern Sie sich daran, Retter helfen, ohne gebeten worden zu sein, und dann mischen sie sich ein und versuchen, zu kontrollieren.

Wenn diejenigen, die Sie lieben, in eine Krise geraten, könnten Sie viel Kummer und Schuld empfinden, besonders wenn Sie zu nahe sind, um einfach dazustehen und sie auf Grund laufen zu lassen. Dennoch könnte es sein, daß es das Beste wäre, was Ihnen und dem anderen jemals passieren könnte, wenn Sie ihn ganz bis auf den Grund niedersinken lassen ließen. Dies ist der Moment, in dem die spirituellen Lebensretter wieder ins Spiel kommen. Wenn Sie sich machtlos fühlen, weil Menschen, die Ihnen nahe stehen, durch eine schwierige Zeit zu gehen zu haben – ein spiritueller Notfall –, dann bitten Sie deren persönliche Lebensretter oder deren Schutzengel, ihnen zu helfen, daß sie sich selbst retten können. Nehmen Sie mit deren Engel Kontakt auf und senden Sie das Licht der Liebe, um ihre Mitte zu heilen. Dies ist nicht die Zeit zu versuchen, es einfacher zu machen, indem man sie rettet.

Die Übungen in diesem Buch sollen Ihnen helfen, Ihre Beziehungen zu verstehen, indem Sie Zugang zu den Engeln finden und dadurch mehr Einsichten und Weisheit gewinnen. Zuerst bespreche ich Begegnungen zwischen Schutzengeln – eine sehr nützliche Unterweisung in diesen Zeiten der steigenden Fluten.

Übung 1: Laden Sie zum Schutzengeltreffen ein

Betrachten Sie, was einem Engel näher ist – Ihr Bewußtsein oder Ihre Seele. In einem Augenaufschlag kann Ihr Geist – der Geist ist wie ein Engel – von dem Raum, in dem Sie geheiratet haben, bis zum Rand des Universums gehen.

Als Geist bewegen sich die Engel wie unsere Vorstellungskraft – augenblicklich, so nah oder fern, wie sie wollen, in die Vergangenheit, Gegenwart, Zukunft.

John Ronner

Schutzengel wollen in unseren persönlichen Beziehungen sehr effektive Kommunikationsgehilfen sein. Unsere Engel können uns in bezug auf unsere Gefühle und hinsichtlich ihrer Intensität auf der Seelenebene sowie im Hinblick auf die Lektionen, die unsere Beziehungen uns erteilen, Einblicke vermitteln. Einige Verbindungen, die wir zu anderen hegen, sind unerklärlich stark. Was immer es für eine Verbindung sein mag, es hat immer eine höhere Bedeutung, wenn wir mit jemandem zusammen sind. Wir alle besitzen Schutzengel, und diese wollen uns unterstützen, die höheren Aspekte unserer Beziehungen zu ergründen. Wir können uns auch die Fähigkeit unserer Schutzengel, uns in unseren Beziehungen beizustehen, zunutze machen. Menschliche Beziehungen sind grundlegend wichtig für uns. Es ist sehr einfach, zu diesem speziellen Beitrag, den unsere Engel für unsere Beziehungen leisten können, Zugang zu finden. In der Hauptsache müssen wir einfach unseren Schutzengel bitten, sich mit dem Schutzengel der anderen Person zu treffen. Wenn es ein Anliegen gibt, bei dem Sie es schwierig finden, dieses mit der anderen Person verbal zu besprechen, bitten Sie Ihren Engel, es dem Engel der anderen Person mitzuteilen. Dann seien Sie gewiß, daß sich die beiden Engel in Ihrem Namen treffen und die Dinge für beide Parteien durcharbeiten. Benutzen Sie diese Technik, wann immer Sie Ihnen passend erscheint. Manchmal hilft es, dem Schutzengel der anderen Person einen Brief zu schreiben. Nachdem Sie die Engel einbezogen haben, halten Sie nach einem Zeichen ihres Einflusses Ausschau. Achten Sie auf Botschaften, die Sie empfangen und die Ihr Verständnis erweitern, was auf einer tieferen Ebene vor sich geht.

Gehen Sie in das Engelalphastadium, lassen Sie Ihrer Imagination freien Lauf, dann phantasieren Sie darüber, warum bestimmte Personen in Ihrem Leben gegenwärtig sind, und bitten Sie die Engel, Einblick in die Tiefe und Wichtigkeit dieser Beziehungen zu erhalten. Folgen Sie Ihrem Bewußtseinsstrom – wenn ein Name oder ein Gesicht in Ihrem Bewußtsein auftaucht, folgen Sie diesem Gedankenfluß, wo immer er auch hinführen mag. Gehen Sie Ihre Beziehungen durch. Fragen Sie sich, welche Rolle Sie bei bestimmten Personen gespielt haben. Welche Form hat die Beziehung angenommen, und wird diese in der Lage sein, in kommenden Zeiten die Beziehung zu unterstützen? Stellen Sie sich Treffen zwischen Ihren Engeln und denjenigen ihrer Partner vor, bitten Sie dabei um Botschaften, Einsichten und Möglichkeiten, tiefgehender mit anderen zu kommunizieren, indem Sie Ihre emotionalen Blockaden und Mißverständnisse beseitigen.

Sie könnten diese Erfahrung niederschreiben wollen, um klarer zu erkennen, welche Bedeutungen dort liegen. Die Niederschrift ermöglicht es Ihnen, sie aufzubewahren, bis Sie den Sinn zu einem späteren Zeitpunkt erkannt haben. Wenn Sie Engel in Ihr Leben integrieren, um mit anderen zu kommunizieren, möchte ich Sie daran erinnern, daß die Engel den freien Willen aller Betroffenen respektieren. In anderen Worten, es gibt keine Möglichkeit, mit Hilfe der Engel andere Menschen zu manipulieren oder zu beeinflussen. Das Wertvollste, das Ihnen die Engel anbieten können, wenn Sie sie in Ihre Beziehungen einbeziehen, ist Verständnis. Wenn ein Gedanke an jemanden in Ihrem Bewußtsein auftaucht, senden Sie dieser Person einen Strahl des Lichts der Engel, und Ihre Verbindung wird in irgendeiner Weise heller und weiter werden. Je weniger Sie dabei selbst tun, desto besser. Es wird alles zum besten aller Beteiligten erledigt werden.

Die Kommunikation zwischen Familienmitgliedern kann dadurch verbessert werden, daß Sie einen Familienengel ernennen, der innerhalb der Familie Frieden und Liebe vermitteln soll. Entdecken Sie die Familienschutzengel, und wie Sie sie für effektive Kommunikation und Verständnis einsetzen können. Heutzutage können Familienformen in Frage gestellt und verändert werden. Familienschutzengel sorgen für wertvolle Hilfe, wenn es darum geht, möglichen Veränderungen oder Kämpfen innerhalb der Familienstruktur gerecht zu werden.

Übung 2: Suchen Sie synergistische Freundschaften und Beziehungen

Die Begegnung zweier Persönlichkeiten ist wie die Verbindung zweier chemischer Substanzen: Wenn es irgendeine Reaktion gibt, sind beide transformiert.

C. G. Jung

Synergistisch bedeutet, daß die vereinigten Wirkungen zweier Dinge die Summe der einzelnen Wirkungen übersteigt. Synergistische Freundschaften bedeuten, daß der vereinigte Effekt zweier Bewußtseinslagen jenseits dessen reicht, von dem Sie sich vorstellen könnten, es allein zu bewirken. Mein Freund John Harricharan benutzt diesen Ausdruck, und dieser beschreibt auch unsere Freundschaft. Es scheint, daß jedesmal, wenn ich mit ihm spreche, Gedanken und Ideen erzeugt werden, die jenseits unseres jeweiligen individuellen Bewußtseins reichen. Ich habe andere synergistische Beziehungen, sie bewegen sich auf einer sehr hohen Ebene des Bewußtseins und des Respekts.

Seelenpartner üben ebenfalls gegenseitig synergistische Wir-

153

kungen aufeinander aus. Wenn sich zwei Menschen in einer Seelenpartnerschaftsbeziehung finden, bröckeln alte Ideen und Glaubensvorstellungen ab, und es werden neue Ideen und Einsichten geschaffen. Mit anderen Worten, es findet eine Transformation statt. Mit manchen Menschen markiert diese Transformation den Beginn eines Lebenswerkes, das nun wirklich seinen Anfang nimmt.

Synergistische Partnerschaften sind großartig, um neue Ideen und Projekte, die ein hohes Erfolgspotential aufweisen, in Angriff zu nehmen. Wenn Sie Engel in einer synergistischen Beziehung wahrnehmen, werden Sie auf erstaunlichen Wegen wandern. Denken Sie an Ihre Freundschaften, Partnerschaften und Beziehungen, und suchen Sie nach Synergie. Wenn Sie etwas zusätzliche synergistische Energie in Ihren Beziehungen benötigen, beziehen Sie die Engel mit ein. Wenn die Beziehung das Gegenteil von synergistisch ist, denken Sie darüber nach, wie Sie sich friedlich aus ihr befreien können. Wenn Sie glauben, daß es an der Zeit ist, einen solchen Bruch zu vollziehen, werden Ihnen die Engel helfen, den richtigen Zeitpunkt zu wählen, so daß sich alles zum besten aller Beteiligten erledigt.

Übung 3: Lassen Sie die himmlischen Winde zwischen sich spielen

Anstatt eine impulsive Bewegung von Ihrer Seite zu machen, erlauben Sie eine Bewegung von der anderen Seite, die lernt, wie man mit der Situation tanzt. Sie müssen nicht die gesamte Situation erschaffen. Sie müssen sie nur beobachten, mit ihr arbeiten und lernen, wie Sie mit ihr tanzen können. Auf diese Weise wird es dann nicht Ihre Schöpfung, sondern eher ein gegenseitiger Tanz.

Chogyam Trungpa

Eine Möglichkeit, den Einfluß der Engel in einer Beziehung aufrechtzuerhalten, besteht darin, Raum für die Windspiele des Himmels zu lassen, um diesen zu ermöglichen, zwischen Ihnen zu blasen. In den himmlischen Winden fliegen die Engel umher. Sie müssen den Engeln Raum zum Spielen gewähren. Wenn Ihnen jemals jemand zu nahe gekommen ist, können Sie vielleicht nachvollziehen, wie es sich anfühlt, wenn die Engel keinen Platz finden, um zwischen Ihnen zu spielen. Die Dinge werden schal, träge und leblos. Wenn die Winde des Himmels zwischen Ihnen tanzen, trägt jede Seite gleichmäßig zur Beziehung bei. Die Engel sind da und ermuntern zu Spaß und fröhlichen Zeiten.

Denken Sie an einige Ihrer engeren Beziehungen und fragen Sie sich, ob die Engel genügend Platz haben, um in den himmlischen Lüften zwischen Ihnen herumzutanzen. Visualisieren Sie, wie sie tanzen, spielen und das Leben feiern. Darum dreht sich Freundschaft. Das nächste Mal, wenn Sie mit einem engen Freund zusammen sind, visualisieren Sie die Engel um Sie beide herum, begrüßen Sie jede Möglichkeit, zu lachen und herumzualbern. Das wird die Engel in Stimmung bringen, und wer weiß, was für ausgelassene Sachen passieren werden.

Erinnern Sie sich immer daran, wenn ein Freund eine schwierige Zeit durchzumachen hat, und Sie bereit zur Hilfe sind, erklären Sie, daß die himmlischen Winde Sie inspirieren, in sich selbst zentriert zu bleiben, und daß diese auch Ihren Freund oder Freundin inspirieren können, sein oder ihr Zentrum zu finden. Das Interessante daran, Raum zwischen sich und jemandem anderen zu lassen, ist, daß es stärkere, auf Respekt basierende Bande zwischen Ihnen schafft. Diese Art der Bande bleibt stark, unabhängig von den Meilen oder Millimetern, die zwischen Ihnen liegen. Himmlische Verbindungen sind die besten!

Teil IV

Engelbeschleuniger

Erfühlen Sie die Engel

Für uns Menschen ist die Welt der Engel eine Unsichtbare, das bedeutet, wir können uns nicht auf das verlassen, was unsere Augen uns zeigen, um diese Welt zu entdecken. Wir erfahren das Reich der Engel durch Gefühle und Intuition. Um Engel zu sehen, benötigen wir keine Augen, diese Wesen sind für uns mit unserem geistigen Auge sichtbar, durch unsere Innenschau. Um Engel zu hören, müssen wir unseren inneren Gedanken lauschen, nicht äußeren Klängen. Um Engel zu riechen, benötigen wir keine Nasen, denn wenn sie den Duft himmlischer Rosen oder Jasmin verströmen, berauscht er unsere Seelen. Um Engel zu berühren, bedürfen wir unserer Finger nicht, wir müssen uns in unseren ätherischen Sinn für Berührung einstimmen und uns vorstellen, wie sich Licht anfühlt, wenn es unser Energiesystem berührt. Um unseren Geschmackssinn zu gebrauchen, um Engel zu erfahren, müssen wir uns etwas Reines und Süßes vorstellen, ohne Nachgeschmack oder Spuren von Bitterkeit, wie eine Wolke von Zuckerwatte, die aus dem Zucker himmlischer Früchte gesponnen ist.

Wenn wir alle unsere Sinne auf diese Weise miteinander vereinigen, besitzen wir eine zusätzliche Kraft vollständiger Wahrnehmung, den sechsten Sinn. Die Engel nutzen bestimmte Facetten unseres sechsten Sinnes, um uns zu helfen, unser Wachstum und unser Potential der Stärke zu beschleunigen. Diese Beschleuniger hängen von inneren Gefühlen ab, sie sind nicht einfach nur Gedanken, es sind auch keine konkreten Vorstellungen, mit denen wir logisch herumspielen können. Sie sind die Handlungstricks der Engel, die uns zur Verfügung stehen, und die auf uns zugeschnitten sind, um uns zu helfen, das Beste aus unserem persönlichen Wesen zu machen. Dieser Abschnitt des Buches forscht nach einigen dieser Beschleunigungsmethoden, die die Engel verwenden: Hoffnung, Vertrauen, Gnade, Dankbarkeit und Vergebung. Diese Beschleuniger sind Komponenten wahrer Freude und Liebe. Freude und Liebe sind keine Gebrauchsartikel, wir können sie nicht kaufen oder mit ihnen handeln, sie haben nichts mit Logik oder Erklärungen zu tun. Wir können uns selbst nur darin üben, offen und bereit zu sein, Liebe und Freude in unseren Herzen zu akzeptieren, und wir erkennen den Beweis der Existenz der Liebe aufgrund der großen und kleinen Wunder, die wir zusammen mit den Engeln ins Leben rufen.

Vertrauen, Hoffnung und Optimismus

Optimismus ist positives, erhellendes Denken. Einige chronische Opponenten gegen alles, was nach Hoffnung schmeckt, haben positives Denken als einen übermäßig rosaroten Blick auf das Leben verschrien und als eine Art kecker Mißachtung von Schmerz und Sorgen in der Welt bezeichnet. Manche Menschen haben, oft absichtlich, wie ich es empfunden habe, meine nachdrückliche Betonung verdreht. Andere haben mich ganz einfach mißverstanden.

Der positiv Denkende ist ein nüchterner, unnachgiebiger und sachlicher Realist. Er sieht all die Schwierigkeiten, und ich meine alle, und noch mehr, er sieht sie klar... was über das hinausgeht, was vom durchschnittlichen negativ Denkenden gesagt werden kann. Der Letztere sieht alles ohne Unterschied in schattenhafter Farblosigkeit. Aber der positiv Denkende, anders als der Negativist, gestattet es den Schwierigkeiten und Problemen nicht, ihn zu deprimieren, und ganz sicher nicht, ihn zu besiegen. Er hält erwartungsvoll jenseits aller anerkannten Schwierigkeiten nach kreativen Lösungen Ausschau. In anderen Worten, er sieht mehr als nur Schwierigkeiten − er versucht, die Lösungen der Schwierigkeiten zu sehen.

Norman Vincent Peale

Hoffnung und Optimismus

Optimismus beinhaltet viel mehr als nur gute Stimmung. Wahrer Optimismus benötigt Stärke und Mut, und zwar viel davon. Es ist nichts für die Schwachen und Ängstlichen. Es ist nicht leicht, ehrlich auf den lächerlichen, unsinnigen Zustand der menschlichen Verfassung zu blicken und trotzdem noch das Licht der Möglichkeiten und Lösungen zu sehen. Es ist viel einfacher, ein Pessimist zu sein, es gibt soviel Unterstützung von außen, um einen dauerhaften Status negativen Denkens aufrechtzuerhalten. Optimisten müssen wortwörtlich gegen den Strom schwimmen, aber das ist es wert, denn das wahre Gegenteil von Optimismus ist nicht einfach Pessimismus – es ist Verzweiflung, Zweifel und Depression. Optimismus wehrt sich dagegen, Verzweiflung und Zweifel zu akzeptieren. Optimismus führt uns auf eine natürliche und spontane Art und Weise dazu, unsere höchsten Ziele zu erreichen und unsere höchsten Werte zu bewahren.

Wir werden mit wachsenden Polaritäten auf diesem Planeten konfrontiert. Viele Menschen suchen nach der höheren Macht in ihrem Leben, und die Welt lebt mit dem heraufdämmernden Licht der Wahrheit, aber zur gleichen Zeit ist die Dunkelheit in zunehmendem Maße finsterer geworden. Licht ist mächtig, und die Engel sind, uns anfeuernd und unser Bewußtsein mit Tageslicht füllend, die ganze Zeit über bei uns. Wir müssen Statistiken nicht akzeptieren, diejenigen, die sie gegen alle Wahrscheinlichkeiten aufstellen, sind nicht Pessimisten – sie sind Optimisten! Optimisten reisen manchmal auf einer holprigen Straße, aber keiner muß negative Beurteilungen akzeptieren und düstere Statistiken, die von Pessimisten erstellt wurden.

In *Botschafter des Lichts* schrieb ich ein Kapitel darüber, wie man »optimystik« werden kann. Ein Optimystiker ist eine Person, die die Essenz des Mystischen mit der Hoffnung und der Magie des Optimisten vereint. Hoffnung ist der Hauptbestandteil, um ein Optimystiker zu werden. Hoffnung ist ein Gefühl des Vertrauens und der Annahme, daß sich alles zum Guten regeln wird. Dabei gibt es nicht so was wie falsche Hoffnung. Wenn Sie auf etwas hoffen, und es kommen ein paar Pessimisten vorbei, um alles zu verneinen, sagen Sie ihnen, sie sollen ihre negativen Gedanken für sich behalten. In meinen strengsten Augenblicken hätte ich gerne ein Gesetz gegen negative Erklärungen, mit denen positive Menschen behelligt werden. Manchmal kann eine negative Aussage schlimmer sein als ein Schlag ins Gesicht. Wir haben das Recht, auf eine positive geistige Atmosphäre zu hoffen und sie herzustellen, die uns im Gegenzug positive Resultate bringen wird, und dieses Recht sollte geschützt sein. Ich denke auch, wir sollten vor Ärzten bewahrt werden, die Gott spielen, indem sie ihren kranken Patienten sagen, wie lange sie zu leben haben.

Einige könnten vielleicht argumentieren wollen, daß Hoffnung bedeute, nicht im Augenblick zu leben, und also müsse an der Hoffnung etwas falsch sein. Wirklich zu jeder Zeit jeden Augenblick zu durchleben, ist etwas, das in unserem Inneren stattfindet, es bedeutet hauptsächlich, wach und bewußt zu bleiben. Wach und bewußt zu sein, beinhaltet nicht, Schmerzen zu haben, und darum gibt es die Hoffnung. Zeigen Sie mir eine glückliche und positive Person, die nicht tief in ihrem Innern das Wesen der Hoffnung wertschätzt, und ich werde wirklich überrascht sein.

Hätten wir es geschafft, jedem, dem wir begegnet sind, Hoffnung zu vermitteln, und hätte jeder, den wir trafen, uns Hoffnung gegeben, würde die Hoffnung regieren, und der Jüngste Tag käme nie. Nachdem diese Utopie nicht Wirklichkeit ist, müssen wir sie in unserer Vorstellung erschaffen, wir können dies tun, indem wir Vertrauen hegen. Hoffnung und Vertrauen existieren synergistisch miteinander.

Vertrauen

*Für mich ist Vertrauen ein anderes Wort für positives Denken.
Wenn Sie von wirklichem Vertrauen ergriffen werden, entwikkeln Sie eine Geistesverfassung, die Sie in allem nach dem
Besten Ausschau halten läßt, die sich weigert, aufzugeben, die
einen Weg um oder durch jedes Hindernis findet und auf Sieg
setzt.*

Norman Vincent Peale

Hoffnung und Vertrauen sind Gaben Gottes oder einer höheren
Macht. Damit sich in unserem Leben Vertrauen als eine be-
schleunigende Gabe der Engel auswirken kann, müssen wir die
Tatsache erkennen, daß es so lange nicht in einer reinen Form
existiert, bis wir eine tiefe Überzeugung in unserem Herzen
bilden, daß Gott eine tatsächliche Präsenz in unserem Leben
darstellt – das wichtigste Leitlicht auf unserem Pfad. Um wirk-
liches Vertrauen zu haben, müssen wir eine höhere Macht in
unserem Leben kennen, in unseren Herzen, in unseren Seelen
und in unserem Geist. Die Übung des Vertrauens stärkt unsere
persönliche Beziehung mit dieser höheren Macht. Also, wo
begegnen wir Gott? Gerade hier und jetzt, der Boden, auf dem
Sie stehen, ist heiliger Boden.

Wenn unsere Realität wirklich »Vertrauen in Gott« lautet,
kann unsere Furcht nicht existieren. Wenn Sie wahrhaftig Vertrauen und Glauben in Gott haben, verfügen Sie über keinen
Grund, irgend etwas oder irgend jemanden in diesem Leben zu
fürchten. Furcht ist eine starke Macht, aber Vertrauen ist viel
stärker. Ein altes Sprichwort lautet »Furcht klopfte an der Tür,
Vertrauen antwortete. Keiner war da«. Ein anderes negatives
Muster, das in der Gegenwart von Vertrauen nicht zum Zuge
kommen kann, sind übertriebene Sorgen. Sorgen sind eine
Qual, sie verursachen Zweifel und Ängste, um sich selbst aufrechtzuerhalten, was wiederum den Kämpfer von Optimismus,
Hoffnung und Vertrauen abbringt.

Vertrauen wurde von Engeln herausgebildet. Wenn Sie Ihr Vertrauen bekunden, wird von den Engeln ein Pfad geschaffen, der von Ihnen ausgehend durch die Tore des Himmels bis hin zu Gott führt. Vertrauen ist ein inneres Wissen, daß Sie jenseits des Glaubens führt, in einen Zustand der Einheit mit liebendem Vertrauen. Vertrauen ist eine positive Energie, die auf einen Wunsch oder eine Überzeugung ausgerichtet ist, die Sie erfüllt haben möchten. Vertrauen ist sehr machtvolle Energie in ihrem Rohzustand. Vertrauen wird durch richtiges Handeln klarer und verliert durch Trägheit seine Glut. Wenn Sie Ihr Vertrauen erklären, müssen Sie, um es aufrechtzuerhalten, selbst zu Vertrauen werden – das bedeutet, Sie müssen eins damit werden, so daß Sie nicht darüber nachdenken, sondern von ihm geführt werden. Ihre Handlungen und Übungen werden die gewünschten Ergebnisse bringen, wenn Sie mit Ihrem Vertrauen verschmelzen. Es sind immer Engel anwesend, um Ihr positives Denken und Ihr Vertrauen zu schützen, wenn Sie also etwas von Ihrem Vertrauen verlieren, bitten Sie Gott und die Engel, Ihnen mehr davon zu geben.

Manchmal mag es Ihnen nicht sinnvoll erscheinen, in einer bestimmten Situation Vertrauen zu hegen. In anderen Worten, Sie könnten versucht sein, die Engel anzuzweifeln, indem Sie mutmaßen, daß sie Ihnen in einer bestimmten Situation möglicherweise nicht helfen könnten. Sie erzeugen Zweifel und entwerten Ihr Vertrauen. Die Engel sind sehr erfindungsreich, wenn ein menschliches Wesen Hilfe braucht. In einer meiner liebsten Art, Engel zu erfahren, tauchen Engel in menschlicher Gestalt auf, um die Leute zu schützen, selbst wenn diese die Engel nicht wahrnehmen, aber die Widersacher mit ihren bösen Absichten sehen sie.

Zum Beispiel zwei junge Amerikaner, afrikanischer Abstammung, fuhren mit ihren Fahrrädern eine einsame Straße im Süden entlang, als ein Auto mit vier weißen, großen, rassistischen Männern vorbeikam. Die Männer hielten ihren Wagen an, schlugen die beiden vom Fahrrad und fingen an, sie mit

Gewalttätigkeiten zu bedrohen. Der junge Mann, der mir die Geschichte erzählte, sagte, daß er in diesem Moment Gott bat, ihnen zu helfen, aber er besaß keine Vorstellung davon, wie ihnen unter den gegebenen Umständen geholfen werden konnte, es hätte irgendeine wundersame Veränderung stattfinden müssen. Einen Augenblick später rollte ein Wagen an, ein Priester mit einer sehr zierlichen Figur stieg aus dem Auto und begann, sich der Gruppe zu nähern. Die vier Weißen warfen einen Blick auf den Priester, rannten zu ihrem Wagen, sprangen hinein und starteten los, als ob sie eine Armee gesehen hätten, die hinter ihnen her war. Die zwei schwarzen Amerikaner waren etwas verwirrt, gleichwohl erleichtert, und erzählten dem Priester, was geschehen war. Er lachte in sich hinein und erzählte ihnen etwas über die Methoden der Engel. Die vier Weißen sahen augenscheinlich viel mehr als einen kleinen Priester, der aus seinem Wagen stieg. Unglücklicherweise hat diese Geschichte mit Rassismus zu tun – etwas, an das ich Sie nicht gerne erinnere, aber es ist offenkundig, daß er in unserer Gesellschaft immer noch zu weit verbreitet ist.

Ich habe von vielen Engelsgeschichten wie dieser gehört und gelesen, Geschichten, die von ganzen Armeen von Engeln berichten, die auftauchten, um feindlichen Kräften Angst einzujagen, bis hin zu Geschichten, in denen ein einzelner Angreifer durch rätselhaft auftauchende Helfer abgeschreckt wurde, obwohl sein potentielles Opfer allein unterwegs war.

Haben Sie Vertrauen, denn die Engel können die Wahrnehmung der anderen, die uns verletzen wollen, verwirren oder verändern. Einige meiner Freunde leben in einem sehr speziellen Waldgebiet. Oft, wenn sie ihr Haus für einige Zeit verließen, wollten Leute zu Besuch kommen und konnten es nicht finden. Meine Freunde haben schließlich entdeckt, daß die Engel, wenn sie nicht zu Hause sind, einen Schleier darüber breiten, der die Wahrnehmung der Leute verwirrt. Deshalb, selbst wenn Ihre Vorstellungskraft keinen Weg findet, wie die Engel Ihnen helfen können, beschränken Sie sie nicht. Lassen

Sie sie ihre Arbeit tun und vertrauen Sie – Sie sind beschützt. Und erinnern Sie sich immer daran, um Hilfe zu *bitten,* gleichgültig, wie es gerade um Ihr eigenes Vertrauen bestellt ist.

Es mag für eine Person, die es zu bequem hat, die es nicht gewöhnt ist, sich in gefährlichen Situationen zu bewegen, schwierig jedoch nicht unmöglich sein, wahres Vertrauen zu praktizieren. Diejenigen, die in »Schwierigkeiten« sind, entwickeln das tiefste Vertrauen, weil es zum Überleben notwendig ist. Die Ironie dabei ist, daß diejenigen, die im Komfort leben, mehr Vertrauen benötigen, weil sie für Depressionen und Langeweile empfänglicher sind und sich spirituell unerfüllt fühlen könnten, bis sie Vertrauen in sich selbst gewinnen und ihre einzigartige Spiritualität als ein Geschenk an die Welt entwickeln.

Vertrauen und Hoffnung sind keine greifbaren Substanzen, sie sind nicht für jeden das gleiche. Beschleuniger der Engel, wie Vertrauen und Hoffnung, nehmen verschiedene Formen im Leben jedes einzelnen von uns an, weil jeder von uns eine einzigartige Facette des göttlichen Lichts darstellt. Vertrauensvoll zu sein, heißt: Bewußt, wahrhaftig und genau zu sein. Wir sehen die Wahrheit, wie unbequem sie auch immer sein mag, wir vertrauen uns selbst, um ein positives Ergebnis zu erreichen und mit kreativen Lösungsmöglichkeiten aufzuwarten. Dies gibt uns umgekehrt wiederum Hoffnung und macht uns zu wahren Optimisten oder Optimystiks. Engel sind Manifestationen göttlichen Wesens und göttlicher Kräfte, die fähig sind, uns Menschen solche Beschleuniger wie Hoffnung und Vertrauen zu übermitteln. Sie sind Gaben, um unser spirituelles Wachstum schnell zu steigern und in unsere Herzen Frieden zu bringen. Wenn wir glücklich und geistig in Frieden sind, sind wir eins mit Gott und den Engeln.

Übung 1: Schaffen Sie sich ein persönliches Hoffnungsbarometer

Prometheus sorgte sich um die Menschheit, also wandte er sich an Zeus, die oberste Gottheit in der griechischen Mythologie, und bat ihn um die Erlaubnis, den Menschen Feuer zu geben. Zeus weigerte sich, indem er erklärte, daß Feuer nur für die Götter bestimmt sei. Also stahl Prometheus das Feuer und brachte es den Menschen. Zeus war außer sich über Prometheus und wütend auf die Menschen wegen ihrer Art, wie sie das Feuer benutzten, und er entschied, beide, Prometheus und die Menschheit, zu bestrafen. Er erschuf eine wunderschöne und etwas alberne Frau namens Pandora und verlieh ihr eine unersättliche Neugier. Er gab ihr eine versiegelte Büchse und warnte sie, sie nicht zu öffnen. Der Götterbote Hermes brachte Pandora auf die Erde, um Epimetheus zu heiraten und unter den Sterblichen zu leben. Pandora war bald unzufrieden mit dem Leben und gab ihrer unersättlichen Neugier nach, deshalb öffnete sie die Büchse. Zeus hatte die Büchse mit Gier, Neid, Eitelkeit, Verleumdung und einer Reihe Krankheiten und anderem Unglück gefüllt, damit sie die Menschheit befielen. Er legte Hoffnung auf den Grund der Büchse und dachte, daß all die anderen Verhängnisse diese sowieso vernichten würden. Aber Pandora schloß die Büchse genau zu dem Zeitpunkt, als nur noch die Hoffnung übrigblieb.

Hoffnung ist ein Wert. Sie stellt eine meiner wichtigsten Schätze dar. Wenn ich die Hoffnung ignoriere, fühle ich mich, als befände ich mich in kummervollen Fluten, aber wenn ich Hoffnung nähre und Situationen für sie schaffe, damit sie gedeihen kann, segelt das Leben sanft dahin. Wenn ich mich auf all die Krankheiten und Plagen, die aus Pandoras Büchse herausgeglitten waren, konzentriere, verliere ich zeitweilig die Hoffnung auf die Zukunft. Eigenschaften wie Gier und Verleumdung korrumpieren fast alle Bereiche unserer Gesellschaft. Gier bringt die Männer und Frauen Gottes ins Gefängnis, und die Gier der großen Geschäftemacher zerstört Mutter Erde. Gier verfolgt uns, wo immer wir uns hinwenden, deshalb liegt es an uns, die Hoffnung in unseren Herzen lebendig zu halten, besonders wenn wir mit offenen Augen leben. Aber wichtige Ziele sind nicht immer einfach. Ein Grund, warum ich mit Kindern und Jugendlichen arbeite, wann immer sich mir eine Chance bietet, besteht darin, daß sie mir Hoffnung geben. Sie sind die Zukunft, und sie setzen mich fortwährend in Staunen. Man kann Kinder nichts lehren, was mich betrifft, sind sie die Lehrer.

Um ein persönliches Hoffnungsbarometer zu kreieren, nehmen Sie ein Tagebuch oder ein Notizbuch zur Hand. Erschaffen Sie zuerst einen Vertrauensfond der Hoffnung, der jene Dinge und Situationen beinhaltet, die Ihnen Hoffnung geben. Fangen Sie an, über Hoffnung nachzudenken, was sie für Sie bedeutet, und was Ihnen in Ihrem Leben zur Hoffnung Mut macht. Bitte, bilden Sie sich keinen Fond von dem, was Sie entmutigt – Ihre eigene Büchse der Pandora –, weil es die Zeit nicht wert ist. Lassen Sie sich von mir daran erinnern, daß Sie Ihre Hoffnung nicht zu sehr auf andere Menschen gründen sollten. Mit anderen Worten, hoffen Sie nicht darauf, daß jemand kommt und Sie rettet, glauben Sie mir, daß es nicht dasjenige ist, was Sie wollen. Setzen Sie auf die Stärke, die Engel und auf Sie selbst, um in jeder Situation zu vertrauen. Beginnen Sie mit Ihrem Hoffnungsfond. Sie können darin später mehr anlegen, wenn Ihre Ressourcen wachsen. Um Ihr Hoffnungsbarometer zu kreieren, zeichnen Sie eine einfache Figur, die Ihr Barometer darstellt. Schreiben Sie an ein Ende das Wort *hoffnungsvoll,* und an das entgegengesetzte Ende schreiben Sie das Wort *hoffnungslos.* In die Mitte schreiben Sie *neutral.* Prüfen Sie sich selbst jeden Tag mit dem Hoffnungsbarometer. Wenn Ihre Hoffnung gering ist, heben Sie von Ihrem Hoffnungsfond etwas ab. Zum Beispiel könnten Sie in einem Buch lesen, in den Park gehen und Kindern beim Spielen zusehen, einen inspirierenden Film anschauen, einen Freund besuchen und mit ihm darüber sprechen, was ihm seinerseits Hoffnung vermittelt, oder einfach still dasitzen und die Engel bitten, Ihnen etwas Hoffnung zu geben. Hoffnung ist ein Überlebensinstinkt, besonders jetzt.

Übung 2: Zählen Sie Ihre Segnungen anstatt Ihre Schafe

Dankbarkeit zu pflegen, ist außerordentlich wichtig. Es ist einfach, Tag für Tag dahinzuleben, ohne Gott für die wunderbaren Segnungen zu danken, die er und die Engel Ihnen gewährt haben. Eine gute Zeit, Dankbarkeit zu üben, ist kurz vor dem Schlafengehen. Entspannen Sie sich und denken Sie an Ihr gegenwärtiges Leben, daran, was Ihnen heute, gestern oder zu irgendeiner Zeit Hoffnung geschenkt hat, das Sie glücklich gemacht und das Ihre Wahrnehmung in einer positiven Richtung verändert hat. Nun denken Sie an das, was geschehen ist, und was Sie unangenehm berührt hat, was Ihnen Sorgen, Angst und so weiter verursacht hat. Dies sind auch Segnungen, denn gerade jetzt erklären Sie sie zu solchen, und danken Sie Gott und den Engeln für die Chance, positiv, hoffnungsvoll und kreativ bei der Lösung dieser herausfordernden Ereignisse sein zu können. Sorgen Sie sich in diesem Augenblick nicht um die Einzelheiten, erklären Sie sie einfach zu Segnungen und danken Sie dafür – die Einzelheiten werden später Raum einnehmen. Wenn Sie dies getan haben, danken Sie Gott für das Vertrauen, das Sie tief in Ihrem Herzen empfinden, das Ihnen sagt, daß alles gut ist. Die Engel werden das hören und ein zusätzliches Lied zu Ihren Ehren singen, sie werden immer bei Ihnen sein, um das Positive zu ermutigen.

Übung 3:
Nutzen Sie Pausen

Aufzuhören, sich Sorgen zu machen, ist nicht sehr einfach, oder? Aber übertriebene Sorgen loszuwerden, ist immer gut für Sie, wenn Sie sich auf einem Pfad in Richtung bedingungsloser Freude befinden. Wenn ich meine Sorgen ganz einfach ignoriere, verschwinden sie nicht, und wenn sie überhandnehmen, weiß ich, daß es an der Zeit ist, mich niederzusetzen und etwas mit den Engeln zu planen. Das erste, was Sie tun können, ist, sich jeden Tag für eine gewisse Zeit hinzusetzen und sich Sorgen zu machen, wenn Sie das brauchen. Geben Sie sich selbst etwas stille Zeit, um sich zu zentrieren, nehmen Sie ein Blatt Papier und wenn Sie bereit sind, beginnen Sie, sich Sorgen zu machen. Sorgen Sie sich, soviel Sie möchten, sorgen Sie sich, bis es weh tut! Während Sie sich sorgen, fangen Sie an, wenige Hauptsorgen, die Ihnen in den Sinn geraten, aufzuschreiben. Manchmal zeichne ich einen Dampfdruckkessel in die Mitte meines Blattes und schreibe meine Grundsorgen hinein. Dann zeichne ich Linien zu anderen Sorgen, die mit den Grundsorgen verbunden sind.

Falls zum Beispiel Geld eine Grundsorge darstellt, welche anderen Dinge verzweigen sich von dieser Grundsorge aus? Nachdem Sie sich ein gutes Sorgenfest bereitet haben, nehmen Sie zur Kenntnis, daß die Engelsorgenbefreier alarmiert worden sind und nun bei Ihnen sind, um sich um den nächsten Schritt zu kümmern – die Lösungen. Wenn Sie Ihren Sorgen in Ihrer Zeichnung des Dampfdruckkessels auf der Spur bleiben, fügen Sie Pfeile nach außen hinzu, um Druck abzulassen und einige Lösungsmöglichkeiten aufzuschreiben – als Lösungsvorschlag gilt alles, von dem Sie sich denken können, daß es Sie von Ihren Sorgen befreien könnte. Falls Sie über etwas Negatives besorgt sind, wie zum Beispiel über eine lange Fahrt im Straßenverkehr, überlegen Sie sich eine Art, wie Sie diese Zeit positiv nützen können – sich Kassetten anhören oder selbst eine Kassette erstellen, oder sich mit sich selbst unterhalten. Wenn Sie zuviel Liebe empfinden und es Ihnen schwerfällt, damit umzugehen, erklären Sie Ihr Vertrauen in sich selbst. Sorgen reichen von sehr intensiven bis zu nur leicht ernsthaften Kümmernissen, also gehen Sie jeweils auf die angemessene Weise damit um. Falls es einige gibt, die einfach zu schwerwiegend sind, übergeben Sie diese direkt den Engeln. Wenn Sie alle durchgegangen sind, erklären Sie, daß Sie für die Lösung gerne Hilfe vom Himmel hätten. Nun kommt der schwierige Teil: Sie können sich nicht noch weitere 24 Stunden Sorgen machen! Wenn eine Sorge auftaucht, machen Sie, daß sie schnell verschwindet, Sie werden später zu ihr zurückkommen. Gerade jetzt sind Sie auf kreative Art und Weise mit leichtem Herzen Ihr bestes Selbst, und die Engel sind davon sehr angetan.

Die Kunst,
anmutig voranzuschreiten

Wunderbare Gnade! Wie süß der Klang,
der einen Elenden wie mich, gerettet hat!
Einst war ich verloren, doch nun bin ich gefunden,
war blind, doch nun bin ich sehend.

Gnade lehrte mein Herz die Furcht,
und Gnade enthob mich ihr.
Wie kostbar die Gnade erschien,
die Stunde, in der ich zum erstenmal glaubte!

Durch viele Gefahren, Mühen und Schlingen
bin ich schon hindurchgegangen,
Gnade brachte mich sicher so weit,
und Gnade wird mich nach Hause geleiten.

Und wenn wir hier zehntausend Jahre lebten,
hell strahlend, der Sonne gleich,
es bleiben uns nicht weniger Tage, um Gottes Lobgesang zu
singen
als an dem Tag, an dem wir einst begannen.

John Newton

Gnade ist eine Gabe Gottes, ein Augenblick göttlicher Nachsicht
und Liebe. Sie erweist uns einen Moment reiner, strahlender
Heiligkeit, einen Augenblick der Einheit mit der ganzen Schönheit und Freude des Himmels. Wir können nicht für Gnade
bezahlen, noch können wir sie uns durch gute Taten, Frömmig-

keit oder menschliche Stärke verdienen. Das einzige, das wir von uns aus tun können, ist, offen zu sein, um sie zu empfangen. Engel sind die Minister der Gnade, die hinter den Kulissen warten, um uns zu diesem göttlichen Zustand des Seins zu führen. Engel sind Minister der Gnade, weil sie all die Wunder, große und kleine, die mit dem Zustand der Gnade einhergehen, zusammenzimmern – einschließlich Heiterkeit, Synchronizität, Humor, Anstand, Liebe, Mitgefühl und geistigen Frieden.

Einfach ausgedrückt, Gnade ist ein Augenblick, in dem wir uns selbst erlauben, bedingungslos von Gott geliebt zu werden. Der Augenblick mag einen Bruchteil einer Sekunde dauern, er kann tage- oder jahrelang anhalten. Es hängt alles davon ab, wie oft wir uns selbst für die Gnade empfänglich machen. Sie kann eine Art zu leben sein, eine Art, Gottes Liebe unseren Weg leiten zu lassen. Wenn Gnade Gottes Liebe ist, und Gottes Liebe uns immer zur Verfügung steht, warum können wir nicht ständig in diesem Erleben bleiben? Manchmal drängen wir sozusagen Gott mit unserem Ego in die Ecke und vergessen, um Gottes Liebe und Führung zu bitten. Es kann auch sein, daß wir jeden Tag unseres Lebens von Gottes Gnade umfangen werden, es aber nicht zur Kenntnis nehmen, oder uns dessen nicht bewußt werden.

Als ich auf dem College war, war ich begeistert, etwas über das Konzept der unverletzbaren Kinder zu lernen. Damit sind Menschen gemeint, die trotz der unglaublichsten widrigen Umstände während ihrer Kindheit, wie seelischer und physischer Mißbrauch, aufwuchsen, die umgeben waren von geistig kranken Menschen, von Verwahrlosung und Armut und anderen Widrigkeiten, um unbeschadet erfolgreiche Erwachsene zu werden. Ich kenne einige Menschen mit solchen Biographien persönlich, wenn ich von deren Vergangenheit höre, kann ich es kaum glauben, wie sie die Umstände in ihrer Kindheit nutzen konnten, um sich selbst und ihre Kreativität zu fördern, und sich zu inspirierenden, liebevollen Wesen entwickelt haben.

Es gibt gewiß viele »Bilderbuchfälle«, die Menschen beschreiben und aus deren Lebenssituationen und ihren mißlichen Umständen des Heranwachsens vermeintlich eindeutig herzuleiten ist, warum sie in negative Verhaltensmuster gefallen sind. Aber niemand, nicht der weltbeste Psychiater, kann eine einfache Antwort darauf geben, warum manche Menschen trotz aller Handikaps ihr Leben so gut meistern. M. Scott Peck hat es für mich schlüssig ausgedrückt: »Alles, was wir sagen können, ist, daß es eine Kraft gibt, deren Funktionsweise wir nicht völlig verstehen, die scheinbar routinemäßig in den meisten Leuten tätig ist, um deren geistige (und physische) Gesundheit zu schützen und zu nähren, sogar unter den widrigsten Bedingungen.« Ich bin sicher, Sie wissen, wie ich diese Kraft verstehe – als Gott und die Engel.

Ich sage niemandem, er soll an Gott oder an eine höhere Macht glauben. Menschliche Wesen besitzen einen freien Willen. Für mich ist es dennoch interessant, daß, wenn Leute wirklich ganz auf den Boden aufschlagen und sich selbst wieder aufrichten, die meisten von ihnen sagen, daß das eine, was sie transformiert und wieder zurückgebracht hat, darin bestand, daß sie sich einer höheren Macht zugewandt und um Führung aus ihrer mißlichen Lage gebeten haben.

Es gibt für jeden einen Weg, die Gnade Gottes und der Engel zu finden, ganz gleich, wer Sie auch sind, wie immer Sie dahin gekommen sind, wo Sie jetzt stehen, welche Probleme oder welche Persönlichkeit Sie besitzen. Es ist immer und jederzeit möglich, anmutig auf Ihrem eigenen, individuell spirituellen Weg voranzuschreiten. Es gibt immer etwas Positives gegenüber dem Negativen, und es ist unser Geschenk des freien Willens, das uns die Wahlmöglichkeit gibt, uns für das Positive zu entscheiden.

Es ist nicht leicht, Gnade zu definieren, ohne über Gott oder eine höhere Macht zu sprechen, aber ich entschuldige mich nicht, daß ich über Gott spreche. Ich unterstütze auch keine bestimmte Religion oder Glaubenssystem, noch sage ich, daß es nur einen Weg gibt, um eine höhere Macht in Ihrem Leben zu finden. Gnade hat nichts damit zu tun, wie wir von anderen wahrgenommen werden, nur damit, wie gut wir uns selbst innerlich fühlen, und wie sehr wir bereit sind, uns selbst dafür zu verzeihen, daß wir nicht entsprechend den negativen Erwartungen irgendeines anderen leben.

Übung 1:
Die morgendliche Erklärung

Sagen Sie jeden Morgen beim Aufwachen »Ich kann es kaum erwarten, was Gott und die Engel heute für mich wieder auf Lager haben«. Wenn Sie das sagen, meinen Sie es auch, fürchten Sie sich nicht davor, was Gott für Sie bereit hält, aber seien Sie bereit, es vollkommen zu akzeptieren, was Gott geplant hat. Dies mag von Ihrer Seite eine gewisse Disziplin erfordern, aber Sie müssen daraus keine große Sache machen. Wachsen Sie einfach hinein, behandeln Sie diese Philosophie wie einen neuen Schuh – am Anfang ist er eng und unbequem, aber bald paßt er sich Ihrem Fuß an, sitzt bequem und einfach.

Ich kann Ihnen nicht wirklich sagen, wie Sie Gnade erlangen können, weil es eine Gabe Gottes ist, aber wenn Sie bestimmte Praktiken und Gedankenmuster befolgen, versetzen Sie sich selbst an den richtigen Ort und in die richtige Zeit, um Gnade zu empfangen. Nehmen Sie sich etwas Zeit und denken Sie darüber nach, was Gnade für Sie bedeutet, aber bitte fragen Sie nicht, warum guten Menschen schlechte Dinge widerfahren und schlechten Menschen gute Sachen passieren. Dies ist nur eine Wahrnehmung und ein Trick, wir wissen nicht, was in irgend jemandes Herzen vor sich geht – also zwischen Gott und dieser Person. Sie können wie auch immer wissen, was sich in Ihrem eigenen Herzen abspielt, und vertrauen Sie darauf, daß *Ihr* Schutzengel nach *Ihnen* Ausschau hält, und daß er der Gehilfe Gottes ist, um Sie in *Ihrem* Leben mit dem Geschenk der Gnade auszustatten.

Um einen besseren Einblick zu gewinnen, schlagen Sie das Wort *Gnade* im Wörterbuch nach. Das *Oxford American Dictionary* definiert sie wie folgt:

1. Die Eigenschaft, attraktiv zu sein, besonders in Bewegung, Stil oder Gestalt. 2. Eleganz im Benehmen; er hatte die Gnade, sich zu entschuldigen, es war ihm klar, was richtig und angemessen war, und er tat es. 3. Gunst, guter Wille. 4. Eine Verzögerung oder Verschiebung, die als Gunst gewährt war, nicht als ein Recht. 5. Gottes liebende Barmherzigkeit der Menschheit gegenüber. 6. Ein kurzes Dankesgebet vor oder nach einer Mahlzeit.

Bitten Sie die Engel, Ihnen das Geschenk der Gnade bewußt zu machen und Sie in das Volk der Gnade aufzunehmen. Leben Sie in einem Zustand der Gnade, in einem Volk der Gnade – in dieser Welt, aber nicht von dieser Welt!

Übung 2:
Perfektes Timing

Was ist perfektes Timing auf der Erde? Nun, das liegt an uns, wie wir es individuell auffassen, aber ich denke, Sie wissen, was ich meine, wenn ich diesen Begriff verwende. Sie wissen es, besonders wenn die Engel in Ihrem Leben mitspielen. Ich meine, wir haben genausoviel mit perfektem Timing zu tun wie mit Glück. Wir können es bewirken, indem wir unsere Handlungen und Entscheidungen dem höchsten Gut widmen, und uns selbst dem richtigen Timing öffnen, damit sich in unserem Leben Veränderungen anmutig entfalten. Die Methode, mit der wir das erreichen, besteht darin, uns bewußt in Geduld zu üben. Sie haben von dem Sprichwort gehört »Geduld ist eine Tugend«, und so ist es. Geduld ist stille Ausdauer und wache Bewußtheit.

Beobachten Sie einmal ungeduldige Leute, und Sie werden sehen, wie unbewußt sie handeln und normalerweise gewissenlos. Es werden Handlungen stattfinden, die diesen Personen

Mißgeschicke und denjenigen in ihrer Umgebung Irritationen verursachen. Ungeduldige Menschen versuchen im Regelfall sich selbst zu meiden und zu verhindern, daß sie mit sich selbst allein sind. Um diese Neigung im Zaum zu halten, praktizieren Sie alles, was Sie beruhigt und Sie langsamer werden läßt, was Sie im Augenblick hält wie Lesen, Meditieren, Kochen, Hobbys, Kunst, Holzhacken und Wassertragen. Geduld hat für manche Leute einen negativen Beigeschmack. Es erinnert sie wahrscheinlich an eine Zeit, als sie Kinder waren und nicht auf das warten konnten, was in der Zukunft geschehen und ihnen weitaus mehr Spaß machen würde, als das, was in der Gegenwart passierte, und so wurden die ersten Stufen zur Besessenheit gebildet. Noch einmal, dies bezieht sich auf unsere Furcht, gelangweilt zu sein, und ist ganz einfach eine Frage der Wahrnehmung.

Falls Sie einen ruhigen Tag erleben ohne viele Aktivitäten, seien Sie um das innere Wachstum froh, das er Ihnen bietet. Denken Sie nicht an ihn als an etwas Negatives, wählen Sie eine stille Tätigkeit für einen ruhigen Tag und regenerieren Sie sich für eine aktivere Zeit. Geduld ist kreativ, und sie ermöglicht Gnade und rechtes Timing. Üben Sie sich in Kontemplation, um Entscheidungen zu treffen. Kontemplation und Geduld können Schlüssel werden, um zu beschleunigen, daß in Ihrem Leben auf Erden ein Zustand der Gnade eintritt, ein Zustand, bei dem Sie in dieser Welt für einen erleuchteten Dienst, aber nicht von dieser Welt sind. Bitten Sie die Engel um perfektes Timing und um Geduld, um mühelos zu werden, und Sie werden wissen, wie man lebt.

Übung 3:
Wünsche aufgeben

Wenn ich mir Einhalt gebiete, um darüber nachzudenken, wie oft ich sage oder bei mir denke, »Ich will dieses und jenes«, bin ich erstaunt. Was für eine Falle die dauernden Ansprüche manchmal darstellen! Es hebt mich aus der Gegenwart heraus und nimmt meine gesamte Aufmerksamkeit in Anspruch. Einige Bedürfnisse sind notwendig, wie zum Beispiel ein Glas Wasser zu wollen, weil wir durstig sind und so weiter. Aber wenn die Bedürfnisse wachsen, verführen sie uns, kostbare Zeit zu vergeuden. Zum Beispiel, wenn ich ein größeres Haus haben möchte, ein schnelleres Auto, ein höheres Einkommen, einen besseren Verstand und größere Engel – was normalerweise eintritt, ist, daß die Bedürfnisse immer weiter wachsen, sogar wenn ich meine größeren »Wunschziele« erreiche. Das bedeutet einfach, daß diese Bedürfnisse Zeit und Gnade vergeuden. Jedesmal, wenn Sie sich selbst sagen hören, »Ich will dieses oder jenes«, geben Sie entweder einfach auf, was Sie möchten, verharren Sie im Augenblick oder gehen Sie und besorgen sich das, was Sie möchten, falls das durchführbar ist. Versuchen Sie täglich mindestens eines Ihrer Bedürfnisse loszulassen, achten Sie dabei darauf, was geschieht. Bitten Sie die Engel, Ihr ersehntes Bedürfnis zu sich zu nehmen und es augenblicklich durch liebevollen, mentalen Frieden zu ersetzen, und Sie werden alles haben, was Sie sich jemals gewünscht haben!

Verstehen und Verzeihen

Weine nicht; sei nicht unwillig. Verstehe.

Baruch Spinoza

Verstehen ist ein merkwürdiges Wort, aber ich denke, die meisten Leute sind mit seiner Natur vertraut. Wenn Sie etwas verstehen, haben Sie die Bedeutung oder die Natur dessen, was Sie verstehen, erkannt. Im wesentlichen umfaßt dieses Einsicht – eine klare Wahrnehmung mit Geist und Sinnen. Mit Verständnis gehen Geduld und Akzeptanz einher.

Die meisten Leute sind auch mit der gegenteiligen Erfahrung, der unklaren Wahrnehmung, vertraut. Wut, Angst und fehlgeleitete Handlungen können daraus resultieren. Engel helfen uns auf dem Gebiet des Verstehens großartig. Unser Schutzengel ist immer bei uns, und er hat immer einen vollständigen Überblick – frei von emotionalen Reaktionen – in jeder Situation. Deshalb, wenn wir in eine Angelegenheit Einblick erhalten wollen, können wir die Engel darum bitten, die höhere Betrachtung davon zu übernehmen.

Eine Möglichkeit, eine klarere Sicht der Welt zu erlangen, besteht darin, die Gefühle, die wie Wolken unsere Wahrnehmung trüben, zu entdecken. Dann arbeiten Sie daran, diese loszulassen. Ich glaube, daß Wut die gefährlichste Wolke sein kann, besonders wenn sie aufgestaut und unterdrückt ist, dann braust sie plötzlich auf. Furcht ist eine dunkle Wolke, die unseren Blick verdüstert. Pessimismus oder eine negative Verteidigungshaltung färben die Welt in ein dunkles Grau. Um den Himmel in unserem Geist von diesen dunklen und schwermütigen Schattierungen zu klären, müssen wir praktizieren, bewußt zu werden. Wir können uns darin üben zu verstehen, welche Sturmfront diese Wolken auf unseren Weg geblasen hat. Um dies zu tun, bedarf es der Praxis.

Einige von uns haben Schwierigkeiten, das Wesen der Vergebung zu verstehen. Vergebung beinhaltet normalerweise, daß eine negative Handlung vorausgegangen ist und einer oder mehreren Personen das Gefühl der Verletztheit und der Wut verursacht hat. Mit einer negativen Handlung meine ich etwas, das sich im Rahmen von etwas Schlechtem, Furchtbarem, Boshaftem oder absichtlich Verletzendem abgespielt hat. Das unglückliche Ergebnis dieser Beurteilung der Situation besteht in einer wachsenden Spannung zwischen den zwei oder mehreren Parteien, die darin verwickelt sind. Die Spannung ist wie ein Schleier, der völlige Klarheit verhindert. Wenn Ihnen etwas geschehen ist, bei dem Sie Schwierigkeiten haben oder es unmöglich finden zu verzeihen, ist es wichtig, daß Sie die Situation mit den Engeln prüfen, so daß Sie einen klareren Blick dafür gewinnen. Vor allem aber behalten Sie im Kopf, daß sich die Situation, wie sie auch immer aussah, in der Vergangenheit abgespielt hat. Jedesmal, wenn Sie an Vergangenes denken, verwenden Sie wertvolle kreative Energie und kostbare gegenwärtige Augenblicke, nur um Ihre Energie auf das Alte zu konzentrieren.

Ich werde nun eine starke Behauptung aufstellen: Es ist absolut lächerlich und vergeudete Zeit, es irgend jemandem zu erlauben, Sie mit seinem Verhalten zu verletzen oder aufzuregen. Wenn Sie an einem Punkt angekommen sind, an dem Sie das Verhalten eines anderen aufwühlt, liegt es daran, daß Sie versuchen, ihn oder sie zu beherrschen. Ich bin mir sicher, daß jeder, der das liest, sich Millionen von Argumenten ausdenken kann, die das bestätigen. Ich kann mir gewiß Verhaltensweisen von Leuten vorstellen, die ich nicht mag. Aber was haben diese Verhaltensweisen tatsächlich mit mir zu tun? Wie geriet ich in einen Zustand, in dem andere Menschen Macht über mich gewinnen und mir mein Verhalten vorschreiben können, oder in dem ich denke, ich habe ein Recht, den anderen zu diktieren, wie sie sich zu verhalten haben? Es gibt viele Methoden, mit denen wir versuchen, über unsere Beziehungen Befehlsgewalt auszuüben. Wir mögen Schuldgefühle erzeugen, sie mit Geschenken zu bestechen versuchen, unsere Verhaltensweisen verändern, mit Krankheit reagieren und manches mehr. Wir lassen uns auf diese Verhaltensmuster ein, um uns eine Illusion der Sicherheit zu verschaffen – irgend jemand oder irgend etwas außerhalb unserer selbst, auf den oder das wir angewiesen sind. Das wäre nett, aber viel erfreulicher wäre es, wenn wir zu unserem eigenen Glücklichsein auf uns selbst angewiesen wären.

Diese Situation verlangt Gleichgewicht. Wenn wir jemandem nahe stehen, müssen wir willens sein, diese Person zu akzeptieren und sie jederzeit freizugeben aus einer Haltung heraus, die keine Regeln aufstellt und bedingungslose Liebe zuläßt. Wir können diese Haltung nur erreichen, wenn wir uns in einem Raum der Weisheit aufhalten. Ich will Sie an den inneren Weisheitsengel erinnern. Er ist eine große Hilfe, was Fragen der Herrschsucht und des Verzeihens angeht. Werden Sie zu den Zeiten, in denen Sie fühlen, daß Sie nicht verzeihen können, oder wenn Sie sich unmittelbar in einer konfliktreichen Situation gefangen fühlen, eins mit Ihrem inneren Weisheitsengel. Betrachten Sie die Dinge mit den Augen der Weisheit, und es ist sicher, daß sich Ihre Wahrnehmung ändert. All dies kann im Bereich der Selbstvergebung Anwendung finden. Sich selbst zu verzeihen, könnte sich schwieriger erweisen, als anderen zu verzeihen. Deshalb beziehen Sie die Engel ein, und entlassen Sie sich selbst aus den Banden der Schuld, der Scham und des Selbsthasses.

Übung 1:
Klären Sie Ihren Geist

Die Engel können helfen, die dunklen Wolken in Ihrem Geist zu vertreiben. Nehmen Sie einige tiefe Atemzüge und stellen sich vor, daß Sie Engelenergie einatmen. Es könnte helfen, sich vorzustellen, daß sie einen frischen Minzduft verströmt. Engel leben in einem hellen, klaren Licht. Tatsächlich ist ihr Reich als so hell beschrieben worden, daß menschliche Wesen es kaum längere Zeit aushalten können. Das Licht ist weiß, und solches wird aus dem gesamten Spektrum der Lichtstrahlen gebildet. Bei jedem tiefen Atemzug stellen Sie sich vor, daß das Licht in den gesamten Gehirnkreislauf eindringt und durch die blokkierten Seitenwege bläst.

Falls Sie sich jemals in einem Stadium der Katatonie (in morbider Düsternis und Depression) befinden sollten, nehmen Sie schnell einen tiefen Atemzug, und bitten Sie die Engel, ihn hinwegzublasen. Stellen Sie sich all die Gaben der Engel, die zu Ihrem Gehirn reisen, vor: Fröhlichkeit, freudiger Überfluß, Heiterkeit, Humor und Spaß. Dies mag keinen sofortigen Effekt haben, weil es eines tiefen Vertrauens zu den Engeln bedarf, sich sofort auf den Wandel einzulassen. Man braucht Übung, um diesen Zustand schnell zu erreichen, aber Erleuchtung kann mit den Engeln in jenem Augenblick stattfinden, sobald Sie einmal gelernt haben, sich der Hilfe der Engel zu öffnen. Falls Sie sich ein Inhalationsgerät, um die Engel einzuatmen, kaufen oder ausdenken wollen, kann das Gebiet der Aromatherapie hilfreich sein. Finden Sie zwei oder drei Düfte, die Ihnen ein Wohlgefühl schenken, und wann immer Sie etwas Lichtkraft von den Engeln in Ihrem Geist wünschen, atmen Sie Ihre ausgewählten Düfte ein. Während Sie die Düfte auskosten, bitten Sie die Engel darum, daß Sie besser verstehen, was vor sich geht. Wenn Ihnen Gedanken ins Bewußtsein kommen, die Ihnen im Augenblick keinen Sinn vermitteln, werfen Sie sie nicht weg. Behalten Sie diese in Ihrem Kopf, oder notieren Sie

sie in Ihr Tagebuch. Diese zufälligen Gedanken können zu einer späteren Zeit sehr wichtig sein. Aber lesen Sie auch nicht zuviel in diese Gedanken hinein – streben Sie nach Gleichgewicht und Klarheit.

Erinnern Sie sich daran zu atmen. Das bewußte Atmen ist zu allen Zeiten wichtig, sogar wenn Sie sich großartig fühlen. Atmen Sie ein und danken den Engeln für all ihre Gaben, sie sind ebenso kostenlos, wie die Luft, die wir einatmen.

Übung 2: Verzeihen und Segnen – wie Sie Ihre Seele erleichtern

Engel sind Vergebungsunternehmer, sie können für Sie die Verbindungen herstellen, wenn Sie willens sind, zu vergeben und loszulassen. Das Schlüsselelement ist hierbei die willentliche Bereitschaft. Wenn Sie wirklich entschlossen sind, zu verzeihen und weiterzugehen, hat der Prozeß der Vergebung begonnen. Um den Willen hierzu zu stärken, bitten Sie zunächst die Engel um Hilfe, dann beginnen Sie, Ihre Sicht der Aspekte, die die Situation begleiten, zu ändern. Denken Sie positiv! Erlauben Sie sich, die lichte Seite anzusehen, denn es gibt definitiv eine solche Seite. Falls jemand Ihren geistigen Frieden gestört, verletzt oder angegriffen hat, betrachten Sie das als das Geschenk, das es ist. Allem voran gestattet Ihnen diese Erfahrung, Ihre spirituelle Stärke und Tugend durch Vergebung zu entwickeln. Im weiteren bringt es Wandel mit sich, was bedeutet, daß Ihnen etwas Großartiges über den Weg läuft – sobald Sie die Verletzung loslassen.

Falls es Personen geben sollte, denen Sie verzeihen wollen, die aber physisch nicht kooperieren werden, verzeihen Sie ihnen in Ihrem Geist. Segnen Sie geistig die Leute, die Sie gestört haben, und danken Sie ihnen für die Chance, Ihre Tugenden zu kultivieren. Wann immer Sie an sie denken, senden Sie einen Strahl des weißen Engellichts auf ihren Weg. Falls

Sie anfangen, negativ über sie zu urteilen, beenden Sie den Gedanken, dann verändern Sie ihn, schließlich entlassen Sie den Gedanken und befreien sich selbst. Vergebung benötigt Übung, aber dies muß keineswegs erdrückend sein. Noch mal, Verzeihung beinhaltet die Fähigkeit, unsere emotionalen Reaktionen und unsere Einstellung dem Leben und den Leuten gegenüber zu kontrollieren. Wieso ein Gefangener Ihrer eigenen Reaktionen und Einstellungen werden? Befreien und vergeben Sie sich, und verzeihen Sie dem Leben, daß es nicht immer einfach ist.

Arbeiten Sie mit den Engeln, um ein Gehirnprogramm zu entwickeln, das Sie in die Lage versetzt, den genauen Moment, in dem Ihre Auffassungskraft von Verzeihung zu Ablehnung überwechselt, ausfindig zu machen. Arbeiten Sie daran, sämtliche Gedanken, die mit Bestrafung oder Rache anderer oder sich selbst gegenüber verknüpft sind, loszulassen. Dies mag schwierig erscheinen, aber die Engel werden Ihnen helfen, ein Alarmsignal in Ihrem Bewußtsein zu installieren, so daß, falls eine negative Auffassung sich ausdehnt, Sie die Wahl haben werden, jene auf ihrem Weg zu bremsen. Sie werden auch bemerken, daß Sie, wenn Sie den Wunsch nach Rache oder Überlegenheit aufgeben, in vielerlei Weise belohnt werden. Vertrauen und verzeihen Sie einfach. Lassen Sie die Vergangenheit los. Wir haben gerade jetzt eine Menge zu tun, und uns an die Vergangenheit zu klammern, verlangsamt unseren Fortschritt!

Übung 3:
Verwandeln Sie Wut

Wenn Sie das »r« von dem englischen Wort anger (Wut) wegnehmen und durch ein »l« ersetzen, bekommen Sie das englische Wort angel (Engel). Das macht Wut in keiner Weise attraktiver, aber mit einem bißchen Engelsverständnis werden Sie eine leichtere Zeit haben, mit der Wut umzugehen und sie zu verwandeln. Ich habe das Thema Wut mit vielen Leuten diskutiert, und die meisten stimmten mir zu, daß Wut irgendwie mysteriös ist, weil es manchmal trotz aller Bestrebungen unmöglich scheint, sie loszuwerden. Wut ist eine der Reaktionen, die wieder auftauchen können, lange nachdem Sie geglaubt haben, daß Sie mit ihr fertig wären. Unsere Kultur und einige andere scheinen Wut als ein verwirrendes Thema zu betrachten. Zum Beispiel könnten wir oft gebremst worden sein, wenn wir als Kinder anfingen, unsere Wut auszudrücken. Dann sagen uns Erwachsenen die Psychotherapeuten, daß das Unterdrücken unserer Wut neben Krankheit und Depression zu allen Arten unerfreulicher Wirkungen führt. Die Botschaften in bezug auf Wut sind definitiv gemischt und verwirrend.

Ich könnte mir vorstellen, daß die meisten Leute eine Geschichte parat haben, als sie »in die Luft gingen« und etwas Wildes taten als Antwort auf ihre Wut. Ebenso wie ich kennen Sie solche Berichte. Der Augenblick, wenn wir die Kontrolle verlieren, kann die Situation, in der wir uns befinden, sehr verschlimmern.

Ich habe auch festgestellt, daß Wut keine feststehende Gefühlswut ist, sie scheint differenzierbare Grade bei verschiedenen Leuten anzunehmen. Wenn Sie zum Beispiel an alle Leute denken, die Sie kannten, könnten Sie höchst wahrscheinlich jemanden nennen, der die ganze Zeit wütend war. Es scheint, daß alles, was geschieht, diese Person »auf die Palme bringt«. Sie könnten auch an jemanden denken, dem es schwerfällt, jemals wütend zu werden, und der die meiste Zeit eine sehr liebevolle und positive Natur besitzt. Unsere Wahrnehmungen innerhalb einer Situation regieren unsere emotionale Antwort darauf. Deshalb neigt eine Person mit einer positiven optimistischen Einstellung dazu, einen Affront in einer weniger wütenden Art und Weise wahrzunehmen. Im Gegensatz dazu könnte fast alles, was wütende Leute erleben, als eine ungerechte Provokation oder als ein Angriff auf deren Persönlichkeit interpretiert werden. Dies sind zwei extreme Beispiele, aber in jedem Falle einer emotionalen Antwort haben wir ein gewisses Maß an Wahlmöglichkeit, wie wir darauf reagieren werden.

Noch einmal, die Art des Bewußtseins ist wichtig. Wenn Sie wütend sind, existiert ein Grund dafür. Um mit Wut umzugehen, müssen Sie sich zuerst die offensichtlichen Tatsachen ansehen. Nehmen Sie sich selbst wahr, wenn Sie einem Freund gegenüber Ihren Ärger zum Ausdruck bringen, oder wenn Sie Ihre Gefühle niederschreiben. Prüfen Sie, was Sie sagen. Als nächstes setzen Sie Ihre Intuition ein, um dem Ursprung Ihrer wütenden Gefühle auf die Spur zu kommen. Es können sich durchaus Personen in Ihrer Umgebung befinden, die aus dem einen oder anderen Grund Ihr gutes Wesen untergraben wollen. Wenn Sie feststellen, daß dies der Fall ist, bleiben Sie einfach aufmerksam und bitten Ihre Engel, mit den Engeln der Beteiligten dieses Problem zu besprechen; schützen Sie sich dann mit Engelslicht. Strahlen Sie es in deren Richtung aus, und ihre Angriffe werden nicht in der Lage sein, durch das Licht hindurchzudringen. Der Trick besteht darin, bewußt zu werden und die Situation ohne emotionale Beteiligung zu betrachten.

Fragen Sie die Engel ebenfalls, ob die Situationen, über die Sie wütend sind, tatsächlich Ihr Problem darstellen. Ich weiß, daß ich eine Tendenz besitze, in Situationen wütend zu reagieren, in denen ein »underdog« beteiligt ist. Ich will dann oft die Sache in die Hand nehmen, ganz besonders, wenn Kinder einbezogen sind. Wir müssen im Bewußtsein behalten, daß Wut unser Denken einnebelt. Es gibt viele gute Gründe heutzutage, empört zu sein. Schauen Sie sich nur die Nachrichten in einer entsprechenden Stimmung an, und Sie werden bald bereit sein zu explodieren. Also, bewahren Sie einen klaren Kopf und arbeiten Sie daran, die Dinge nicht persönlich zu nehmen. Bewahren Sie sich ein starkes, im Licht geschütztes Zentrum. Die Engel sind bei Ihnen, sie verfügen immer über eine klare Wahrnehmung. Also richten Sie sich auf Ihren Schutzengel aus, und öffnen Sie sich einem klaren Verständnis der Situation.

Wut ist wie Gas, das dauernd auf sein Entzünden wartet, alles, was es braucht, ist ein brennendes Streichholz, das in Form einer Reaktion darauf geworfen wird.

Ich habe entdeckt, daß ich mit Hilfe der Engel eine bessere Perspektive auf das Problem der Wut richte. Versichern Sie sich, daß Sie die Wut nicht gegen sich selbst wenden. Überlegen Sie sich Möglichkeiten, konstruktiv damit umzugehen. Eines Tages, während ich mit einer Gruppe von Studienanfängern arbeitete, erwähnte ein Mädchen aus der Gruppe, daß sie sich manchmal so fühlte, als könnte sie Selbstmord begehen. Ansatt emotional auf den Ernst Ihrer Aussage zu reagieren, sagte ich »Ja, ich könnte mir vorstellen, daß jeder in diesem Raum schon mal so viel Wut auf das Leben hatte, daß er sie gegen sich selbst gerichtet und an Selbstzerstörung gedacht hat«. Dann bat ich die Gruppe, ein paar konstruktive Vorschläge gemeinsam zu entwickeln, wie sie ihre Wut bearbeiten könnten, anstatt sie in sich hineinzufressen. Sie fanden einige großartige Vorschläge, wie zum Beispiel mit einem Ratgeber oder einem vertrauenswürdigen Freund zu sprechen, eine Telefonfürsorge anzurufen, auf ein Kissen zu schlagen, zu schreien und lauthals zu weinen, alle Gefühle in einem Tagebuch zu notieren, jemandem einen Brief zu schreiben, ihn aber nicht abzusenden, Bilder der Gefühle zu zeichnen, einen Spaziergang zu unternehmen und sich abzukühlen, Musik zu hören, Turnübungen zu machen oder exzessiv zu tanzen und an positive Dinge zu denken. Dann taten sie etwas wirklich Wunderbares, jeder von ihnen bot in seiner einzigartigen Weise diesem Mädchen an, ihr Freund zu sein, indem er ihr in seiner eigenen, besonderen Art Liebe zeigte. Sie wandelte sich um 180 Grad, aus einem sehr abgeschotteten, traurigen und wütenden Mädchen wurde ein sehr offenes, lebendiges, lustiges und liebevolles Wesen. Und das ist es, was Engel durch und durch sind! Die Engel sind für Sie da: Sie sind Ihre Telefonfürsorge, die Sie zu jeder Zeit anrufen können, sie sind Ihre Freunde, mit denen Sie sprechen können, wenn niemand anderer da ist, und allem voran, warten sie auf

Sie, um Ihnen in ihrer eigenen besonderen Weise Liebe zu
zeigen, um Sie zu befreien, damit Sie vollkommen lebendig und
froh sind, Sie selbst zu sein.

Teil V

Lassen Sie los, und übergeben Sie Ihre Angelegenheiten den Engeln

Anhaftung und Nichtfolgerichtigkeit

Sie könnten die Erfahrung gemacht haben, daß Sie etwas so sehr wünschten, daß es Sie jeden Augenblick in Anspruch nahm. Sie verbrachten Ihre Zeit damit zu visualisieren, zu beten, es laut zu artikulieren, zu bitten, Rollenspiele zu spielen, das Vorstellungsbild mit Energie aufzuladen – mit anderen Worten, Sie haben alles getan, wovon Sie sich vorstellen konnten, daß dies Ihr Ideal verwirklichen würde. Sie haben also diese ganze Arbeit geleistet, und nichts hat sich tatsächlich verwirklicht. Dann, eines Tages, entschieden Sie, das Ganze aufzugeben, sich zu ergeben, nicht mehr daran zu hängen und es loszulassen – und siehe da, gerade als Sie aufgehört hatten, es sich zu wünschen, kreuzte das Ersehnte Ihren Weg.

Die Engel möchten gerne, daß wir ein Stadium des Nichtanhaftens erreichen, einfach weil uns das Anhaften niederdrückt und zu einer Neigung, in Situationen überzureagieren, verführt. Warum reagieren wir? Was geschieht, wenn wir die Kontrolle über unsere Handlungen verlieren? Emotionale Reaktionen können uns in Schwierigkeiten bringen. Eine gefühlsmäßige Reaktion auf irgend etwas bedeutet, daß wir einen Teil von uns investiert und in bezug auf ein bestimmtes Ergebnis eine Anhaftung entwickelt haben. Wenn das erwünschte Resultat nicht eintritt, entgleisen wir. Wir könnten schockiert, wütend oder traurig werden. Denken Sie an eine Zeit, in der Sie gestreßt waren und nicht in Ihrer Mitte ruhten. Vielleicht waren Sie in Eile und wurden von irgend etwas überrannt oder überschüttet, und Sie reagierten, als ob es das Schlimmste sei, das Sie sich vorstellen konnten. Das ist tatsächlich sehr lustig und ein Beispiel dafür, daß wir uns selbst zu ernst nehmen. Überreaktionen können entweder daher rühren, daß wir zu gestreßt sind, oder daß wir zu sehr in eine Sache involviert sind. Beide Situationen beinhalten Schwere und Kampf. Um die Überreaktionen abzustellen, bedarf es Zeit und Übung. Der erste Schritt besteht darin, einfach bewußt zu werden, was Sie tun.

Nichtanhaftung ist die höchste Disziplin, um vollkommen in der Gegenwart zu leben. Anhaftungen machen uns schwerfällig und erdgebunden. Wenn wir uns vom Ernst der Anhaftungen des Lebens befreien, schwingen wir uns zu den Höhen der Seligkeit und des Humors der Engel auf. Anhaftungen bilden sich auf viele Arten. Wir sind an Leute, Orte und Dinge gebunden. Wenn diese Leute, Orte und Dinge unseren Erwartungen nicht entsprechen, erfahren wir Furcht, die Angst vor Trennung und Konflikte, um nur wenige zu nennen. Zu lernen, loszulassen und sich von Verhaftungen zu lösen, selbst in geringem Umfang, befreit uns von unseren Stimmungen; mit Hilfe der Engel ist es nicht so schwierig, wie wir vielleicht denken.

Eine Annäherungsmethode, den Knoten der Anhaftung zu entwirren, besteht darin, eine Einstellung der »Nichtfolgerichtigkeit« zu entwickeln. Folgerichtigkeit bedeutet, daß ein Ding vom anderen zwingend abhängt. A verursacht B, um aber zu B zu gelangen, muß man zuerst zu A kommen. B zu haben, hängt davon ab, daß man A hat. Nichtfolgerichtigkeit bedeutet, daß B nicht notwendigerweise von A abhängt.

Der Glaube, daß B notwendigerweise von A abhängt, wird gerade dann heimtückisch, wenn B sich als etwas besonders Wesentliches für Ihre Gesundheit erweist oder als eine Fähigkeit, etwas durchzuführen. Zum Beispiel könnten Sie sich selbst sagen, daß Ihre Freude von etwas (A) abhängt. Dann sind Sie wirklich in einer schlechten Lage, weil A vielleicht dasjenige ist, das Sie nicht kontrollieren können oder noch schlimmer etwas ist, das Sie nur haben können, wenn Sie in einer guten geistigen Verfassung sind, um dafür eine Anwendung zu finden.

Die Haltung der Nichtfolgerichtigkeit kann Ihnen gute Dienste leisten. Nichtfolgerichtigkeit bedeutet, daß Sie systematisch alle Glaubensvorstellungen an eine Folgerichtigkeit zurückweisen. Und nicht zuletzt, wie können Sie wissen, daß Ihr Favorit B notwendigerweise von irgendeinem unerreichbaren A abhängt? Es könnte tatsächlich von etwas abhängen, an das sie noch niemals gedacht haben oder letztlich von gar nichts.

Nichtfolgerichtigkeit ist eine der machtvollsten geistigen Einstellungen, die Sie sich vorstellen können. Es hebt Sie über Ihre begrenzten Glaubensvorstellungen hinaus, in das Reich des höheren Selbst, das über die Begrenzungen von allem, was Sie glauben, wer Sie im Augenblick sind, hinausreicht. Die Engel leben in diesem Reich, denn sie sehen Sie als denjenigen, der Sie wirklich sind.

Jene Menschen, die Nichtfolgerichtigkeit oft praktizieren, stellen fest, daß dies mit Seligkeit einhergeht – und umgekehrt – diejenigen, die sich dem Zustand der Seligkeit durch Yogapraktiken, Meditation, Einsiedlerdasein oder sogar durch Biofeedback angenähert haben, stellen fest, daß die Haltung der Nichtfolgerichtigkeit die Seligkeit begleitet, zusammen mit dem Gefühl der unbegrenzten Möglichkeiten. Dies ist das Stadium der Macht und der Möglichkeiten jenseits der Schranken der bekannten Welt. Es ist die Eingangspforte zu dem, was die esoterische Philosophie als die »Ursachenebene« bezeichnet, weil es die wahre Ursache ist für alles, was in der Welt des sogenannten Ursache- und Wirkungsprinzips erscheint.

Lassen Sie sich
von den Engeln tragen

Schließlich, wenn wir all unser menschliches Gepäck abgeworfen hätten, wären wir leicht genug, um mit den Engeln zu fliegen. Dies mag nicht wie ein vernünftiger Anspruch erscheinen, denn wir sind Menschen und mit der menschlichen Erfahrung geht etwas Last einher. Wie Sie wissen, haben wir immer die Wahl, Gepäck, das zuviel wiegt, abzuwerfen, und wir können dies tun, indem wir es den Engeln übergeben. Je höher Sie mit immer leichterem Gepäck kommen, desto mehr Freude, Liebe und Frieden erhalten Sie. Hier gibt es ein Problem: Je höher Sie stehen, desto tiefer können Sie fallen. Wenn Sie Angst vor Höhe haben, sorgen Sie sich nicht, denn wenn Sie auf Gott vertrauen und sich ergeben, sofern Sie gelegentlich fallen, gibt es ein Sprungtuch, um Sie aufzufangen – die Engel. Wenn sie Sie auffangen, könnten sie entscheiden, Sie für eine Weile zu tragen, oder Sie wieder hoch hinaus zu fliegen. Was Sie einzig tun müssen, ist, ihnen zu vertrauen, denn es ist alles in Ordnung.

Haben Sie jemals darüber nachgedacht, wer Ihr Leben beherrscht? Normalerweise sind viele hinsichtlich dieser Frage zweigeteilt. Einige Menschen meinen, sie besitzen die Kontrolle darüber, was ihnen passiert, und andere denken, sie sind der Gnade äußerer Geschehnisse ausgeliefert ohne Kontrolle darüber, was ihnen geschieht. Solche glauben, daß alles Geschehen mehr von äußeren Quellen und Kräften beherrscht wird als durch ihre eigenen Handlungen. Man kann dies als einen äußeren Kontrollort bezeichnen. Auf der anderen Seite haben diejenigen, die annehmen, daß sie selbst für ihr Leben die Verantwortung tragen, einen inneren Ort der Kontrolle, und sie glauben, daß ihre Handlungen von Bedeutung sind. Sie nehmen zur Kenntnis, daß sie vielleicht nicht fähig sind, alle äußeren Ereignisse zu beherrschen, aber sie wissen, daß sie ihre Reaktionen darauf kontrollieren können.

Die Auswirkungen beider Arten von Kontrolle zeigen sich sehr deutlich, wenn Menschen ernsthaft krank oder verletzt werden. Jene mit einem äußeren Konzentrationspunkt der Kontrolle fühlen sich auf die Gnade der Ärzte und ihrer Lieben angewiesen und an negative Umstände gebunden. Über eine innere Kontrollinstanz zu verfügen, verleiht Menschen die Fähigkeit, für ihre Heilung Verantwortung zu übernehmen und die Umstände positiv zu beeinflussen. Die langfristige Gesundheitsprognose ist für Kranke mit einem inneren Kontrollort weitaus besser.

Es sind hauptsächlich zwei Arten von Problemen, denen wir hier gegenüberstehen. Eine Art des Problems stammt von nicht steuerbaren Aktivitäten wie Naturereignissen, Erdbeben, Hurrikans und anderen, über die wir keine individuelle Kontrolle haben. Die andere Art ist die, die wir uns selbst schaffen, solche Probleme entstammen dem Versuch, unsere Umgebung sowie die Umstände und Menschen zu manipulieren oder zu beherrschen. Wäre es nicht nett, wenn wir wirklich jeden in unserer Umgebung dominieren könnten? Wir wissen, was das Beste ist, wir denken, wenn unser Ehepartner, unsere Kinder und unsere Mitarbeiter nur all das täten, was wir meinen, daß sie tun sollten, ginge alles glatt. Bevor Sie nicht ein erleuchteter Meister sind, versuchen Sie jemanden oder eine Situation, die in Ihrem Leben vorherrscht, zu kontrollieren. Ihre Art der Kontrolle könnte sehr subtil sein, oder sie mag sehr laut sein. Der Wunsch zu beherrschen, ist definitiv ein Teil der menschlichen Natur! Das Bedürfnis zu dominieren, verursacht deshalb Probleme, weil es unmöglich ist, Situationen und Leute in Ihrer Umgebung so weit zu bewegen, daß sie genau das tun, was Sie wollen. Wenn wir in einer Situation die Übersicht verlieren, spüren wir, daß das Leben nicht lenkbar ist. Wenn wir wahrnehmen, wie wir auf das Leben reagieren und wie wir uns selbst fühlen, und wenn wir in der Kontrollfähigkeit und Verantwortung bei uns bleiben, dann wird unser Leben lenkbar. Es steht in unserer Macht, wachsende Freude und Selbstliebe zu entwickeln, unabhängig von äußeren Umständen. Indem wir uns einer liebenden höheren Macht überantworten, nämlich den Engeln, gewinnen wir jenen inneren Schatz, der auf Vertrauen und Selbstliebe basiert. Das Leben ist wirklich freudvoller, wenn wir das Bedürfnis nach Fremdkontrolle aufgeben. Gelegentlich scheint es riskant zu sein, aber die Situationen, die Sie dadurch anziehen, daß Sie keine Kontrolle benötigen, geben Ihnen wahre Freiheit. Die Engel sind bei uns in dieser Freiheit. Sie wissen, welche Versuchung das Problem der Kontrolle für uns darstellt. Es bezieht sich auf das Gebiet des freien Willens. Ersetzen Sie das Wort *Kontrolle* durch das Wort *Vertrauen* in Ihrem Wortschatz, lehnen Sie sich dann zurück und beobachten Sie das Geschehen.

Übung 1: Worin besteht das Wesen Ihrer höheren Macht?

Wir erschaffen unsere eigene Erfahrung von Gottes Liebe durch die Gabe des freien Willens. Wenn wir einen liebenden und verzeihenden Gott, der mit den Engeln zusammenarbeitet, kreieren, haben wir ein Unterstützungssystem geschaffen, dem wir vertrauen können. Wir können der höheren Macht in unserem Leben vertrauen, damit sie uns Situationen, die uns quälen und uns davon abhalten, freudvoll zu leben, abnehmen kann. Denken Sie darüber nach, welche Art von höherer Macht Sie in Ihrem Leben erschaffen haben. Erinnern Sie sich an Zeiten, als Sie sich auf Ihre höhere Macht verlassen und sie um Hilfe bitten mußten: Was geschah? Fühlten Sie sich sicher und innerlich umsorgt, oder schwappte eine Welle der Furcht über Ihnen zusammen?

Wenn Sie etwas tun, das Sie als »schlecht« beurteilen, bestrafen Sie sich dann, indem Sie sich schuldig fühlen und ein negatives Ereignis heraufbeschwören, oder stellt sich eine Kraft ein, von der Sie fühlen, daß Sie keine Kontrolle über sie haben und die Sie mit Negativität überrollt? Wie auch immer, Sie sind es, der die Bestrafung vollzieht, einfach dadurch, daß Sie den Akt begehen, der Ihnen das Bedürfnis, sich selbst zu bestrafen, auslöst. Diese Vorstellung mag mit religiösen Glaubensvorstellungen, mit denen einige aufgewachsen sind, in Konflikt geraten, aber betrachten Sie dieses unabhängig von Ihrem Glaubenssystem. Die Welt an sich kann schon beängstigend genug sein. Und wenn wir aus dem Himmel einen Ort des rigorosen, strengen Urteils machen, wo finden wir dann Trost?

Wenn wir glauben, daß der Himmel auf unserer Seite ist, wird unser weltliches Leben in hellere Farben getaucht sein. Es ist nicht so schwer, das zu erreichen. Aber man muß etwas von der Häßlichkeit ignorieren und sich nur auf das Schöne konzentrieren. Halten Sie einen Augenblick inne, Schönheit umgibt Sie. Lauschen Sie dem Lied eines Vogels, unabhängig von Ihrer Umgebung gibt es ganz in Ihrer Nähe Vögel. Beobachten Sie den Himmel, nehmen Sie die Farben der Sonne wahr, während sie sinkt oder aufgeht. Gehen Sie in einem Park spazieren, studieren Sie einen Baum und riechen Sie an den Blumen. Bitten Sie die Engel, Sie auf eine Reise durch die Schönheiten mitzunehmen. Beobachten Sie spielende Kinder. Hören Sie schöne Musik. Vergessen Sie den Rest der Welt, die Mächte des Himmels sind hier auf Erden – alles, was wir tun müssen, ist, unsere Aufmerksamkeit auf das Schöne zu richten. Finden Sie schöne Anteile Ihres täglichen Lebens, richten Sie Ihre Aufmerksamkeit jeden Tag zumindest für eine kurze Zeit auf die Schönheit. Die Engel werden Sie belohnen.

Wenn es notwendig ist, die Essenz Ihrer höheren Macht aufzuhellen, tun Sie es mit allen Mitteln. Eine Art und Weise, das zu kultivieren, besteht darin, Überfluß zu pflegen, indem Sie sich das Göttliche als eine höhere Macht vorstellen, die mehr als ausreichend ist – mehr als wir uns jemals wünschen könnten. Wenn wir darum bitten, bekommen wir mehr. Kommen Sie mit dem Überfluß der Liebe in Berührung, mit dem der Himmel Sie umgibt. Das Göttliche ist expansiv und in Bewegung, es wäre dumm, es in strengen Kategorien zu definieren. Gehen Sie jenseits der Beschränkungen und Beschreibungen. Treten Sie in das göttliche, expansive Bewußtsein ein, das Ihre Seele durch Überfluß befreit. Während Sie sich langsam konzentrieren und aufhellen und der Essenz des Himmels in Ihrem Leben Platz schaffen, wird sich Ihre Einstellung einem Wandel unterziehen. Sie werden sich auf eine natürliche Weise mächtig und geschützt fühlen, das wahre Geschenk aus der Welt der Engel wird Ihnen auf Ihrem Weg begegnen. Vergessen Sie niemals den göttlichen Humor. Wenn herausfordernde »schlechte« Dinge passieren, treten Sie mit Ihrem höheren Selbst zurück. Mit den Engeln und der göttlichen Macht lachen Sie zusammen.

Übung 2: Unterscheiden Sie zwischen innerer und äußerer Kontrolle

Entspannen Sie sich für einen Augenblick, und denken Sie darüber nach, ob Ihre Kontrollzentrale überwiegend innerlich oder im Äußeren lokalisiert ist. Stellen Sie sich einige Fragen: Was hat Sie das Leben bisher über Kontrolle gelehrt? Fühlen Sie sich eher wie ein Opfer des Zorns des Universums oder wie ein starker Spieler in diesem Spiel? Denken Sie an etwas, das in Ihrem Leben schieflief, das Sie so nicht geplant hatten. Besaßen Sie volle Kontrolle über die Situation, oder fühlten Sie sich völlig hilflos? Wenn etwas schiefging, wandten Sie sich an eine höhere Macht, um innere Stärke zu erhalten, oder gaben Sie auf und fühlten sich betrogen? Vielleicht sind Sie jemand, der beides tat. Vielleicht hing es auch von der Situation ab. Der Punkt ist, daß wir es häufig nicht wissen, das heißt, wir lehnen uns nicht oft zurück und denken über das Thema der Kontrolle nach. Bevor Ihnen deshalb etwas Wesentliches passiert, sollten Sie einige Gedanken auf das Thema der Kontrolle verwenden. Nehmen Sie diesen Vorgang leicht. Das Thema kann ein bißchen schwer erscheinen, aber Sie würden nicht wollen, daß das geschieht!

Kontrolle ist eine verführerische Illusion. Es ist ein Trick, der sich in unserem Bewußtsein abspielt. Zu manchen Zeiten könnten wir uns als eine Art der Verteidigung extrem auf uns selbst verlassen. Wir haben uns so sehr abgegrenzt, daß wir denken: Wer braucht irgend jemand anderen? Wer braucht schon Gott? Falls wir stark an unsere eigene Macht glauben, um unsere Resultate zu kontrollieren, dann wird die Welt sicher und handhabbar sein, richtig? Falsch, denn Tatsache ist es, daß wir wirklich keine vollkommene Kontrolle über das, was uns geschieht, besitzen. Wir verfügen über ein gewisses Maß an Einfluß, aber letztendlich können wir nicht die Gezeiten bestimmen. Fangen Sie an, etwas über Ihren eigenen Ort der Kontrolle kennenzulernen, und geben Sie den Engeln die äußere Kontrolle, so daß Sie einen inneren Ort der Kontrolle für sich entwickeln können, der auf Vertrauen und Selbstliebe beruht.

Denken Sie an ein paar Themen in Ihrem Leben, die ein bißchen Ergebenheit unter die Magie der Engel brauchen könnten. Das Thema könnte groß oder klein sein, menschlich oder nicht menschlich. Machen Sie sich eine Liste dieser Themen, dann erklären Sie sie zum Eigentum der Engel. Sie besitzen sie nicht länger und sind nicht länger voll für sie verantwortlich. Sie übergeben sie den Engeln. Bitten Sie die Engel, etwas Magie auf sie zu sprühen, und vertrauen Sie darauf, daß alles zu Ihrem Besten und zum Besten des Universums geregelt wird. Wenn Sie wollen, können Sie Ihre Imaginationsfähigkeit einsetzen und sich etwas von dieser Magie vorstellen. Klammern Sie sich einfach nicht an bestimmte Resultate, lassen Sie den Engeln immer Raum, ihre Schwingen auszubreiten und ihre Magie wirken zu lassen.

Seien Sie inspiriert. Lesen Sie ein Buch oder sehen Sie sich einen Film über jemanden an, der den Sieg über die Härten des Lebens davongetragen hat. Schauen Sie sich nach einem spirituellen Thema um. Suchen Sie nach Selbstwertschätzung. Finden Sie heraus, was Sie in einer Geschichte inspiriert und was nicht. Würden Sie manche Dinge darin anders machen? Würden Sie die Situation bewältigen? War der Charakter manchmal schwach? Was war es, daß ihn oder sie bei der Stange hielt? Denken Sie oft an das inspirierende Buch oder den Film, falls es eine positive Wirkung auf Sie ausübte, und jedesmal, wenn Sie daran denken, geben Sie ein Problem, das Sie mit sich herumtragen, auf. Weigern Sie sich einfach, dieses Problem weiterhin anzuerkennen. Betrachten Sie es, verglichen mit Ihren Zielen und Bestrebungen, als bedeutungslos. Bitten Sie die Engel, bei Ihnen zu sein, wann immer Härten Sie niederdrücken.

Übung 3: Lassen Sie sich von den Engeln davontragen

Vielleicht möchten Sie für diese Übung eine Musik anstellen, die Ihnen das Gefühl gibt zu fliegen. Gehen Sie in das Engelalphastadium, stellen Sie sich vor, fühlen Sie es, daß die Engel Sie tragen. Beginnen Sie, die Leichtigkeit und den Humor ihres Reiches zu erfahren. Ihre Stimmung wird sich sofort aufhellen. Denken Sie an einen Ort, den Sie überfliegen möchten, stellen Sie sich vor, daß Sie mit den Engeln fliegen, und wenn Sie wollen, stellen Sie sich vor, daß Sie einer von ihnen sind. Vielleicht fliegen Sie über einen wunderschönen Wald oder über einen See. Benutzen Sie Ihre Einbildungskraft. Vielleicht sind Sie hoch über einer Stadt bei Nacht und bewundern ihre glitzernden Lichter.

Fliegen Sie eine Zeitlang, und fangen Sie dann an, Ihr Leben unter Ihnen zu betrachten. Wie sieht es von so hoch oben aus? Ist es lustig? Traurig? Interessant? Prüfen Sie nach, ob Sie irgendwelches unerwünschtes Gepäck auf diesem Flug mit sich herumtragen, oder nicht. Falls ja, bitten Sie die Engel, es zu verwandeln, damit Sie es loswerden. Nun seien Sie wieder Sie selbst. Sie fliegen immer noch mit den Engeln, aber Sie werden von ihnen getragen. Sie sind auf der Spitze eines Lichtstrahls gelandet. Sie müssen zentriert bleiben, sonst fallen Sie. Wenn Sie fühlen, daß Sie fallen, übergeben Sie sich den Engeln, sie sind Ihr Sicherheitsnetz und werden da sein, um Sie aufzufangen. Wenn Sie auf der Spitze dieses Lichtstrahls stehen, sind Sie eins mit Ihrer ganzen Macht. Sie sind eins mit dem Universum, Sie sind erfüllt vom kosmischen Bewußtsein. Es existiert keine Vergangenheit und keine Zukunft – einfach nur das Jetzt. Erfahren Sie das eine Zeitlang, und gestatten Sie es sich zu gehen, wo immer Sie hingehen müssen. Versichern Sie sich einfach, daß Sie bei den Engeln bleiben. Nach einer Weile kommen Sie aus dem Engelalphastadium heraus und fühlen Sie, wie Ihr Zentrum der Schwerkraft sich wieder hier auf die Erde ausrichtet. Erinnern Sie sich an die Erfahrung und rufen sich die Vision ins Gedächtnis, wann immer Sie unerforschtes Gebiet betreten und sich unsicher fühlen.

Arbeit in Spiel verwandeln

Viele große Lehrer, religiöse oder andere, wandelten auf der Erde, und von jedem können wir lernen. Noch immer können die Engel von ihrem günstigen Standpunkt aus und aufgrund ihres Zwischenspiels mit unserem Bewußtsein sehen, was wir wirklich sind, sie können die Schritte, die vor uns liegen, sehen und können fortfahren, uns mit unserem göttlichen Ursprung und Ziel zu verbinden. Nun können wir bewußt ihre Mitarbeit suchen.

Dorothy Maclean

Ich höre oft Leute davon sprechen, wie hart sie arbeiten, und wie wenig Fortschritt ihnen gelingt. Wenn wir arbeiten, versuchen wir es zu oft mit Gewalt. Mit Gewalt endet jede Situation damit, daß sie uns zurückwirft und oftmals den Weg des Überflusses blockiert. Den Engeln zu vertrauen und es unserer Arbeit zu gestatten, in dem unsichtbaren Reich des Himmels stattzufinden, wird uns mehr bringen, als wir brauchen. Die Bereitschaft, den Kampf aufzugeben, wird uns in dem, was wir tun, kreativer machen. Engel helfen uns, Situationen in unserem Leben anzuziehen, die uns befähigen, unser bestmögliches Selbst zu sein.

Wenn ich nicht aufpasse, ertappe ich mich dabei, das Wort *Arbeit* zu oft zu benutzen. Ich verwende es, um meine Verantwortlichkeiten zu umreißen, und das Problem hierbei ist, daß es dadurch eine negative Projektion erhält. Deshalb bin ich vielleicht nicht so kreativ und fröhlich, wenn ich tatsächlich meine *Arbeit* mache. Es gibt wirklich keinen Grund zu arbeiten. Noch einmal, es liegt alles an unserer Einstellung, wenn wir wollen, können wir unsere Arbeit in Spiel verwandeln. Engel sind unsere Vorbilder, um Arbeit in Spiel zu verwandeln, denn alles, was sie tun, ist, mit dem göttlichen Strom des Universums zu spielen und zu fließen. Wir können ebenfalls mit dem Göttlichen strömen, unser Leben wird auf diese Weise glücklicher und sehr viel kreativer sein. Alles, was man dazu braucht, ist ein bißchen Engelsspaß.

Wenn wir über das Thema Arbeit sprechen, können wir die Vorstellung, daß wir einem Beruf nachgehen, nicht außer acht lassen. Denken Sie über Ihren Beruf nach, falls Sie einen ausüben. Mögen Sie ihn? Falls nicht, beklagen Sie sich gern darüber? Worin immer Ihr Beruf besteht, Sie können einige positive Aspekte dabei entdecken. Wenn Sie in Ihrem Job gelangweilt sind, können Sie etwas neue Energie einbringen – die Engel. Die Art und Weise dies zu tun, besteht darin, sich auf das Positive zu konzentrieren, und sich einige neue Varianten auszudenken, wie Sie sich in Ihrer Arbeit einbringen können. Die Engel werden Ihnen helfen, dann werden Sie sich ziemlich schnell spielerisch und kreativ in Ihrem Beruf erfahren. Falls Sie keinen Job haben und sich selbst unnütz finden, kann sich das schlimmer anfühlen, als in einem Beruf zu arbeiten, von dem Sie denken, daß Sie ihn hassen. Aber, nochmals, das muß nicht negativ sein, bringen Sie die Engel ins Spiel, und haben Sie Spaß mit dieser ganzen untätigen Zeit. Wenn Sie Ihr Haus aufräumen, geben Sie vor, ein Kind zu sein, das Hausputz spielt. Spielen Sie Musik. Hören Sie sich Musik von Mozart an oder andere, die lebendig und geistvoll ist. Während Sie Ihren Tätigkeiten nachgehen, tanzen Sie, seien Sie kindlich und albern. Die Engel werden sich schnell zu Ihnen gesellen und Freude bringen in alles, was Sie tun.

Wir bekommen Freude direkt von den Engeln. Wenn Sie Freude empfinden, fühlen Sie die Engel. Da gibt es keine Trennung. Freude und Heiterkeit sind Erfindungen der Engel, die geschaffen wurden, um uns Menschen eine Pause in den weltlichen Angelegenheiten zu gewähren. Freude und Heiterkeit sind wie wahres Glück, wir können nicht dafür zahlen oder es absichtlich verfolgen. Ihre Besuche sind spontan, wir mögen niemals wissen, wann oder von woher wir Freude und Heiterkeit empfangen werden. Wir können uns selbst nur öfter zur Verfügung stellen, um die Geschenke der Freude und Heiterkeit zu erhalten, indem wir unseren Geist offen und flexibel halten – mit anderen Worten, spontan und kindlich.

Das Zitat am Anfang dieses Kapitels bedeutet mir persönlich sehr viel. Meiner Ansicht nach zählt es die wichtigsten Gründe, um mit den Engeln in Verbindung zu treten, auf. Eine Lebensspanne ist ein Prozeß des Erwachens zu dem, der Sie wirklich sind, und die Engel kennen Sie gut. Die Engel bewahren Sie in einer Projektion Ihres höheren Selbst und Ihrer höchsten Absichten und Gaben für diese Lebenszeit. Die Engel möchten Sie mit Ihrem göttlichen Ursprung verbinden, sie wollen mit Ihrem Bewußtsein tanzen und spielen – Sie leicht und glücklich machen. Wenn Sie entdecken, daß Ihnen Ihr Lebensspiel mit den Engeln hilft, werden Sie ohne Grund glücklich sein, gerade hier und gerade jetzt. Dies wird umgekehrt alle Arten fröhlicher, heiterer und wunderbarer Ereignisse auf Ihrem Weg magnetisch anziehen.

Übung 1:
Lernen Sie Geduld und Disziplin

Geduld und Disziplin können viel Spaß machen. Sie mögen das bezweifeln, aber es ist wahr. Geduld ist eine Form der Ruhe. Denken Sie an etwas, das Ihre Geduld auf die Probe stellt. Nun stellen Sie sich vor, wie sie aus der Situation mit einem freundlichen Zug in Ihrem Gesicht zurücktreten, einfach beobachtend. Halten Sie nach Humor Ausschau, er ist höchst wahrscheinlich mit von der Partie. Es mag jeden Tag viele Situationen geben, die Sie ungeduldig machen, zum Beispiel auf eine Telefonverbindung warten, damit Ihr Anruf sein Ziel erreicht, oder in der Schlange stehen, im Verkehr stecken bleiben und vieles mehr. Kultivieren Sie etwas kreative Geduld und Ruhe in diesen kurzen Situationen. Beginnen Sie mit einem Tagträumen über amüsante und wunderbare Dinge. Benutzen Sie die Zeit, Ihr Leben mit den Engeln zu besprechen, dies wird Ihre Stimmung ändern, und mag Sie sogar zu ausgelassenem Lachen verführen. Beginnen Sie, Geduld mit Spiel und Humor zu identifizieren. Die Engel werden Ihnen helfen, sie haben die ganze Zeit der Welt, um mit Ihnen zu spielen.

Finden Sie heraus, was Sie ungeduldig stimmt. Notieren Sie, worauf Sie warten, so daß Sie in der Lage sind zu entspannen. Listen Sie all jene Dinge auf, die Ihr Glück vergrößern könnten, wenn sie eintreten würden. Nun realisieren Sie, daß das Glücklichsein von innen kommt, und Sie können nicht länger von anderen Leuten und Situationen abhängen, um glücklich zu sein. Wenn Sie das Glücksgefühl in sich selbst erschaffen, gehört es Ihnen, egal, was kommen mag. Ziele, die wir uns setzen, erreichen wir nicht mit Ungeduld zusammen in einem Paket. Ungeduld ist etwas, das wir herstellen, wenn wir in unserem Denken nicht flexibel sind.

Sie mögen vielleicht denken, daß Sie, wenn Sie nur mehr Disziplin in Ihrem Leben aufbringen könnten, großartige Dinge vollbringen könnten. Nun gut, warum nicht ein paar durchführen? Werden Sie ein Schüler der Engel, und Disziplin wird Spaß machen. Wenn Sie Ihr Lebensspiel entdecken, wer Sie alles in allem sind, wird Disziplin nicht mehr so schwierig sein – besonders wenn Sie das Konzept positiv gestalten!

Übung 2: Befreien Sie
Ihr inneres Engelskind

Das Konzept der Arbeit zu verändern ist leichter, wenn wir uns wieder unser inneres Engelskind vorstellen. Das innere Engelskind ist Ihr höheres Selbst – Ihre reine und nicht erwachsen gewordene Essenz. Der menschliche Geist ist kindlich und freudvoll, aber gleichermaßen sehr verletzlich. Er bedarf des Schutzes in Form von Liebe, um wachsen und in einer positiven Weise stark werden zu können. Vielen Menschen wurde ihr Geist auf dem Weg durch ihre Kindheit und von der Jugend bis hin zum Erwachsenendasein gebrochen. Wir mögen es nötig haben, in uns zu gehen und unser inneres Kind neu zu gebären, damit wir Freude und Liebe wieder in unseren menschlichen Geist integrieren können.

Visualisieren Sie ein glückliches Kind. Was mir dabei sofort ins Bewußtsein gerät, ist Freude – eine der Erfindungen der Engel, die speziell für die Menschen bestimmt sind. Kinder übertragen leicht Freude ohne Anstrengung, einfach nur dadurch, daß sie im Augenblick sie selbst sind. Einst waren wir reine Spaßvermittler, was bedeutet, wir waren völlig mit den Engeln verbunden. Wir können wieder völlig mit den Engeln integriert werden, indem wir der Freude gestatten, frei in unserem Leben zu fließen. Dies wiederum bringt uns zurück zum *Spiel*, dem göttlichen Tanz der Schöpfung. Spielen ist der höchste Akt, ganz im Jetzt zu leben. Vergessen Sie Arbeit, löschen Sie das Wort aus Ihrem Geist und ersetzen Sie es durch Spiel. Das wird nicht einfach sein, aber den Versuch ist es wert.

Eines der Hauptthemen dieses Buches handelt davon, Ihr inneres Kind zu befreien, und den Geist kindlicher Freude in Ihr Wesen zurückzuführen. Dies wird Sie schließlich zu einer ganzheitlichen Person vollenden, denn wenn Sie Ihr Kindwesen wiederentdecken, erkennen Sie, wer Sie wirklich sind. Die Engel können sehr schön mit einem integrierten Menschen spielen. Der Weg ist offen und klar, und die Engel können uns ohne die schwerfälligen erwachsenen Gefühlsblockaden oder die Tendenz, alles zu komplizieren, darauf führen. Ich wurde einmal nach einem Vortrag über Engel bezichtigt, ich würde alles zu sehr vereinfachen. Ich betrachte das als ein Kompliment. Ich bin mit meinem Grad der Intelligenz ziemlich zufrieden, und ich fühle normalerweise nicht das Bedürfnis, das jedermann zu beweisen. Ich glaube auch an Einfachheit anstatt Komplexität. Warum die wunderbare, freudvolle, glückliche und lebensbejahende Botschaft, daß die Engel hier sind, um uns glücklicher zu machen, mit einem Packen unnötiger Tricks, Worten und Glaubenssystemen verkomplizieren? Vergessen Sie es. Ich sage, lassen Sie diese lächerliche Betonung, ein Erwachsener zu sein, los! Dies ist die Hauptursache, daß der Geist von den meisten, die älter als zwölf Jahre sind, stirbt. Drücken Sie Ihr Selbst aus – was bedeutet, seien Sie eins mit Ihrem inneren Kind – und übermitteln Sie den schwerfälligen Erwachsenen, die immer alles so ernst und kompliziert haben wollen, etwas Freude.

Das folgende Gedicht habe ich bei Ken Cousens gefunden. Ich liebe Gedichte, aber ich finde sie oft zu weit vom Bewußtsein der Leser abgerückt. Dieses Gedichtbuch ist anders, teilweise weil wir alle eine gewöhnliche Erfahrung teilen – wir waren einst alle Kinder. Ken hat die Kindheit kunstvoll auf universale und zeitlose Weise eingefangen. Mit seiner Erlaubnis biete ich Ihnen eine weitere Gelegenheit, mit Ihrem inneren Engelskind in Verbindung zu treten.

Zeit der Kindheit

Ein Frühlingslied des Lachens
ist die Zeit der Kindheit
Blumen berühren, singender Regen
jedes duftende Blumenblatt
jeder grüne Grasfleck

dahintreibende Stunden ohne Grund
schlummernd nach einem albernen Spiel

Die Hitze des Sommers
ist der Ruf eines Kindes
Silberfische im Wasserfall
jeder Geschmack des Lebens auf sorglosem Wind
Eis am Stiel für dich und mich
planschen und schreien, kaltes Vergnügen
Vaters Hand und sternenglänzende Nacht

Herbstfarben
sind die Träume eines Kindes
windige Abschiede, tanzendes Strandgut
zerbrochene Spielzeuge auf dem Weg
Kürbislächeln, beängstigende Szenen
machen glauben und Halloween
alles ein Teil des Spiels eines Kindes

Winterkälte
Die gemütliche Zeit eines Kindes
warm einkuscheln und heiße Schokolade
Lesen, Zeichnen, wachsender Geist
Zeit der Geschichten, die wir nicht vergessen können
Jedes Jahr wachsen wir, aber wir wundern uns noch nicht
Unsere Liebe ist stark, während sich das Leben abwickelt

Der Jahreszeitenwirbel, strudelnde Spitze
Die Jahre entfalten sich, Zeit läßt sich nicht anhalten
Die Jahreszeit eines Kindes, wir alle gehen durch sie hindurch
Wir kommen und gehen, aber das Leben bleibt
Liebt unser Bestes, ist alles, was wir gesagt bekommen
und das Kind in uns wird sich auf diese Weise enthüllen.

                                                    Ken Cousens

Übung 3:
Werden Sie ein Kind des Lichts

Es spielt keine Rolle, wie alt Sie sind, Sie sind ein *Kind*. Ich habe schon erwähnt, daß jeder von uns eine besondere Farbe des Lichts Gottes besitzt. Dieses eigene Licht ist unser Geschenk an die Welt, und wenn es hell scheint, wird unsere Essenz übermittelt und unser Geschenk empfangen. In diesem Licht Gottes sind wir immer Kinder. Das Licht ist auf Ewigkeit unseres. Das Licht ist in uns und benötigt klare Fenster, um hell hindurchzuscheinen. Licht kann trüb werden. Wenn wir deprimiert und unglücklich sind, haben wir unser Licht gedämpft, wir haben es unterdrückt. Zu oft mindert der Druck des Erwachsenendaseins unser Strahlen, und um es zurückzubekommen, müssen wir zu unserer wahren Lichtnatur zurückkehren.

Machen Sie, während Sie das lesen, eine Körper-Licht-Prüfung. Wir werden mit Ihren Füßen beginnen: Wo befinden sie sich, und was tun sie? Wippen Sie mit ihnen ein bißchen oder halten Sie sie verschränkt, erlauben Sie dem Licht, sie zu entfalten. Wie steht es mit Ihren Beinen? Sind sie gekreuzt? Sind sie gerade oder gebeugt? Wie fühlen sie sich an? Lassen Sie das Licht in Ihre Beine einströmen, und fühlen Sie, wie es die Kanäle der Flexibilität öffnet, um das Licht lebendig zu halten. Sind Ihre Hände bequem und locker, oder sind sie angespannt, während Sie das Buch halten? Sind Ihre Arme schwer, leicht, gebeugt? Lassen Sie das Licht einfließen, und stellen Sie sich Ihre Arme als Lichtschwingen vor, die bereit sind, in jedem Augenblick davonzuschweben. Nun konzentrieren Sie sich auf Ihr Zentrum, den Bereich Ihres Körpers, in dem die Organe chemische Experimente durchführen, und Ihr Herz Blutenergie durch all Ihre Körperteile pumpt. Nehmen Sie einen tiefen Atemzug und lockern Sie die Muskeln Ihres Magens. Lockern Sie Ihre Schultern. Bewegen und schütteln Sie sich, als ob Sie ein Küken wären, das aus seinem Geburtsei schlüpft. Nehmen Sie noch einen Atemzug, dieses Mal aus purem Licht.

Nun folgt der harte Teil. Entspannen Sie Ihren Geist, der sich höchst wahrscheinlich anfühlt, als befände er sich in Ihrem Kopf. Entspannen Sie Ihre Nackenmuskeln, strecken Sie sie sanft und fühlen Sie, wie Ihr Nacken verschwindet. Ihr Kopf schwebt nun im Raum. Was sehen, hören, riechen, schmecken Sie? Entspannen Sie Ihre Gesichtsmuskeln. Lassen Sie Ihren Gedanken für einen Moment freien Lauf, und führen Sie sie dann zurück, um sie auf einige wenige Punkte Ihres augenblicklichen Bewußtseins zu konzentrieren.

Wie handeln Sie? Welche Art der Tönung herrscht in letzter Zeit in Ihrem Leben vor? Handeln Sie wie ein Erwachsener, der von Verantwortung geplagt wird, die niemand jemals verstehen könnte oder bei denen Ihnen niemals jemand helfen könnte? Falls es so ist, erinnern Sie sich daran, daß Sie ein Kind des Lichts sind. Indem Sie lernen, mit dem göttlichen Fluß des Lebens zu spielen, wird Verantwortung in Spiel verwandelt. Finden Sie heraus, auf welche Weise sich Ihre kleinen Unzufriedenheiten in Ihrem Leben projizieren. Wenn Sie sorgenvollen Gedanken nachhingen, machen Sie sich klar, daß Sorgen für ein Kind des Lichts keine Probleme darstellen, also übergeben Sie sie den Engeln. Falls Sie sich auf einem niedrigen Energieniveau befinden, bitten Sie die Engel, die Lichtenergie Ihres inneren Kindes wiederzuentdecken. Traurigkeit oder Depression bedeutet, daß das Licht getrübt ist, und der Erwachsene in Ihnen besaß es und dämpfte es, damit Sie nicht mehr verletzt werden. Seien Sie ein Lichtkind, und verbinden Sie sich wieder mit der Freude einer Lichtkindheit. Schalten Sie das Licht wieder an, lassen Sie es hell scheinen. Die Engel sind hier, um zu helfen! Bitten Sie um etwas Freude, um die Traurigkeit zu ersetzen.

Sind Sie grundlegend glücklich? Falls Sie es sind, machen Sie sich innerlich klar, daß es nicht an dem wunderbaren neuen Spielzeug, das Sie besitzen, liegt, oder an dem großartigen Job, den Sie ausüben, oder an der wundervollen Beziehung, die Sie mit jemandem erleben. Das Glücksgefühl, das Sie spüren, rührt daher, daß Sie sich selbst lieben und angenehmen Ereignissen gestatten, daß sie Ihnen über den Weg laufen. Wenn sich die Umstände änderten, besäßen Sie immer noch dieses Glücklichsein. Denn das Glücksgefühl kommt von innen, alle Kinder des Lichts wissen, wie man eins ist mit dem Wesen des Glücklichseins. Wie freundlich sind Sie? Erlauben Sie es anderen Menschen, sie selbst zu sein und in Ihrem Leben zu kommen und zu gehen? Ein Kind des Lichts ist freundlich und zieht freundliche und magische Leute an. Diese Fragen dienen nur dazu, um Ihnen eine Anregung zu geben, und um Ihnen ein größeres Bewußtsein und Einblicke in Bereiche Ihres Lebens zu ermöglichen, in denen Sie das Licht heller leuchten lassen wollen.

Diese Übung soll nicht ernst genommen werden. Sie ist einfach eine Prüfmarke für Sie, um Ihre Aufmerksamkeit auf das Kind des Lichts, das Sie sind, zu konzentrieren. Wir erinnern uns nicht immer daran, daß wir ein Kind des Lichts sind, und daß wir immer nährende Eltern haben. Ich meine damit die immer liebende höhere Macht des Lichts, aufrechterhalten und personifiziert durch die Engel, die sich der Sorgen annehmen können, die nicht wirklich unsere sind. Wir brauchen uns lediglich daran zu erinnern, daß wir unsere Erwachsenenprobleme abgeben können, damit sie zum Besten des Universums gelöst werden, daß wir loslassen und die Engel ihr Werk verrichten lassen können.

Freiheit

Eine große Anzahl von Leuten glaubt, daß sie denkt, wenn sie eher ihre vorgefaßten Meinungen neu arrangiert.

William James

Sind Sie eine »freie« Person? Beschreiben Sie sich als einen »Freidenker«? Lesen Sie die Definitionen für *frei* in einem Lexikon nach, entscheiden Sie dann. Ich habe im *Oxford American Dictionary* nachgeschaut und folgende Ausführungen zusammengestellt:

Erstens, wenn Sie frei sind, sind Sie kein Sklave und stehen nicht unter der Macht von anderen Personen.

Zweitens besitzen Sie private Rechte, Sie werden nicht von einer despotischen Regierung beherrscht.

Drittens werden Sie nicht festgehalten oder unterdrückt, sind nicht von Regeln beschränkt oder kontrolliert. Sie sind nicht das Objekt von negativen Einflüssen, das heißt unter anderem, Sie sind »frei von Schuld«.

Viertens sind Sie unbezahlbar, es gibt also keinen Preis für Sie.

Fünftens liegt es ausschließlich bei Ihnen, Begegnungen zu haben und Dinge zu tun, und Sie können Ihre Zeit frei bestimmen. Dies mag Ihnen eine einführende Idee davon geben, wie frei Sie sind oder nicht.

Nun fangen Sie aber bitte nicht an, sich über Freiheit Sorgen zu machen. Wahre Freiheit des Geistes zu erreichen, mag eine ganze Lebenszeit in Anspruch nehmen. Wenn Sie in Ihrem Denken und in Ihrem Lebensstil ungebunden sein wollen, prüfen Sie die Situationen in Ihrem Leben und Ihre Glaubenssysteme, die Sie davon abhalten, sich selbst als ein freies Individuum auszudrücken. Finden Sie im wesentlichen heraus, was Sie von wahrer Freiheit abhält, und vernichten Sie Ihre Fesseln.

Freiheit ist den Engeln wichtig, was bedeutet, daß sie hinsichtlich Ihres Bedürfnisses nach Freiheit auf Ihrer Seite stehen werden. Die Engel sind von den ernsten Situationen frei, denen Menschen täglich gegenüberstehen, aber sie wissen, daß wir Menschen in unserem Leben Gleichgewicht brauchen. Wir kennen ernsthafte Probleme in unserem Leben, aber wir haben auch die Macht, uns über sie zu erheben, und so oft wir wollen, Spaß zu haben. Wir können uns selbst befreien, um kindhaft und spontan zu sein. Wir können interessante und ungewöhnliche Umstände anziehen, die das Leben viel interessanter machen werden. Wenn wir uns leicht nehmen und unser Gepäck abwerfen, sind wir frei, um vertrauensvoll dem Fluß des Lebens zu folgen und Veränderungen willkommen zu heißen. Die Welt scheint sich jetzt so schnell zu bewegen, daß es für uns von höchster Wichtigkeit ist, daß wir leichter und freier sind.

Ein Hauptgewicht in unserem Leben ist unser dauerndes Bedürfnis, zu vergleichen und zu verurteilen. Selbst das Wort *Urteil* ist schwer und beschwört das Bild von Gerechtigkeitsskalen oder Härte herauf. Wenn wir nicht urteilen und vergleichen, brauchen wir keine Maßstäbe. Ein anderes lastendes Gewicht stellen festgefahrene Ansichten oder energische Meinungen dar, auf denen wir das liebe lange Leben bestehen. Das Problem mit den Meinungen resultiert daraus, daß sie die Frage nach richtig und falsch mit sich bringen, was vollkommen unnötig ist. Warum muß eine Betrachtungsweise richtig, die andere falsch sein? Wir alle besitzen unterschiedliche Lebenserfahrungen, und daher werden wir alle eigene Versionen des Lebens haben – verschieden oder variiert, aber nicht richtig oder falsch. Und wo auf Erden haben Sie sich diese Meinungen gebildet? Sind diese wirklich Ihre, oder wurden sie durch Lehrer, Bücher, das Fernsehen und andere mehr geformt? Oder schlimmer, Sie könnten wörtlich die Meinung von jemandem anderen nachplappern. Manche Leute sind so von ihren eigenen Überzeugungen bestimmt, daß sie hinausgehen und andere Leute töten, von denen sie glauben, daß jene falsche Ansichten haben. Meinungen können gefährlich sein!

Glaubenssysteme wirken ebenfalls höchst einschränkend und sehr trickreich. Wir mögen glauben, daß wir über ein Glaubenssystem verfügen, in dem wir völlig frei sind, aber dies widerspricht sich selbst. Im wesentlichen bedeutet wahre Freiheit sehr viel, wie wahres Glücklichsein. Das bedeutet, Glück und Freiheit existieren wirklich nur in unserem Geist. Sie haben nichts damit zu tun, was wir besitzen oder wo wir leben. Sie hängen davon ab, wie wir über diese Dinge denken, von unserer Einstellung gegenüber den Situationen des Lebens. Wie immer, erinnern Sie sich, daß dieses Buch auf meinen Meinungen basiert und meiner Einstellung gegenüber dem Leben und den Engeln. Also nehmen Sie sich nur, was Sie davon verwenden wollen, was Ihnen befreiend erscheint. Ich behaupte nicht, daß ich recht habe. Ich folge nur einem Weg, von dem ich glaube, daß er mich individuell befreien wird, so daß meine Tage glücklicher und meine Nächte leichter werden – ein Lebensweg, den die Engel mit ihrem Licht und ihrer Freude segnen werden.

Übung 1: Lockern Sie den Griff Ihres Glaubenssystems

Ich habe den Ausdruck *Freidenker* immer gemocht, hauptsächlich weil er zu meinem Glaubenssystem über mich selbst paßt. Das Problem eines Glaubenssystems besteht darin, daß es mit freiem Denken nicht vereinbar ist. Selbst wenn Sie glauben, daß Sie frei sind, wirkt dieser Glaube beschränkend, weil es Ihr Verhalten in einer gewissen Weise färbt, so daß Ihr Verhalten nicht wirklich von Ihren Gedanken oder Vorstellungen frei ist.

Konflikte treten auf, wenn unser Bezugsrahmen nicht zu unseren Erfahrungen paßt, und wenn andere sich weigern, sich unseren Überzeugungen anzupassen. Zum Beispiel mögen wir ein bestimmtes Bild davon haben, wie eine Ehe auszusehen hat, aber unsere Erfahrung der Ehe könnte vollkommen anders verlaufen, also entsteht ein Konflikt. Wir mögen eine Vorstellung davon haben, wie wir und andere behandelt werden sollten, und wenn es nicht auf diese spezielle Weise geschieht, fliegen die Funken. Unser Glaubenssystem mag uns auffordern, kein Tierfleisch zu essen, wenn es andere tun, betrachten wir es als falsch.

Denken Sie an ein Glaubenssystem, dem Sie vielleicht anhängen, und beginnen Sie, seine Schranken zu lockern. Falls es ein wirklich strenges ist, visualisieren Sie Dynamit und sprengen es weg. Dazu bedarf es einigen Muts, weil viele von uns glauben, daß wir ohne Regeln und Glaubensvorstellungen nichts wären, und daß das Leben ins Chaos verfiele. Erinnern Sie sich daran, daß wir mit den Engeln an unserer Seite nach oben geführt werden, und einige unserer Glaubensvorstellungen sind zu schwer, um mit uns nach oben bis zur Spitze steigen zu können. Diese kommenden Tage, Monate und Jahre werden außerordentlich interessant werden und sehr schnell verfliegen. Wir haben keinen Bedarf nach Extragewicht in der Form von strengen Glaubensvorstellungen. Befreien Sie Ihr Denken jetzt. Die Engel werden dabei sein, Sie brauchen all diese Regeln nicht! Vertrauen Sie sich selbst und wissen Sie, wer Sie sind, dann werden Sie die Engel kennen, und Sie werden wissen, wie man im Hier und Jetzt lebt.

Übung 2: Hören Sie auf, zu vergleichen, zu etikettieren und zu urteilen

Da alles nur eine Erscheinung ist
perfekt, in dem was es ist
nichts zu tun hat mit gut oder schlecht
Annahme oder Ablehnung
mag man gern in Gelächter ausbrechen.

Long-Chen-Pa

Freiheit beginnt, wo das Urteilen aufhört. Wir Menschen beurteilen und vergleichen alles den ganzen Tag lang, selbst im Schlaf. Wir kritisieren andere Leute, wir beurteilen unbelebte Objekte, wir richten über unsere eigenen Erfahrungen und die der anderen, und wir beurteilen uns selbst andauernd. Die Erfahrungen jeden Tages als faszinierend, interessant und herausfordernd zu betrachten, anstatt sie in Kategorien einzuteilen, befreit uns, um im Augenblick zu leben und bei der Lösung unserer Probleme effektiver vorzugehen. Menschen sind nicht schlecht. Manchmal mögen sie sich nicht so verhalten, wie wir es gerne hätten, aber das hat nichts mit ihnen als Ganzheit zu tun. Genausowenig sind Situationen gut oder schlecht. Gegenstände lassen sich so auch nicht einteilen. Wenn wir aufhören, alles in unserem Leben mit etwas anderem oder jemand anderem zu vergleichen, werden wir wirklich frei sein, um mit den Augen unseres inneren Engelskinds zu sehen. Das Leben ist faszinierend, und jeder Tag kann wie Ferien sein und uns die Chance schenken, neue Orte zu erforschen. Wir müssen uns davon befreien, alles,was uns geschieht, zu beurteilen und zu vergleichen.

Denken Sie an eine Situation in Ihrem Leben, die Ihnen Sorgen macht, dann stellen Sie sich einige Fragen. Haben Sie bereits entschieden, daß sie schlecht ist? Falls ja, warum erscheint sie in Ihrem Bewußtsein negativ? Mit welcher Erfahrung in der Vergangenheit verknüpfen Sie sie, welcher Mechanismus spult in Ihnen ab? Wenn Sie entscheiden, daß eine Situation gut oder schlecht ist, lassen Sie keinen Raum für Veränderungen oder Überraschungen. Das Leben ist dynamisch, das wahre Wesen des Lebens ist Bewegung und Veränderung der Formen. Wenn wir einen Augenblick etikettieren, wird er in eine einzelne Projektion eingefroren. Wenn Sie eine Situation befreit von Projektionen und Vorurteilen betrachten, werden Sie Ihre wahre Dynamik erkennen. Die Dynamik ist vibrierend und lebendig – bereit, sich jeden Moment zu verändern und unmöglich zu beurteilen.

Stimmungen sind eine andere Facette unseres Lebens, die wir mit Etiketten versehen.

Jeder weiß, was ich meine, wenn ich sage: »Ich bin so schlechter Stimmung, ich kann gar nicht darüber sprechen.« Stimmungen entstehen in unserem Kopf, sie verändern den Chemiehaushalt unseres Körpers und können sich nachhaltig in ihm manifestieren. Wenn Sie sich selbst erklären, daß Sie in einer schlechten Stimmung sind, haben Sie bereits einen zeitweiligen Zustand verlängert. Auch dies wird vorübergehen. Sie mögen bereit sein, aus Ihrer schlechten Stimmung herauszukommen, aber andere in Ihrer Umgebung bestärken Sie immer noch in Ihrer ersten Überzeugung. Stimmungen werden mit allen Arten von Aufschriften versehen: schlecht/gut, albern/ernst, lustig/traurig, sonderbar/normal. Ich bin sicher, daß Sie noch mehr solcher Zuweisungen nennen können. Das nächste Mal, wenn Sie anfangen, Stimmungen zu klassifizieren, ändern Sie Ihre Richtung und lernen Sie, einfach zu sein und den Augenblick zu akzeptieren. Sie müssen sich selbst nicht erklären. Das Leben rast schnell dahin, und wir können mit ihm nicht Schritt halten, wenn wir im Morast von Stimmungen und eingefrorenen Seinszuständen steckenbleiben.

Um von strengen Vergleichen und Urteilen Abstand zu nehmen, machen Sie sich eine Liste einiger Wörter, die die Umstände, Personen und Ereignisse in Ihrem Leben besser beschreiben. Worte wie beispielsweise faszinierend, interessant und amüsant sind lustvolle Worte, die das Gut-oder-schlecht-, Schwarz-oder-Weiß-Syndrom ersetzen können. Vielleicht wollen Sie sich von jeder Art der Etikettierung befreien, aber um es sich abzugewöhnen, beginnen Sie mit Worten, die eine positive Sicht repräsentieren, und wählen Sie Worte, die nicht festgefahren sind. Gönnen Sie sich einen Tag, und greifen Sie die Ersatzworte auf, die Sie verwenden wollen. Treten Sie einen Schritt zurück und sehen sich jede Situation, die Ihnen begegnet, gemeinsam mit den Engeln an. Bitten Sie die Engel, Ihnen eine neue Sicht zu geben, um das Leben mit Faszination zu betrachten. Zunächst, finden Sie immer den Humor, und lachen Sie, die Engel werden Ihnen dabei helfen. Es mag sein, daß Sie über sich selbst nur in Ihrer Privatatmosphäre schmunzeln können, falls diejenigen in Ihrer Umgebung die Dinge zu ernst nehmen. Nun versuchen Sie ein oder zwei Ihrer Ersatzwörter, oder, falls Sie dazu bereit sind, benutzen Sie überhaupt keine Begriffe, beobachten Sie einfach. Während Sie beobachten, experimentieren Sie mit einem fortgesetzten Zustand des Loslassens – lassen Sie Urteile los, und lassen Sie Reaktionen los. Ein Schlüssel dabei besteht darin, zu depersonalisieren. Erreichen Sie ein Stadium göttlicher Gelassenheit und liebevollen Unbeteiligtseins. Das benötigt einige Übung, aber hier verweilen die Engel, deshalb werden sie eine große Hilfe sein. Stellen Sie sich vor, Sie stehen mit Ihren Schutzengeln beisammen und betrachten das Leben als ein unschuldiger Beobachter. Indem Sie dies tun, werden Sie ein ruhiges Zentrum entwickeln. Wenn sich etwas wirklich Herausforderndes in Ihrer Gegenwart ereignet, werden Sie von Ihrem höchsten Zentrum aus reagieren. Dies ist eine Übung des Nichtanhaftens.

Wenn ein Gedanke aus der Vergangenheit auftaucht, der Sie unfreundlich stimmt oder in irgendeiner Weise besorgt, betrachten Sie es anders. Gehen Sie ins Engelalphastadium, und entfernen Sie die Raster der Vergangenheit. Falls da jemand ist, von dem Sie denken, er sei »schlecht«, schauen Sie genauer hin. Finden Sie heraus, welches Verhalten es war, das Sie speziell tangiert hat, und depersonalisieren Sie es. Nehmen Sie zur Kenntnis, daß jenes Verhalten mit Ihnen persönlich nichts zu tun hatte. Ihre Reaktion hat bei Ihnen vielleicht den Eindruck hinterlassen, daß dies mit Ihnen persönlich verknüpft war, aber nun ist es an der Zeit, Ihre Reaktion loszulassen. Wenn einige Personen wirklich weitere Anstrengungen unternehmen, um Sie zu verletzen, können diese damit nur Erfolg haben, wenn Sie es zulassen oder auf sie reagieren (ich spreche über mentale Verletzung, nicht über körperliche).

Viele von uns neigen dazu, alles persönlich zu nehmen, wir denken zuviel über uns selbst nach. Wenn etwas Unerfreuliches geschieht, könnten wir sagen: »Ich weiß nicht, was mit mir los ist, ich scheine immer die gleichen schrecklichen Situationen anzuziehen. Es muß etwas in meiner Persönlichkeit sein, mit dem andere Leute nicht umgehen können.« Dies kommt daher, weil wir alles, was geschieht, mit einer Situation in der Vergangenheit verbinden, und damit bilden wir ein Muster für uns, das wenig Raum für Veränderungen offenläßt, unabhängig von den Umständen. Wir haben bereits verglichen, beurteilt und den Urteilsspruch verkündet. Das gleiche passiert, wenn wir uns mit einem nahen Freund vergleichen. Unsere individuellen Leben sind alle beispiellos. Unsere Beziehungen sind einzigartig. Manchmal, wenn wir große Anstrengungen unternehmen, unser Leben zu analysieren, tasten wir vertraute, alte Raster ab. Es mag wohl eine gewisse Wahrheit in solchen Vergleichen eingeschlossen sein, aber in Wirklichkeit steht jede Situation für sich selbst, und jede Erfahrung, die wir machen, ist nur unsere eigene. Jede Lektion, die wir lernen, ist für uns, daher ist es unmöglich, wirklich etwas aus den Fehlern anderer zu lernen.

Die Engel möchten Sie in einen Zustand geleiten, der frei von Vergleichen oder Urteilen ist, die Sie davon abhalten, voll und ganz Sie selbst zu sein. Ganz selbst zu sein, ist nicht die leichteste Aufgabe der Welt. Es scheint einfacher zu sein, uns mit den Erfahrungen und Leben der anderen zu vergleichen und als übereinstimmend zu erklären. Dies ist ein Grund, warum Filme und Fernsehshows so beliebt sind. Wir wollen in gewisser Weise wissen, daß wir einfach so wie andere Leute sind, oder daß unsere Probleme, verglichen mit denen der anderen, nichts sind. Wenn Sie sich dafür entscheiden, Ihr Leben im Engelsbewußtsein zu leben, müssen Sie darauf vertrauen, daß alles perfekt ist, so wie es ist. Die Engel mögen Sie in ganz andere Richtungen lenken als Ihre Freunde oder als diese Fernsehschauspieler. Sie gehen auf einen Kurs, der noch niemals vorher eingeschlagen wurde, also seien Sie bereit, in Lachen auszubrechen. Bei jeder Wendung, die Sie wagen, sind die Engel bei Ihnen.

Teil VI

Gehen Sie hinaus,
und lieben Sie mehr

Ein spirituelles
Leben führen

Dieser Teil des Buches handelt davon, in die Welt hinauszuge-
hen und ein spirituelles, aber praxisbezogenes menschliches
Leben zu führen. Es handelt nicht davon, religiöse Dienste zu
verrichten oder in die Kirche zu gehen, sondern wirklich voll
und ganz zu leben. Das wird natürlich für jede Person anders
aussehen. Mit jedem anderen harmonisch zusammenzuleben,
ist eine edle Angelegenheit. Ich nenne diesen Prozeß, ein Engelkrieger zu werden.

Später, in den Engelextras, werden Sie zusätzliche Quellen
kennenlernen, wie Sie Ihre derzeitige Beziehung zu den Engeln
verstärken können und wie Sie Liebe und Lachen in Ihr Leben
bringen können.

Werden Sie ein
Engelkrieger

Der Schlüssel zur Kriegerschaft und das erste Prinzip der Shambhalavision besteht darin, sich nicht vor sich selbst zu fürchten. Die Shambhalavision lehrt, daß wir im Angesicht der größten Probleme der Welt heldenhaft und freundlich zur gleichen Zeit sein können. Die Shambhalavision ist das Gegenteil von Selbstsucht. Wenn wir uns vor uns selbst fürchten und vor der scheinbaren Bedrohung, die die Welt darstellt, werden wir extrem selbstsüchtig. Wir wollen uns unsere eigenen kleinen Nester bauen, unsere eigenen Kokons, damit wir für uns in einer gesicherten Weise leben können.

Chogyam Trungpa

Alle spirituellen und persönlichen Wachstumspraktiken bergen das Risiko, selbstgenügsam und selbstbezogen zu werden, wenn wir nicht unser Licht nehmen und es anderen bedingungslos zu ihrer eigenen Transformation anbieten. Der Weltfrieden beginnt mit dem persönlichen Frieden und dem Praktizieren von Mitgefühl, Liebe und gegenseitigem Respekt. Die Engel rufen die Krieger, die bereit sind, wachsam zu bleiben und den Weg mit Liebe und Mitgefühl für ihre Mitmenschen zu erleuchten. In der tibetischen und einheimischen amerikanischen Tradition ist ein Krieger jemand, der »mutig oder furchtlos« ist. Engelkrieger müssen mutig genug sein, um wach zu bleiben und ihren Herzen und den Engeln zu vertrauen.

Dieses Buch hätte auch *Ein praktischer Führer in der Kunst der Engelkriegerschaft* genannt werden können. Wie bei jeder Kunstform kommt man durch Übung der Meisterschaft näher, die in der Einheit mit der Kunst verschmilzt. Unsere Welt wandelt sich schnell, und die Herausforderung, im Angesicht der Umwälzung friedvoll und liebend zu bleiben, stellt eine Gelegenheit dar, wahrhaftige Größe zu erlangen. Wir sind größer als wir denken, wir sind nicht nur physische Körper in einer physischen Realität mit ihren vielen Begrenzungen. Mit der Stärke der Engel hinter uns sind wir Veränderer, die sich in jede Form verwandeln und dorthin gehen können, wo wir gebraucht werden. Die Engelkriegerschaft befleißigt sich nicht, anderen ihre Meinung aufzudrängen oder andere zu retten. Und sie handelt natürlich nicht vom Kämpfen oder vom Krieg, es geht um Frieden. In einer Vorlesung hörte ich Terry Cole-Whittaker etwas sehr Bedeutsames für mich sagen: »Frieden ist nicht langweilig!« Die Engelkriegerschaft handelt davon, ein helles Licht zu werden, das Liebesstrahlen aussendet, um die Dunkelheit der Begrenzungen zu transformieren, was uns erlaubt, unseren höheren Zweck zu erkennen und aus unserer inneren Weisheit heraus zu handeln. Das ist das wahre Wesen des Friedens.

Die Engelkrieger wissen, daß Sie, um der Welt zu helfen, ein glücklicherer und friedvollerer Ort zu werden, *wissen* müssen, daß die Erfahrung des menschlichen Lebens grundlegend gut ist. Das menschliche Leben ist umfassend humorvoll und schön. Viele liebe und wunderbare Dinge geschehen jeden Tag in unserer Welt und durch uns. Nehmen Sie sich während des Tages einige Augenblicke, um die Schönheit des Lebens zu ehren. Ehren Sie den göttlichen Humor und die Ironie des menschlichen Lebens, die uns jeden Tag vor Augen geführt wird: Lernen Sie, das »Unerwartete zu erwarten«. Engelkrieger sind Lieferanten der Hoffnung.

Erzengel

*In allen heiligen Büchern der Welt werden Erzengel gleicher-
maßen als hochentwickelte Botschafter betrachtet, die beab-
sichtigen, die Missionen, mit denen sie von ihrem Schöpfergott
betraut wurden, zu erfüllen. Sie werden andauernd mit himmlischer Energie versorgt, mit der sie ihre Aufgaben durchführen
können.*

Flower A. Newhouse

Wir können besondere Erzengel herbeirufen, die uns willig
unterstützen, unsere Engelkriegerschaft zu stärken und mächtiger werden zu lassen. Sie können sich Erzengel als die wichtigsten Engelarchetypen vorstellen, ähnlich wie die Götter und
Göttinnen der griechischen und römischen Mythologie. Beim
Nachdenken über Ihren spirituellen Weg mögen Sie den Einfluß von ein, zwei Erzengeln feststellen. Wenn wir Bereiche in
unserem Leben entdecken, bei denen wir uns die Hilfe weiterer
Erzengel wünschen, können wir die Energie dieser Engel herbeirufen, indem wir mehr über deren spezielle Mission erfahren.

Michael

(Von dem hebräischen Mikha'el, was bedeutet »Wer ist Gott?«)

In den letzten drei Jahren habe ich einige interessante Infor-
mationen über den Erzengel Michael erhalten. Michael ist vor
allem als der Erzengel bekannt, der das Böse bekämpft und
Menschen und Orte von Zwietracht und Übel reinigt. Michael
fordert Menschen, die üble oder negative Absichten verfolgen,
heraus, ihre Energien in höhere göttliche Kanäle der Energie
zu transformieren. Michael wird normalerweise als ein Meister gegen Unglück angerufen, um Mut und positive Ergebnisse
zu erhöhen. Ich benutze oft die Affirmation des Erzengels

Michael. Als Bitte für Schutz in besonderen Situationen wiederholen Sie dreimal: »Göttliches Licht der höchsten Ordnung unter dem Schutz des Erzengels Michael.« Diese Affirmation kann einen großen Trost vermitteln und ein Gefühl des Friedens in ungeklärten Situationen herbeiführen.

Michael ist außerdem das führende Licht unserer speziellen historischen Epoche. Harvey Human hat es für mich dankenswerterweise so erklärt: »Michael hat eine besondere Mission auf Erden zu erfüllen, ein besseres Verständnis der Bedeutung von Frieden, Schönheit und Liebe auf die menschliche Ebene zu bringen. Er ist eine spirituelle Kraft, die von unsichtbaren Ebenen aus arbeitet, um in uns das Christusbewußtsein zu erwecken, das unserer Seele eingepflanzt ist.« Die Impulse des Michael führen uns in Richtung Bewußtwerdung der spirituellen Welt und der Fähigkeit, den Drachen des materialistischen Denkens und der üblen Absichten zu bändigen. Michael sendet Impulse in die Seelen einzelner Individuen, um deren Geist für neue Wege des Denkens zu öffnen und uns Mut, unsere spirituellen Erfahrungen für uns selbst zu klären, einzuflößen. Michaels Führung integriert guten mit freiem Willen.

Wie alle Engel wartet Michael, bis wir bereit sind, seinem Licht der Transformation gegenüberzutreten. Diese ganzen Gespräche über das Aufbrechen von Schablonen und alten Wegen des Denkens finden ihre Basis im Wesen des Einflusses von Michael. James H. Hindes, einer der Engelforscher, beschreibt auf wunderbare Weise: »Eine Idee, die von Michael gesandt ist, ist durch das Leben, das sie in unseren Herzen und in unserem Willen erweckt, charakterisiert. Michaels Gedanken sind nicht abstrakt, sondern wollen gefühlt werden, gewollt und schließlich auf Erden ›real-isiert‹ werden; denn wenn eine spirituelle Idee von einem Menschen auf der Erde gedacht wird, wenn sie als Ideal seinen Geist ergreift, hat sie die Macht, etwas Erdenhaftes in höhere Reiche zu erheben.«

Die Menschen existieren in zwei Welten, der physischen und der spirituellen. In der Vergangenheit haben die Menschen an das Leben auf der Erde nur in Begriffen des physischen Aspekts gedacht. Nun, auf vielen aufregenden und kreativen Wegen, integrieren die Menschen ihre physischen und ihre spirituellen Erfahrungen. Es existieren viele Wege zur spirituellen Welt, weil wir unsere individuelle Art und Weise finden, die auf unserem eigenen Pfad der Kreativität und Liebe beruht. Wenn Ihre spirituellen Bedürfnisse und Pfade sich erweitern, bedeutet das, daß Sie sich bewußt oder unbewußt dem Licht Michaels zugewandt haben. Falls nicht, ist es nun an der Zeit, es zu tun, besonders, wenn Sie sich dafür entscheiden, ein Engelkrieger zu sein, der sich verpflichtet, die Welt zu erhellen. Ich garantiere Ihnen, daß Sie in den kommenden Tagen mehr und mehr über diesen speziellen Erzengel zu hören bekommen werden. Michaels Name bedeutet »Wer ist Gott?«. Dies ist eine Frage, die wir uns alle in unserer eigenen Art und Weise stellen, und die Antworten machen uns frei.

Raphael

(Vom hebräischen Rapha', was bedeutet »zu heilen«, und 'el, was bedeutet »Gott«.)

Raphaels Name heißt »Gott hat geheilt«. Raphael ist mit dem Heilen der Welt und der Menschen, die auf Erden leben, beauftragt. Raphael ist auch der Führer und Schatzmeister der kreativen Talente. Heiler und Künstler, die Schönheit auf die Erde bringen, stehen unter dem Einfluß von Raphael. Schönheit ist Heilung für die Seele, sie ist eine Methode, mit der die Engel Heilung unterstützen. Wenn wir eine schöne Szene in der Natur oder ein wunderbares Kunstwerk erblicken, können wir geheilt werden, wenn wir lernen, wie wir die Energie der Schönheit direkt in unsere Seele und unseren Geist weiterleiten können. Viele Heiler entdecken das, um die Heilkunst in der wirkungsvollsten holistischen Weise zu praktizieren, müssen sie für ihre heilende Energie einen Raum der Schönheit schaffen. Dies geschieht dadurch, daß Klang, Musik, Duft, heilende Farben und Kunst angewandt werden, und indem der Bereich von negativen Einflüssen gereinigt wird, hierfür wird das Licht der Heilerengel, die unter der Meisterschaft Raphaels stehen, einbezogen. Raphaels Energie ist transformierend, sie heilt die Seele von Verzweiflung und Depression, indem sie den Raum mit Selbstliebe und Tugenden füllt und Gleichgewicht bringt.

Gabriel

(Vom hebräischen Gebher, was bedeutet »Mensch«, und 'el, was bedeutet »Gott«.)

Gabriel wird mit einer Trompete assoziiert, die Stimme Gottes symbolisierend. Gabriel ist ein Botschafter guter Nachrichten und ein Verwandter. Gabriel wurde damit betraut, Maria die Geburt Christi zu verkünden. Er ist der Schutzengel des Propheten Mohammed in der muslimischen Tradition, er ist der Engel, der Jeanne d'Arc inspiriert hat, dem König von Frankreich zu helfen, er hat Zoroaster beeinflußt. Gabriel verkündet geeigneten Menschen die Hauptpflichten ihrer spirituellen Mission zum Wohle der Erde. Falls Gabriel nicht zu Ihnen gesprochen hat oder Ihnen erschienen ist, um Ihnen Ihre spirituellen Gaben klarzumachen, versuchen Sie, sich in sein spirituelles Wesen einzustimmen. Viele Engel stehen unter seinem Einfluß, mit denen wir uns verbinden können, um Führung und Botschaften zu erfahren, worin unser Anteil im Zusammenwirken oder im Gesamtgemälde des Lebens besteht.

Also gestatten Sie den Botschaften, zu Ihnen durchzudringen und Sie zu inspirieren, Sie mögen sogar den schwachen oder ohrenbetäubenden Klang einer Trompete vernehmen, während Sie Ihre Botschaften von Gott empfangen.

Uriel

(Hebräisch »Feuer Gottes«.)

Uriel ist ein Engel der Prophezeiung, der Ideen verleiht und sie den Menschen zur Verwirklichung von Zielen übermittelt. Die Engel unter der Führung Uriels sind Alchimisten, die die Entmutigten und Schwachen transformieren, und sie auf ihren Pfad der Liebe zurückversetzen können. Uriel wird auch mit Künsten, Musik und Literatur, assoziiert. Uriels Feuer inspiriert Lehrer und bringt Leben in Ideen. Uriel ist auch der Erzengel, der in spirituellen Notfällen angerufen werden kann. In wahren spirituellen Krisen bringen die Engel Uriels Erlösung und Heil. Mit anderen Worten, wenn Sie sich zu weit von Ihrem Zentrum entfernen, rufen Sie Uriel.

Haniel

(Hebräisch »Glorie oder Gnade Gottes«.)

Haniel wird als Regent der Venus angesehen. Venus, wie Sie wissen, ist der Planet der Liebe und der Freude. Sie verleiht uns die Fähigkeit, herzliche Liebe auszudrücken und uns an der Schönheit zu erfreuen. Venus inspiriert auch die gesellschaftliche Gunst, Harmonie und Freundschaft zwischen Menschen. Haniel ist der Engel, der alle Mächte der Liebe intensiviert, und er kann ebenfalls als eine Macht gegen das Übel angerufen werden. Haniel wird Freude schenken und das Leben verschönern. Die menschliche Erfahrung ist etwas ganz Besonderes, wenn wir innerlich von Liebe und Freude erfüllt sind. Die Engel des Haniel werden darauf achten, daß unsere Engelkriegerschaft Spaß macht und daß wir die Wärme, in einer schönen Welt Mensch zu sein, empfinden. Bitten Sie in Ihrer Meditation, die Venus zu besuchen, und stellen Sie sich vor, ihren Regenten Haniel zu treffen. Sie ist ein Planet aus rosa Licht und metallisch schimmernden Flecken, die schillerndes Licht reflektieren –

wunderschöne Farben, die wir auf der Erde nicht erfahren. Bringen Sie etwas von diesem Licht mit sich zurück auf die Erde. Es wird die Schönheit und Freude in Ihrer Umgebung erhöhen.

Raziel

(Hebräisch »das Geheimnis Gottes«.)

Raziel ist der Erzengel der Mysterien. Wir begegnen bestimmten Mysterien auf der Suche nach spiritueller Wahrheit. Raziel ist der Hüter der Originalität und des Wissens. Von Raziel heißt es, daß er in der Heimat Chokmahs wohnt, dem Reich der reinen Ideen. Die Engel unter der Führung Raziels können als Musen gedacht werden, die uns mit Originalideen und reinen Gedanken des Wissens inspirieren. Was wir mit diesem Wissen und dieser Inspiration machen, ist Teil des sich entfaltenden Mysteriums, Teil des größeren Plans der Erde.

Auriel

Auriel ist der Engel der Nacht und des Winters. Auriel wird mit der kreativen Erdenergie, der abnehmenden Jahresperiode assoziiert, wenn die Saat in der Erde ruht und alles dunkel ist. Auriel ist der Engel unseres zukünftigen Selbst, er hilft uns, die Zukunft zu betrachten. Auriel wacht über Menschen in der Keimphase der Ideen und Gedanken und bringt Ihnen für ihre Verwirklichung Umsetzungsvermögen und Erdenergie. Wenn Sie sich in einer stillen Periode Ihres Lebens befinden, in der Sie eine neue Zukunft erschaffen wollen, rufen Sie den Engel Auriel um Führung an.

Engelhierarchien

Ich fange gerade erst an, die Hierarchien der Engel und Erzengel zu verstehen. Die Theosophen haben viele klare und interessante Bücher verfaßt, die die ungeschaute Welt der Hierarchie und Ordnung des Engelreiches betreffen. Viele Engelkrieger haben einfach nicht die Zeit, um diese Ideen zu studieren, weil sie in ihre menschlichen Missionen voll eingespannt sind. Was mich angeht, so finde ich, daß die Mission wichtiger ist, als sich in Detailstudien zu verfangen. Bewahren Sie einfach im Kopf, daß es eine Zeit für Aktionen und eine Zeit für Studien gibt, wir müssen beide in unserem Leben persönlich im Gleichgewicht halten. Wissen Sie, daß es eine Ordnung unter den Engeln gibt, aber wissen Sie auch, daß Sie von einer höheren Macht geführt werden. Sie müssen nicht all die exakten Details kennen, um deren Wohltaten zu empfangen. Stellen Sie sich die Erzengel vor, wie immer es für Sie richtig ist, sie sind für Sie da, darauf wartend, Ihre natürlichen Energien zu leiten.

Übung 1: Das Gebet des heiligen Franziskus leben

Herr, mach mich zu einem Werkzeug Deines Friedens.
Wo es Haß gibt, da laß mich Liebe säen.
Wo es Verletzung gibt, Verzeihung.
Wo Zweifel sind, Vertrauen,
Wo Verzweiflung ist, Hoffnung,
Wo Dunkelheit herrscht, Licht
Und wo Traurigkeit herrscht, Freude.

O göttlicher Meister, gib mir, daß ich nicht so sehr danach suche, getröstet zu werden, denn selbst zu trösten;
Verstanden zu werden, denn zu verstehen;
Geliebt zu werden, denn zu lieben;

Denn wenn wir geben, empfangen wir –
Wenn wir verzeihen, wird uns verziehen;
Und wenn wir sterben, werden wir zum ewigen Leben wieder-
geboren.

Franziskus von Assisi

Dieses Gebet gibt uns eine Richtlinie für die Engelkriegerschaft. Lesen Sie es, meditieren Sie darüber und fühlen Sie, wie es in Ihnen widerhallt. Wir können diese Ideen nicht vollkommen leben, bevor wir nicht im Überfluß der Engeleigenschaften zentriert sind. Wenn wir zu einem Werkzeug des Friedens werden und Hoffnung, Vertrauen, Licht und Liebe ausstrahlen, wird es uns selbst an diesen Eigenschaften niemals mangeln, sie werden in uns stark anwachsen. Wenn sie freigiebig und bedingungslos verschenkt werden, vervielfachen sich diese Eigenschaften und senden Strahlen der Engelenergie durch das Universum.

Übung 2:
Freundlichkeit und Mitgefühl

Egal, ob jemand an eine Religion glaubt oder nicht, egal ob jemand an die Wiedergeburt glaubt oder nicht, es gibt niemanden, der Freundlichkeit und Mitgefühl nicht schätzt.

Dalai Lama

Wahres Mitgefühl ist niemals anstrengend oder erzwungen, und es ist nicht geplant. Es ist eine Antwort, die von Menschen kommt, die auf eine freie Art und Weise fähig sind, jeder Kreatur mit Freundlichkeit und Liebe zu begegnen. Mitgefühl tritt spontan ein, wenn wir die Verbundenheit allen Lebens erkennen und die Tatsache verinnerlichen, daß die Menschen, unabhängig von den Unterschieden in Kultur, Philosophie und Rasse, alle gleich sind. Würden wir unsere Haut abziehen, sähen wir grundlegend alle gleich aus. Die antreibende Lebenskraft in uns selbst besteht darin, glücklich zu sein und Leiden zu vermeiden, wir teilen dies mit allen Menschen. Ein Engelkrieger muß mit dem wahren Wesen von Freundlichkeit und Mitgefühl in Berührung kommen. Engelkrieger müssen sich eine Politik der Freundlichkeit zu eigen machen und sie in ihrem Leben verfolgen. Dazu bedarf es der Weisheit und des Wissens, was genau Freundlichkeit bedeutet. Es mag sein, daß wir unsere Vorstellungen über Freundlichkeit wandeln oder erweitern müssen. Einige von uns mögen denken, daß wir freundlich sind, wenn wir etwas Materielles geben oder wenn wir etwas für verschiedene Personen tun. Wir müssen tief in unsere Herzen blicken, wenn wir geben, manchmal ist es freundlicher, nicht zu geben. Freundlichkeit und Mitgefühl sind nichts Intellektuelles, sie bedürfen der menschlichen Handlungen in der Welt. Die richtigen Absichten und spirituellen Glaubensvorstellungen sind nicht viel wert, wenn sie nicht in die Welt hinausgetragen werden. Wahre Freundlichkeit und Mitgefühl können die Dunkelheit der Verzweiflung verwandeln, wen immer sie auch berühren. Ein Funken Freundlichkeit geht einen langen Weg. Sie gestattet einem positiven Bereich der Liebe, ins Unendliche voranzuschreiten. Wer kann mit den Gefühlen Handel treiben, die wir bekommen, wenn wir den anderen mit Freundlichkeit und Mitgefühl begegnen? Es ist wirklich jenseits allen Vergleichs.

Übung 3: Engel im Training und Engel auf Abruf

Etwas Lustiges und Aufregendes, das sich im kollektiven Unbewußten abspielt, ist die Idee der »Engel im Training«. Jedesmal wenn ich einen Engelworkshop geleitet habe, haben sich einige der Teilnehmer als Engel im Training identifiziert. Das erste Mal wurde ich mit dieser Idee durch eine Gruppe ganz besonderer Frauen bekannt gemacht, die sich selbst und ihre Organisation so bezeichnen. Jeden Tag passieren in ihrer Umgebung erstaunliche Engelereignisse. Dies ist eine wundervolle Idee für unseren spirituellen Weg, und jeder kann mitmachen. Unsere Pfade sind alle einzigartig, und wir können die Idee, daß wir für die Engelanwärterschaft trainieren, auf unsere eigene Art und Weise verkörpern. Wenn Sie sich dafür entscheiden, ein Engel im Training zu werden, machen Sie sich auf ein paar ehrfurchteinflößende Engelereignisse, die in ihrem Leben stattfinden werden, gefaßt.

Eine andere lustige Idee, mit der meine Freundin Jai und ihr Sohn Brandon aufwarteten, ist die des »Engels auf Abruf«. Sie fanden heraus, daß sie, wenn sie gewisse Phasen zu Zeiten »auf Abruf« bestimmten, Situationen eintraten, in denen sie am rechten Platz zur rechten Zeit waren und für jemanden eine große Hilfe darstellten. Sie könnten ein Engel auf Abruf sein und es nicht einmal merken. Die Engel wissen, wann sie Sie aufrufen sollen. Wenn Sie zu dieser Zeit in etwas anderes verwickelt sind und nicht zur Verfügung stehen, wird ein anderer aufgerufen. Sie können sich vorstellen, in Bereitschaft zu sein, als ob Sie ein Teil der Engel in Reserve seien, die ihre Pflichten auf der Erde erfüllen. Die Engel belohnen Sie, indem sie Sie sicher bewahren, Humor in Ihr Leben bringen, und Ihnen dieses wunderbare warme Gefühl geben, das eintritt, wenn wir anderen wirklich helfen und ihnen Hoffnung spenden. Auf Abruf sein, kann bedeuten, daß wir anderen Licht senden und uns unseres eigenen Lichts bewußt bleiben und uns darauf einstimmen. Sie können Ihr Licht auf andere ausdehnen, wann immer Sie den Drang danach verspüren. Wenn Sie an Leuten auf der Straße vorübergehen, die traurig aussehen, rufen Sie ihnen ein paar Engel herbei. Wenn ich an einem Autounfall vorbeifahre und menschliche Hilfe bereits eingetroffen ist, sende ich Engel, um die Anstrengung zu teilen, indem ich meinen Schutzengel bitte, ein Extralicht in die Situation zu schicken.

Sie können ähnliche Ideen wie diese finden, und die Engel werden mit Ihnen mitspielen. Sich auf Ihre Cheerleader-Engel zu konzentrieren, macht auch Spaß. Es ist wichtig, anderen Menschen eine gute Stimmung zu vermitteln, dies wird sie erleichtern. Einfach in guter Stimmung und glücklich zu sein, ist eine gute Art und Weise, den Menschen in Ihrer Umgebung eine Engelerfahrung zu geben. Also haben Sie Spaß, erinnern Sie sich daran, leicht zu bleiben, und schenken Sie immer aus einem Zentrum des engelhaften Überflusses.

Übung 4: Die Macht des Gebets und der Fürbitte

Ich möchte noch einmal die Macht des Gebets und der Fürbitte betonen. Ich habe darüber gesprochen, andere zu segnen, ihnen Licht zu senden und sie in Gebete einzuschließen. Nun möchte ich gerne weitere Gebetsideen anbieten. Das Gebet ist von großer Wichtigkeit, um unsere spirituelle Stärke zu vertiefen. Viele Leute beten jeden Tag. Das Gebet findet zwischen uns selbst und unserer höheren Macht statt, mit anderen Worten, es ist persönlich. Ich weiß, daß fast jeder von uns regelmäßig betet oder sich in Notsituationen an das Beten erinnert. Das Gebet ist eine machtvolle Technik der Fürbitte.

Sie können jeden Gedanken in ein Gebet verwandeln, indem Sie die höhere Macht und die Engel anrufen. Wenn Sie einen Brief verschicken, senden Sie ein Gebet mit. Verfahren Sie genauso bei einem Telefonanruf. Sie können durch Ihren Tag in einem nahezu konstanten Zustand des Gebets gehen, einer andauernden Kommunikation mit den Engeln. Dies setzt sich auf einer höheren Ebene fort, und wir mögen dessen nicht einmal gewahr sein. Seien Sie einfach bewußter, wie sie mit Ihrer höheren Macht kommunizieren.

Viele Leute haben Engelgebetsgruppen und Engelheilungsgruppen, mit denen sie sich regelmäßig treffen. Wenn Menschen zusammenkommen, um ihre Engelerfahrungen zu teilen und anderen durch Gebet und Kommunikation zu helfen, nehmen die Engelereignisse eine neue Bedeutung an. Wir brauchen uns gegenseitig, und uns mit den Engeln im Geist zu treffen, hilft uns, mehr darüber zu lernen, wer wir sind, und wie wir zu höherem Dienen eingesetzt werden können.

»Gib nicht auf, wir mögen dich, wie du bist!«

Während ich dieses Buch schrieb, traten die Engelverwandler sehr aktiv in meinem Leben in Erscheinung. Es ergaben sich Situationen, von denen ich mir niemals hatte vorstellen können, daß sie sich ereignen würden. Es schien so, als ob ich irgendwo zu irgendeiner Zeit die Engel gebeten hätte, die Schleier zu lüften, die all meine Illusionen, denen ich verhaftet war, verborgen gehalten hatten. Und es ist noch immer nicht vorüber! Es ist einfach erstaunlich, all die großen und kleinen Lektionen, die ich jeden Tag zu lernen habe, und manchmal jeden Augenblick, wenn ich wirklich wachsam bin. Ich treffe viele Menschen und frage sie gern, ob sie größere Veränderungen in ihrem Leben bemerkt hätten; ohne Unterschied sagen sie ja und teilen ein paar dieser Ereignisse mit mir.

Ich höre auch alle möglichen Erklärungen für diese Verwandlungen. Ich glaube nicht, daß sich diese Veränderungen einfach nur auf die astrologische Ausrichtung auf die Planeten und die Eklipse beziehen, obwohl diese Elemente einen Einfluß auf uns ausüben könnten. Ich beobachte vor allem, daß die Dinge auf unserem Planeten als Ganzes außer Kontrolle geraten sind. Überbevölkerung, Konsumrausch, Umweltverschmutzung und vieles mehr sind an einen Punkt angelangt, an dem wir die Probleme von Mutter Erde und der Menschen, die sie bewohnen, nicht länger ignorieren können. Schauen Sie in jede Ecke unserer gemeinschaftlichen Existenz – sei es Bildung, Wirtschaft, Wohnsituation, Gesundheit oder Fürsorge, und Sie werden ernste und normalerweise empörende Fehler und Ungerechtigkeiten finden. Es spielt keine Rolle, wie sehr wir versuchen, uns vor den Problemen der Existenz zu verstecken, früher oder später müssen wir uns mit uns selbst und den Situationen in unserer Umgebung konfrontieren. Und je früher, desto besser.

Gerade jetzt ist positives Denken und Hoffnung von äußerster Wichtigkeit. Nochmals möchte ich mich auf das Argument, Hoffnung sei nicht gut, weil sie uns davon abhält, »voll im Augenblick zu leben« und sich auf die Zukunft konzentriert, beziehen. Nun, das ist gerade der springende Punkt! Leben Sie im Jetzt, aber nähren Sie die Hoffnung für die Zukunft. Wenn Sie fühlen, daß die Welt um Sie herum zusammenbricht, sind Sie nicht allein, und es ist um so wesentlicher, Hoffnung zu nähren. Die Engel sind unsere Hüter der Hoffnung.

Viele von Ihnen haben die Engel eingeladen, mit Ihnen auf die Reise Ihres spirituellen Wegs zu gehen. Die Lektionen werden nicht notwendigerweise einfacher, wenn wir die Engel miteinbeziehen, und ziemlich oft können sie intensiver werden. Dies ist eines der größten Geschenke der Engel. Wenn wir durch diese Lektionen und Hindernisse hindurchgehen, erkennen wir, wie die Engel uns führen, und daß wir nicht aufgeben müssen. Wenn wir unsere dunkelste Stunde erreichen, mag es scheinen, als ob die Engel uns verlassen hätten. Nichts kann weiter von der Wahrheit entfernt sein. Zu solchen Zeiten sind die Engel nicht im Außen, sie gedeihen in Ihnen im tiefsten Herzen Ihrer Seele. Wenn wir in unseren düstersten Momenten aus uns herausblicken, mögen wir manchmal kein Licht sehen. Schauen Sie nach innen, ich verspreche Ihnen, das Licht ist dort. Falls Sie sich in der Dunkelheit verloren finden, halten Sie einfach für diesen einen weiteren Moment inne, und das Licht wird hineinfluten. Die Liebe der Engel ist beständig. Gottes Liebe ist konstant. Vertrauen Sie, und bewahren Sie den Glauben. Geben Sie die positiven Prinzipien, nach denen Sie in Ihrem Leben streben, nicht ausgerechnet in jenem Augenblick auf, in dem Sie sie wahrhaftig brauchen. Beten Sie, und bitten Sie die Engel, Sie in Sicherheit zu wiegen. Halten Sie hier an, gleich was geschieht, Sie werden in Ordnung sein. Um eine der hervorragendsten Autoritäten auf dem Gebiet des spirituellen Dilemmas, die heilige Theresa von Avila, zu zitieren: »Laß dich durch nichts stören, laß dir durch nichts angst machen: Alles geht vorüber, außer Gott. Gott allein genügt.«

Cheerleader-Engel

Erinnern Sie sich daran, den Stimmen der Cheerleader-Engel zu lauschen. Sie feuern uns rund um den Tag an, unser persönliches Bestes zu zeigen. Hören Sie gut hin, und Sie werden Zurufe von Ihren Cheerleadern vernehmen, ähnlich wie die folgenden: »Gib nicht auf, wir mögen dich, wie du bist! Du bist nicht allein. Gott liebt dich bedingungslos und wir ebenfalls! Geh deine Ziele an, hör auf dein Herz! Du verdienst es, glücklich zu sein, du hast alles, was du brauchst! Es gibt ein wunderschönes himmlisches Licht der Liebe am Ende des Tunnels! Du bist Licht! Alles wird in Ordnung gehen! Wisse es! Bete.«

Gehen Sie in das Engelalphastadium und beginnen Sie zu visualisieren, wie die Engel Sie anfeuern. Sie werden ziemlich schnell auf dem Bildschirm Ihrer Imagination erscheinen. Sie selbst werden anfangen, sich warm und glänzend zu fühlen, und Sie verspüren den Drang zu lächeln, zu singen oder bei ihrem Anfeuern mitzumachen. Sie mögen auch den unkontrollierbaren Wunsch nach einem Lachen bekommen, denn es gibt in jedermanns Leben einen Aspekt des Humors, speziell von oben aus betrachtet. Lachen Sie sich aus, das ist eine gute Heilmethode.

Behalten Sie Ihren Geist voll mit Engeln und deren Botschaften von Licht und Hoffnung, und Sie werden lernen, bei jedem Schritt, den Sie unternehmen, in Frieden und Harmonie zu leben. Falls Sie sich fragen, wie ich bin, oder wer ich bin, habe ich nur eine Bitte: Verwechseln Sie den Finger, der auf den Mond zeigt, nicht mit dem Mond selbst.

Ich wünsche jedem von Ihnen die Freude, die in Ihren Zellen wohnt und in Ihrem Körper zu Hause ist, eine Schar von himmlischen Segnungen und eine Aura des mentalen Friedens, die sich in der Tiefe Ihrer Seele anschmiegt.

Anhang

Engelextras

Engelrezepte

Dieser Abschnitt enthält philosophische Gedanken und Rezepte, die ich als sehr hilfreich empfand, wenn ich das Bedürfnis hatte, Engel anzuziehen und eine Achtsamkeit zu entwickeln, die sich auf der Ebene der Engel befand.

● Seien Sie authentisch, seien Sie natürlich, und Sie werden Ihren höheren Zweck erkennen.

● Ihre Einstellung gegenüber dem Leben und Ihre Reaktionen können Ihnen entweder den Himmel oder die Hölle auf Erden bescheren.

● Entdecken Sie Gott, eine höhere Macht, auf Ihre eigene Art und Weise, und bringen Sie sich selbst als ein Geschenk Gottes zum Ausdruck, als ein authentisches Wesen der Liebe.

● Um anzuziehen, seien Sie anziehend.

● Was Sie aufgeben, gewinnen Sie; das, was Sie bindet, ist das, was Sie befreit.

● Um wirklich Ihr eigen zu sein, seien Sie wahrhaftig. Schützen Sie sich vor falsch geleiteter Sympathie. Geben Sie erst sich selbst, um einen Überfluß zu schaffen, der automatisch mit der Welt geteilt werden kann.

● Entspannen Sie sich geistig, nehmen Sie sich leicht, und kümmern Sie sich nicht um Probleme und Sorgen. Der Schlüssel zur Kreativität besteht darin, sich selbst nicht zu »stören«. Dies ist auch der beste Weg, um sich auf die Botschaften und Inspirationen aus dem Reich der Engel einzustimmen.

● Lassen Sie sich selbst in Ruhe. Denken Sie nicht zuviel. Gehen Sie aus sich heraus. Hören Sie auf, jede kleine Handlung, die Sie begehen, zu analysieren.

● Erlauben Sie anderen Menschen einfach zu sein – wer immer, was immer, wann immer. Seien Sie jemand, der erlaubt. Andere zu definieren und zu etikettieren, wird Ihre Sicht, die Sie von sich selbst haben, beschränken.

● Niemand der Freunde hat, ist ein Versager.

● Erkennen Sie, wohin Sie gehen, und haben Sie keine Angst sich die Zeit zu nehmen, dahin zu gelangen. Warum die Eile?

● Charakter ist Schicksal. Wenn Sie Ihren Charakter verändern, verändern Sie, was Ihnen geschieht. Der freie Wille berechtigt uns, unser eigenes Schicksal und unser eigenes Glück zu kreieren.

● Optimismus ist Ihre beste Verteidigung gegen Angriffe oder Kritik von anderen Leuten. Sie sind frei, die Absichten anderer wahrzunehmen, wie immer Sie wollen: Wenn Sie Personen behandeln, als seien Sie Ihnen gegenüber positiv eingestellt, unabhängig von ihren Handlungen, werden sich die Angriffe auflösen.

● Sie mögen das Verhalten und die Handlungen anderer nicht mögen, aber sie als schlecht einzuordnen bedeutet, daß Sie sich die Möglichkeiten zur Veränderung wegnehmen. Immer wenn Sie eine Person als schlecht einstufen wollen, wiederholen Sie: »Diese Person handelt zeitweise, als sei sie negativ.«

● Was immer Sie am meisten fürchten, könnten Sie gerade deshalb anziehen oder erschaffen. Furcht ist eine negative Macht.

● Gestatten Sie es einem Zustand göttlicher Indifferenz um Sie herum zu agieren. Lassen Sie sich fließen, lassen Sie die Dinge geschehen, anstatt sie geschehen zu machen.

● Reibung verursacht Müdigkeit.

● Ergeben Sie sich, um zu gewinnen.

● Hören Sie auf zu erwarten, und Sie werden alle Dinge gewinnen.

● Grundlegende menschliche Probleme wie Furcht, Leiden und Spannung werden nicht durch die materiellen Bequemlichkeiten, die von Wissenschaft und Technologie erschaffen wurden, leichter gemacht, sondern durch die Entwicklung persönlicher spiritueller Werte.

● Wir sind spirituelle Wesen, die Erfahrungen als Menschen erleben.

Geführte Meditation: Engelunschuld

Dies ist eine geführte Meditation spiritueller Natur. Sie werden automatisch andere Wohltaten ernten, aber sie ist darauf zugeschnitten, Ihre spirituellen Schwingungen anzuheben, damit Sie sich selbst für positive Erfahrungen programmieren können. Lesen Sie die Meditation erst durch, und probieren Sie sie dann aus. Sie können einen Teil lesen und ihn dann meditieren. Sie mögen vielleicht eine Version davon auf Kassette sprechen und Musik oder andere Elemente hinzufügen, wie zum Beispiel Entspannungstechniken, die Ihnen das Meditieren erleichtern. Benutzen sie die Meditationssuggestionen als Richtlinien und fügen Sie hinzu, was Sie möchten, als ob Sie ein Rezept benutzen würden, das Sie leicht mit anderen Zutaten variieren.

Geben Sie sich zumindest 15 bis 20 friedvolle Minuten Zeit, um wirklich davon zu profitieren, selbst wenn Sie einfach 15 Minuten lang still sitzen und nichts »Aufregendes« passiert. Der Nutzen wird sich später auf irgendeine Weise zeigen. Die grundlegende Haltung dieser Meditation beruht auf der Unschuld der Engel und ihres Nichturteilens. In jedem von uns ist Unschuld, sie wohnt im Herzen unseres Seins. In Berührung mit Ihrer Unschuld zu kommen, oder sich mit ihr zu vereinen, wird Ihnen erhöhte Freude und Optimismus einbringen. Dies mag der erste Schritt sein, um Ihr wahres Wesen zu entdecken und Ihre spezielle Lichtfarbe, die darauf wartet, klar und hell zu leuchten, um die Welt in Ihrer Umgebung zu verwandeln. Wenn Sie sich zu irgendeiner Zeit während dieser Meditation albern fühlen, lassen Sie dem Drang zu kichern freien Lauf. Das ist ein sicheres Zeichen, daß die Engel in der Nähe sind! Erinnern Sie sich daran, es leicht zu nehmen – bitte keinen Ernst aufkommen lassen!

Setzen Sie sich bequem hin. Wenn Sie sich hinlegen, könnten Sie einschlafen. Einzuschlafen ist in Ordnung, aber probieren Sie es erst sitzend. Gehen Sie in den Engelalphazustand. Nehmen Sie einen tiefen Atemzug bis in den Unterbauch hinein, atmen Sie dann aus, entspannen Sie Ihren Körper. Wenn Sie sich entspannt und körperlich bequem fühlen, beachten Sie die Geräusche in Ihrem Umfeld und die Veränderungen Ihres Bewußtseinszustandes. Beginnen Sie, sich auf das elektrische Zentrum Ihres Gehirns zu konzentrieren.

Lassen Sie einen warmen Strom golden-rosa Lichts an diesem Zentrum erglühen. Das Licht beruhigt Sie, und Sie fangen an, den liebevollen Schutz Ihrer Engel zu fühlen, während das Licht heller glänzt. Elektrische Impulse – Ihre Gehirnwellen – verlangsamen sich allmählich. Benutzen Sie Ihre Vorstellungskraft, um zu visualisieren, wie die Wellen sich zu einem sanften, rollenden Rhythmus verlangsamen. Stellen Sie mentalen Frieden her. Es könnten Gedanken einsetzen. Die Gedanken werden friedlich vorüberziehen, wenn ihnen keine Bedeutung zugemessen wird. Behalten Sie im Bewußtsein, in Ihrem friedlichen Bewußtsein, daß Gedanken nichts von Liebe wissen, Liebe kommt vom Herzen. Zwingen Sie die Gedanken nicht fort. Falls sich ein störender Gedanke einzunisten scheint, entlassen Sie ihn geistig, indem Sie nicht darauf reagieren. Bitten Sie die Engel, den Gedanken fortzunehmen und ihn zu transformieren.

Stellen Sie sich vor, daß Sie im Reich der Engel sind, in dem es keine Schwerkraft gibt. Visualisieren Sie, daß sich Ihre Gedanken auf Sie zubewegen, nahe kommen und dann weiterfliegen.

Falls Sie bemerken, daß Sie sich konzentrieren, hören Sie damit auf. Achten Sie auf Ihre Aufmerksamkeit, ohne sich anzustrengen.

Fangen Sie an, sich mit weißem Licht zu umgeben, in dem rosa und goldene Flecken glitzern. Fühlen Sie, wie sich die Flecken mit Ihren eigenen Zellen vermischen und Ihnen Frieden schenken. Besinnen Sie sich auf die Unschuld eines kleinen Kindes. Dieses kleine Kind sind Sie. Falls ein negativer Gedanke um Aufmerksamkeit kämpft, bitten Sie einen Engel um einen Radiergummi, und radieren Sie den Gedanken aus Ihrem Bewußtsein aus. Visualisieren Sie dieses Kind, und sagen Sie ihm, daß es geliebt und von den Engeln beschützt wird und zu allen Zeiten eins ist mit seinem Schutzengel. Lassen Sie Ihre Unschuld sich ausdehnen. Was immer nun geschieht, betrachten Sie es durch das Seelenfenster Ihres inneren Kindes. Visualisieren Sie eine Blume und ihren Duft, betrachten Sie sie mit dem Staunen eines Kindes. Blumen sind Kunstentwürfe der Engel. Stellen Sie sich vor, wie Sie durch ein Blumenfeld laufen. Die Blumen reichen bis zu Ihnen hinauf und bürsten Sie sanft mit noch mehr Unschuld, während Sie an ihnen vorübergleiten.

Erkennen Sie, daß dieses Kind Ihr höheres Selbst ist. Der Geist der Weisheit hat Ihr Wesen erfüllt. Sie sind eins mit dem beschützten Kind. Nun sind Sie bei den Engeln – unschuldig und geliebt – mit unendlicher Weisheit erfüllt. Sie haben Ihre Schwingungen angehoben, indem Sie Ihren Geist wie ein unschuldiges Kind geöffnet haben. Ihr engelhaftes Energiesystem ist nun vollkommen intakt. Die Engel verschenken Botschaften und Saaten von Ideen, um sie in Ihnen gedeihen zu lassen. Also, seien Sie still, urteilen Sie nicht, halten Sie nicht nach Sensationellem Ausschau, und halten Sie Ihre Liebe aufrecht. Botschaften werden zu manchen Zeiten zu Gedanken, gewöhnlich später als Sie es erwarten. Es ist wichtig, im Zentrum des mentalen Friedens, den Sie erschaffen haben, zu ruhen. Falls Sie diesen stillen Raum verlieren, kommen Sie zurück. Dies ist eine Zeit der inneren Vorbereitung und Pflege, es ist nicht die Zeit für

Aktivitäten. Es ist eine Zeit, etwas im stillen über Ihr inneres Selbst zu erfahren.

Bis zu diesem Punkt haben Sie sich etwas Zeit zur inneren Schau genommen. Es ist nun an der Zeit, Ihren Geist neu- oder umzuprogrammieren, wenn Sie wollen. Bitten Sie die Engel, Ihnen zu helfen, das Positive zu bejahen. Falls etwas Negatives hereinströmt, bleiben Sie objektiv. Falls es Ihnen sagt, daß Sie nicht wertvoll sind, oder falls es Sie wütend macht, stehen Sie abseits Ihres emotionalen Selbst, reagieren Sie nicht. Benutzen Sie Bewußtheit wie einen Radiergummi und tilgen Sie die negative Emotion, und ersetzen Sie den freien Raum mit Freude. Programmieren Sie positive Gedanken und Affirmationen, die bei Ihnen bleiben werden, alle negativen Strukturen und Gedanken ersetzend. Tun Sie das, auf jede Art und Weise, die bei Ihnen funktioniert. Sie können Erklärungen abgeben und die Engel bitten, Ihre Ziele und Bestrebungen zu segnen. Geben Sie diesem Prozeß ausreichend Zeit, dann, wenn Sie fertig sind, ändern Sie Ihr Bewußtsein in Richtung auf die Betaebene des Wachzustandes.

Bevor Sie wieder in die Erdatmosphäre eintreten, nehmen Sie sich einen Moment Zeit, um all die geistige Schwerkraft aus Ihrem Gesicht zu entlassen. Gestatten Sie einem strahlenden, friedvollen Lächeln sich auszudehnen, bis es durch Ihren gesamten Körper strömt. Ihre Gesichtsmuskeln entspannen sich, und Ihre Augen fühlen sich hell und klar an. Sie betrachten die Welt nun durch ein himmlisches rosafarbenes Kristallglas, und Ihre Sinne sind auf göttlichen Humor und Wonne eingestimmt. Lauschen Sie dem Gekicher und blitzenden Gelächter der Engel, antworten Sie mit Ihren Schwingungen auf deren Freude. Nehmen Sie einen tiefen Atemzug, und lassen Sie die Freude Ihre Zellen durchdringen. Nun kommen Sie sanft und langsam zurück. Verharren Sie in dieser Seligkeit, bleiben Sie zentriert, bewahren Sie die Freude göttlichen Humors.

Wenn Ihr Bewußtsein wach ist und bereit, den Stimuli Ihrer Umgebung gegenüberzutreten, bewegen und strecken Sie sich, wenn Sie wollen. Seien Sie sich im klaren, daß Sie nun ein lichteres Wesen sind, und Ihr Licht wird von allem, was Sie tun, reflektiert werden.

Mehr Unschuld: Anmerkung von Elizabeth Ann Godfrey (zehn Jahre alt)

Engel sind etwas ganz Besonderes. Sie lieben es, dir zu helfen, wenn du Sorgen hast. Engel werden dir sagen, was du tun sollst. Sie sind sehr schön und arbeiten für Gott. Sie sagen dir in deinem Herzen, daß du gut sein sollst.

Engel sind überall. Du hast einen Schutzengel. Dein Schutzengel liebt dich sehr, und die anderen Engel auch. Engel sind Botschafter Gottes und tun, was er sagt. Eines der Dinge, die er den Engeln sagt, ist wahrscheinlich, daß sie jemanden davon abhalten sollen, böse zu sein.

Engel führen dich, wenn du schläfst. Sie sind immer bei dir. Du kannst nicht von ihnen fortgehen, selbst wenn du dich versteckst, sind sie immer noch da. Sie sind magisch, zumindest denke ich mir das.

Interview mit Jessica Marie Godfrey (sechs Jahre alt)

Frage (F.), Antwort (A.)

F.) Wo ist der Himmel?

A.) (Sie zeigt zum Himmel.)

F.) Wer lebt im Himmel?

A.) Gott, Jesus, Maria, Joseph, die Heiligen, Leute, die gestorben sind, die hier unten gelebt haben, gute Leute wie ich sind im Haupthimmel. Räuber gehen zum anderen Platz im Himmel, der für die Räuber gemacht ist, ein schlechter Teil des Himmels.

F.) Was geht im schlechten Teil vor sich?

A.) Schlechte Leute kämpfen.

F.) Was sind Engel?

A.) Leute, die sehr gut sind. Sie fliegen und sind ein bißchen spezieller als wir, wie einen Zentimeter weiter weg.

F.) Sehen wir sie?

A.) Nein.

F.) Wie wissen wir, wie sie sind, wenn wir sie nicht sehen?

A.) Nun, es gibt ein Bild von ihnen und Statuen und Karten von ihnen.

F.) Wie wissen wir, daß Engel in unserer Umgebung sind?

A.) Weil sie uns lieben, wie Gott uns liebt, und wir haben einen Schutzengel. Ich kann ihre Flammen sehen, ihre Schwingen nicht, aber ihre Körper. Schau dir die kleinen Pünktchen in der Luft an, ich denke, das sind die Engel.

Engelutensilien

Engelkarten: Sie können in den meisten esoterischen Buchläden Engelkarten kaufen.

Schutzengel-Gebetskarten: Sie können diese in katholischen Buchläden oder in Läden, die religiöse Utensilien verkaufen, finden.

GOLDMANN TASCHENBÜCHER